# Doppel-Klick

## Sprach- und Lesebuch Deutsch 6

Mittelschule Bayern

Herausgegeben von
Astrid Scharfe (Nürnberg)

Erarbeitet von
Susanne Bonora (Scheßlitz),
Martin Küfner (Nürnberg),
Sylvelin Leipold (Burgebrach),
Petra Maier-Hundhammer (München),
Stephanie Meyer (Trostberg),
Bernhard Möller (Veitshöchheim),
Andreas Müller (Nürnberg),
Heike Potyra (Zirndorf),
Brigitte Vogel (Mengkofen),
Birgit Welker (München)

Unter Beratung von
Claudia Baierl (Regensburg),
Ulrike Grond (München)

Cornelsen

# Inhaltsverzeichnis

## Sprechen – Zuhören – Schreiben

### Gemeinsam – zusammen – miteinander

**Kompetenzen**

- Erzähltexte verstehen
- Gespräche führen und auswerten

Methoden der Texterschließung anwenden;
sich konstruktiv mit Beiträgen anderer auseinandersetzen;
Anliegen einvernehmlich klären;
Meinungen adressatenbezogen und situationsangemessen zum Ausdruck bringen

### Sich verständigen – sich verstehen

- Nonverbale Formen der Kommunikation verstehen
- Formen der Kommunikation anwenden und bewerten

Zusammenhänge zwischen verbalen und nonverbalen Ausdrucksmitteln erkennen;
Faktoren der Kommunikation beschreiben: Gestik, Mimik, Stimme;
Sprechsituationen in einem Rollenspiel gestalten und reflektieren

## Wasser ist Leben

### Kompetenzen

- **Sachtexte und Grafiken verstehen**
- **Meinungen schriftlich begründen**

pragmatischen Texten Informationen entnehmen;
Lesestrategien zum Verständnis von kontinuierlichen und diskontinuierlichen Texten einsetzen;
schriftlich Stellung nehmen;
Meinungen adressatenbezogen und situationsangemessen zum Ausdruck bringen

## Spiel mit!

- **Sachtexte verstehen**
- **Einen Vorgang beschreiben**

Informationen aus pragmatischen Texten entnehmen;
eine Spielanleitung verstehen;
grundlegende Mittel des informierenden Schreibens einsetzen;
Anleitungen planen, schreiben und kriteriengeleitet überarbeiten

### Kompetenzen

- Über ein Geschehen berichten
- Ein Kurzreferat vorbereiten, halten und auswerten

einen Bericht planen, schreiben und überarbeiten;
grundlegende Mittel des informierenden Schreibens einsetzen;
strukturiert, themen- sowie adressatenbezogen vortragen;
einen Vortrag im Hinblick auf Inhalt und Körpersprache reflektieren



- Mündlich erzählen
- Schriftlich erzählen

Methoden der Texterschließung anwenden;
Texte planen, schreiben und überarbeiten;
grundlegende Mittel des erzählenden Schreibens einsetzen;
kreative und produktive Schreibformen für eigene Erzähltexte nutzen

# Lesen – mit Texten und weiteren Medien umgehen



### Kompetenzen

- Mediennutzung reflektieren
- Sich informieren

den eigenen Medienkonsum reflektieren;
Absichten medialer Formen erfassen;
sich informieren



- Besonderheiten medialer Kommunikation verstehen
- Sich Gefahren in sozialen Netzwerken bewusst machen

Medien in ihrer Funktion beschreiben;
eine angemessene medienspezifische Sprache verwenden;
Gefahren bei der Mediennutzung beachten und präventiv agieren



- Ein Buch und seine Verfilmung verstehen
- Darstellungsmittel eines Films untersuchen

einfache Text-Bild-Zusammenhänge erkennen und vergleichen;
Vermischung von Realität und Fiktion in medialen Darstellungen erkennen;
Darstellungsmittel erkennen, werten und für die eigene Produktion nutzen

### Kompetenzen

- **Jugendbücher lesen und verstehen**
- **Produktionsorientiert mit Jugendbüchern umgehen**

Methoden der Texterschließung anwenden;
Leseerwartungen formulieren;
Handlungsverlauf, Handlungsmotive, Figurenkonstellation und zentrale Ereignisse aufzeigen;
zu einem Jugendbuch schreiben

- **Kreatives Schreiben zu Bildern und Texten**

kreative sowie produktive Schreibformen für eigene Erzähltexte nutzen;
erfundene Ereignisse anschaulich und zusammenhängend erzählen;
Mittel des erzählenden Schreibens einsetzen

- **Sagen erkennen und verstehen**
- **Sagen kreativ und produktiv gestalten**

Gattungsmerkmale untersuchen;
mündlich nacherzählen;
aus anderer Sicht erzählen;
eine Sage szenisch umsetzen;
die Wirkung der szenischen Umsetzung beschreiben

# Regen, Sonne, Wind – Gedichte

## Kompetenzen

- **Gedichte untersuchen, deuten und produktiv gestalten**
- **Gedichte vortragen**

Gattungsmerkmale und sprachliche Gestaltungsmittel untersuchen;
einfache Deutungsansätze entwickeln und formulieren;
literarische Fachbegriffe kennen und anwenden;
Vorträge durch den Einsatz von Körpersprache unterstützen

# Arbeitstechniken



**Kompetenzen**

- Das Lernen dokumentieren
- Aufgaben verstehen



- Lesetechniken und Lesestrategien anwenden
- Betont vorlesen



- Erfundene oder erlebte Ereignisse anschaulich und zusammenhängend erzählen



- Informationsquellen gezielt nutzen



- Kurzvorträge planen, frei vortragen und kriteriengeleitet bewerten



- Eine Schreibkonferenz durchführen
- Texte überarbeiten

# Rechtschreiben

## Die Arbeitstechniken

### Kompetenzen

- **Arbeitstechniken zur Übung und Verbesserung der Rechtschreibung anwenden**

individuelle Fehlerschwerpunkte erkennen;
sicher von Vorlagen abschreiben

## Rechtschreibstrategien und Regeln

- **Regelwissen und Rechtschreibstrategien anwenden**
- **Fehlersensibilität entwickeln**

Wortbestandteile unterscheiden und diese funktional verwenden;
Wortbildungsmöglichkeiten und -elemente kennen und mit Fachbegriffen benennen;
Regeln der Großschreibung anwenden;
rechtschriftliche Besonderheiten, die keiner Regel folgen, richtig schreiben

## Texte lesen – üben – richtig schreiben

- **Rechtschreibstrategien und Arbeitstechniken nutzen**

Rechtschreibstrategien und Regelwissen anwenden;
sich mit Rechtschreibphänomenen textbezogen auseinandersetzen;
Satzzeichen korrekt anwenden

# Grammatik



### Kompetenzen

- **Sprachvarianten und Sprachebenen kennen lernen**
- **Zusammenhänge zwischen Sprachen erkennen**



- **Wortarten unterscheiden**

Wortarten nach ihren Merkmalen und ihrer Funktion erkennen und verwenden;
Flexionsformen richtig verwenden;
Tempusformen verwenden

## Satzglieder verwenden

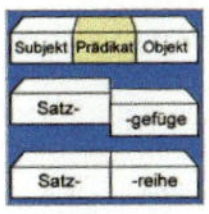




## Sätze untersuchen

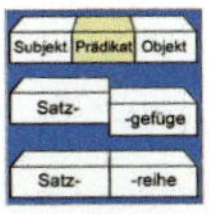




# Zum Nachschlagen

## Zum Nachschlagen

### Kompetenzen

- **Satzglieder bestimmen**

  Satzglieder untersuchen; operationale Verfahren anwenden: Umstell-, Ersatz-, Ergänzungs- und Weglassprobe

- **Satzarten kennen und situationsbezogen anwenden**

  Satzarten unterscheiden; unterschiedliche Satzverknüpfungen verwenden; Zeichensetzung bei verschiedenen Satzarten anwenden

- **Informationsquellen nutzen**

# Gemeinsam – zusammen – miteinander

Einer für alle, alle für einen.

Zusammenhalt

Teamwork

am selben Strang ziehen

Gemeinschaft

Achtsamkeit

## Wir leben mit anderen zusammen. Wir leben in einer Gemeinschaft.

**1** Beschreibt die Situation auf dem Foto.

**2** Welche Verbindung könnte zwischen den Kindern bestehen?
Wie wirken die Schülerinnen und Schüler?
Stellt Vermutungen an und begründet sie.

**3** Welche weiteren Arten von Gemeinschaft kennt ihr?
Sammelt Stichworte an der Tafel.

**Starthilfe**
Familie, Sportverein ...

## Eine Gemeinschaft zu bilden, kann Unterschiedliches bedeuten.

**4** Auf Seite 12 stehen verschiedene Wörter und Wortgruppen.
**a.** Sprecht darüber, was die Wörter und Wortgruppen bedeuten.
**b.** Was verbindet ihr mit dem Begriff **Gemeinschaft**?
Sprecht darüber.
**c.** Schreibt weitere Wörter und Wortgruppen auf.

**5** Bewertet eure Ergebnisse gemeinsam.
- Was ist euch an eurer Gemeinschaft besonders wichtig?
- Was ist weniger wichtig?

**6** Als Teil welcher Gemeinschaften fühlst du dich?
**a.** Erzähle davon.
**b.** Begründe, warum du dich als Teil dieser Gemeinschaften fühlst.

## Auch eure Klasse ist eine Gemeinschaft.

**7** Wie beurteilt ihr eure Klassengemeinschaft?
**a.** Tauscht eure Meinungen dazu aus und begründet sie.
**b.** Nennt jeweils Beispiele aus eurem Schulalltag.

**In diesem Kapitel setzt ihr euch mit einem Erzähltext auseinander.
Er handelt vom Umgang miteinander.
Außerdem untersucht ihr Gespräche und lernt,
wie man in Streitgesprächen angemessen reagiert.**

# Eine Erzählung lesen und verstehen

**In dieser Erzählung scheinen sich die Schülerinnen und Schüler einer Klasse zu kennen. Aber dann entstehen Fragen ...**

Textknacker ▶ S. 295

**1** Lies die Erzählung mit dem Textknacker.

### Hannes fehlt Ursula Wölfel

Sie hatten einen Schulausflug gemacht. Jetzt war es Abend und sie wollten mit dem Autobus zur Stadt zurückfahren. Aber einer fehlte noch. Hannes fehlte. Der Lehrer merkte es, als er die Kinder zählte. „Weiß einer etwas von Hannes?", fragte der Lehrer. Aber keiner wusste etwas. Sie sagten: „Der kommt noch." Sie stiegen in den Bus und setzten sich auf ihre Plätze. „Wo habt ihr ihn zuletzt gesehen?", fragte der Lehrer. „Wen?", fragten sie. „Den Hannes? Keine Ahnung. Irgendwo. Der wird schon kommen."

Draußen war es jetzt kühl und windig, aber hier im Bus hatten sie es warm. Sie packten ihre letzten Butterbrote aus. Der Lehrer und der Busfahrer gingen die Straße zurück. Einer im Bus fragte: „War der Hannes überhaupt dabei? Den hab ich gar nicht gesehen." – „Ich auch nicht", sagte ein anderer. Aber morgens, als sie hier ausstiegen, hatte der Lehrer sie gezählt und beim Mittagessen im Gasthaus hatte er sie wieder gezählt und dann noch einmal nach dem Geländespiel. Da war Hannes also noch bei ihnen. „Der ist immer so still", sagte einer. „Von dem merkt man gar nichts." „Komisch, dass er keinen Freund hat", sagte ein anderer, „ich weiß noch nicht einmal, wo er wohnt." Auch die anderen wussten das nicht. „Ist doch egal", sagten sie. Der Lehrer und der Busfahrer gingen jetzt den Waldweg hinauf. Die Kinder sahen ihnen nach. „Wenn dem Hannes jetzt etwas passiert ist?", sagte einer. „Was soll dem passiert sein?", rief ein anderer. „Meinst du, den hat die Wildsau gefressen?" Sie lachten. Sie fingen an, sich über die Angler am Fluss zu unterhalten, über den lustigen Mann auf dem Aussichtsturm und über das Geländespiel. Mitten hinein fragte einer: „Vielleicht hat er sich verlaufen? Oder er hat sich den Fuß verstaucht und kann nicht weiter. Oder er ist beim Kletterfelsen abgestürzt?" – „Was du dir ausdenkst!", sagten die anderen. Aber jetzt waren sie unruhig. Einige stiegen aus und liefen bis zum Waldrand und riefen nach Hannes. Unter den Bäumen war es schon ganz dunkel. Sie sahen auch die beiden Männer nicht mehr. Sie froren und gingen zum Bus zurück.

Keiner redete mehr. Sie sahen aus den Fenstern und warteten. In der Dämmerung war der Waldrand kaum noch zu erkennen. Dann kamen die Männer mit Hannes. Nichts war geschehen. Hannes ha sich einen Stock geschnitten und dabei war er hinter den anderen zurückgeblieben. Dann hatte er sich etwas verlaufen. Aber nun war er wieder da, nun saß er auf seinem Platz und kramte im Rucksack. Plötzlich sah er auf und fragte: „Warum seht ihr mich alle so an?“ – „Wir? Nur so“, sagten sie. Und einer rief: „Du hast ganz viele Sommersprossen auf der Nase!“ Sie lachten alle, auch Hannes. Er sagte: „Die hab ich doch schon immer.“

**2** Untersucht die Erzählung mit Hilfe der folgenden Fragen genauer:
- Was geschieht auf dem Ausflug?
- Welche Fragen stellen sich die Mitschüler und der Lehrer?
- Wie wird Hannes von seinen Mitschülern beschrieben?

**3** Untersucht die Personen genauer.

**a.** Sprecht darüber, warum nur Hannes einen Namen trägt.

**b.** Wie werden die Personen in der Geschichte jeweils bezeichnet? Schreibt es auf.

**c.** Stellt Vermutungen darüber an, warum das so ist.

**Starthilfe**

Ich glaube, dass ...
Meiner Meinung nach ...
Ich vermute, dass ...

**4** Hannes fragt: „Warum seht ihr mich alle so an?“ (Zeile 38). Erklärt, warum die Mitschüler Hannes wohl ansehen.

**5** Sprecht darüber, wie und warum sich das Verhalten der Mitschüler Hannes gegenüber zum Schluss ändert.

**6** Stellt euch vor, zwei der Mitschüler unterhalten sich anschließend über den Ausflug. Schreibt ein Gespräch auf.

W **Wähle Aufgabe 7 oder 8 aus.**

**7** Wie hat Hannes den Ausflug erlebt? Erzähle die Geschichte aus seiner Sicht.

**8** Fasse die Geschichte mit eigenen Worten zusammen.

# Meinungen äußern und begründen

**Wenn man zusammen etwas beschließen will, müssen zuerst die unterschiedlichen Meinungen ausgetauscht werden. So wie es die Schülerinnen und Schüler in dieser Diskussion machen.**

**1** Lies die Diskussion.

**Liam:** Unser Wandertag rückt immer näher. Gibt es Vorschläge, was wir machen wollen?
**Joana:** Wir könnten doch in den Zoo gehen. Dann könnten wir auch gleich das Projekt über die Reptilien anfangen und uns Informationen …
**Felix:** Das sehe ich anders, das ist langweilig!
**Mia:** Also, ich finde die Idee gut, denn ich weiß, dass es dort einen Streichelzoo gibt.
**Alma:** Das ist doch was für Babys! Eine Waldwanderung ist viel interessanter. Wir könnten Tiere beobachten oder klettern.
**Felix:** Das wäre cool! Dürfen wir eigentlich unser Handy mitnehmen?
**Max:** Hoffentlich schon! Letztes Jahr habe ich ja die Klasse aus den Augen verloren und wusste nicht so richtig, was ich tun sollte.
**Sara:** Ist ja typisch für dich!
**Vadim:** Aber eine Wanderung ist für mich mit dem Rolli schwierig …
**Felix:** Ach was, Ben und ich geben auf dich acht. Gemeinsam schaffen wir das!
**Vadim:** Das wird bestimmt lustig!
**Joana:** Och nö, ich habe keine Lust auf Wandern. Das ist so anstrengend!
**Sara:** Das sehe ich nicht so. Wenn man seine Kräfte gut einteilt, hält man die Strecke durch und kann mit der Gruppe gut mithalten.

**2** Worüber diskutieren die Schülerinnen und Schüler?
**a.** Schreibe das Thema auf.
**b.** Welche unterschiedlichen Vorschläge werden genannt? Schreibe sie auf.

⊙ **3** Wer hat welche Meinung? Schreibe jeweils einen Satz auf.
**Tipp:** Lege zunächst eine Folie über den Text und markiere Wichtiges.

**Starthilfe**
Joana findet, …
Alma ist …

## Die Schülerinnen und Schüler nennen ihre Meinung und begründen sie.

**4** Vergleiche die Äußerungen von Joana und Mia.
Welche ist überzeugender? Begründe.

**5** Alma schlägt eine Waldwanderung vor.
Welche Behauptungen nennen die Schülerinnen und Schüler?
Welche Begründungen nennen sie? Ordnet die Behauptungen und Begründungen einander zu und schreibt sie untereinander auf.

Starthilfe

| **Behauptung** | **Begründung** |
|---|---|
| Eine Waldwanderung ist viel interessanter.<br>... | Wir könnten Tiere beobachten ...<br>... |

**6** **a.** Ergänzt weitere Begründungen zu den Behauptungen.
**b.** Ergänzt eigene Behauptungen mit passenden Begründungen.

**7** Verbinde die Behauptungen und die Begründungen mit Hilfe von Konjunktionen (Bindewörtern). Schreibe Sätze auf.

Starthilfe

Eine Waldwanderung ist viel interessanter,
denn wir könnten dann Tiere ...

Satzreihen, Satzgefüge
► S. 311

**Arbeitstechnik: Eine Meinung begründen**

Eine Meinung begründest du mit Argumenten.
- Finde Pro-Argumente, wenn du dafür bist.
- Finde Kontra-Argumente, wenn du dagegen bist.
- Sammle und ordne deine Argumente.
- Begründe deine Meinung mit **denn**- oder **weil**-Sätzen.

## In einer Diskussion könnt ihr jemandem zustimmen oder widersprechen.

**8** Wie äußern die Schülerinnen und Schüler Zustimmung oder Widerspruch? Untersucht die Einleitungssätze.
**a.** Ordnet die Sätze nach Zustimmung oder Widerspruch.
**b.** Ergänzt weitere Sätze, mit denen ihr Zustimmung oder Widerspruch äußern könnt.

# Miteinander diskutieren

## Einige Schülerinnen und Schüler stören die Diskussion.

**1** Lies den Text.

**Liam:** Lasst uns noch einmal überlegen, wie wir dafür sorgen können, dass auf der Wanderung keiner verloren geht.

**Alexej:** Ganz besonders wichtig finde ich, dass man Bescheid gibt, wenn etwas ist.

**Amelie:** Da stimme ich dir zu. Letztens beim Training ist Serdar auch einfach verschwunden. Das nervt so!

**Serdar:** Das ist doch Blödsinn! Ich finde es nicht in Ordnung, dass du so etwas sagst. Ich musste nur kurz was holen. Außerdem bist du letztens selber …

**Amelie** *(schreit)*: Quatsch!

**Liam** *(unterbricht)*: Leute, wir wollten doch über den Wandertag sprechen.

**Mia:** Genau. Und ich wäre dafür, dass wir immer in der Gruppe bleiben. So kann keiner verloren gehen. Was meint ihr?

**Serdar** *(enttäuscht)*: Ich hab jetzt echt keine Lust mehr …

**Sara** *(genervt)*: Lasst uns doch mal beim Thema bleiben!

**2** Nicht alle Äußerungen sind sinnvoll.
Wer bringt sinnvolle Vorschläge? Begründe.

**3** **a.** Schreibe die störenden Aussagen bei der Diskussion auf.
**b.** Schreibe auch das störende Verhalten auf.

Starthilfe

| störende Aussagen | störendes Verhalten |
|---|---|
| Zeile 6: Amelie: Das nervt so!<br>… | Zeile 10: Amelie schreit<br>… |

## Zwischen Amelie und Serdar kommt es zu Streit.

**4** Wie geht Serdar auf Amelies Äußerung ein?
**a.** Lies nach, wie sich Amelie und Serdar äußern.
**b.** Bewerte Amelies Verhalten und ihre Ausdrucksweise.
**c.** Wie reagiert Serdar? Bewerte sein Verhalten.

● **5** Wie hätte Serdar anders reagieren können?
Formuliere zwei Tipps.

## Gesprächsregeln helfen dabei, gut miteinander umzugehen.

**6** Welche Gesprächsregeln kennt ihr bereits?
Sammelt sie an der Tafel.

**7** **a.** Gegen welche Gesprächsregeln haben die Schülerinnen und Schüler eurer Meinung nach verstoßen? Tauscht euch darüber aus.
**b.** Wie können die Schülerinnen und Schüler besser miteinander diskutieren? Schreibt Vorschläge auf.

**8** Welche Gesprächsregeln sind euch wichtig?
Gestaltet ein Plakat und hängt es im Klassenraum auf.

Ein Plakat gestalten
► **S. 218–219**

## Nun könnt ihr gemeinsam üben, eine Meinung zu äußern und zu begründen.

**9** Worüber möchtet ihr diskutieren? Wählt ein Thema aus.

**10** Bildet zwei Gruppen: Die eine Gruppe ist für das gewählte Thema, die andere Gruppe dagegen.
**a.** Schreibt eure Behauptung auf.
**b.** Sammelt Begründungen für eure Behauptung.
**c.** Ihr wirkt überzeugender, wenn ihr starke Begründungen zum Schluss nennt. Überlegt euch eine sinnvolle Reihenfolge für eure Begründungen.

**11** Diskutiert über das Thema. Beachtet dabei eure Gesprächsregeln.

**12** Wertet anschließend die Diskussion aus:
- Welche Begründungen waren überzeugend?
- Wie seid ihr auf die Äußerungen anderer eingegangen?

**Arbeitstechnik: Miteinander diskutieren**

Wenn ihr auf diese Regeln achtet, gelingt die Diskussion:
- Lasst euch gegenseitig ausreden.
- Hört euch gegenseitig genau zu und geht aufeinander ein.
- Beleidigt euch gegenseitig nicht und lacht euch nicht aus.
- Sprecht nur zum Thema.
- Sprecht klar und deutlich.
- Seht die anderen beim Sprechen an.
- Tragt eure Behauptungen sachlich vor.
- Verwendet starke Begründungen.

# Streitgespräche führen

**Amelie und Serdar haben sich nach dem Streit noch nicht vertragen:**

**Amelie:** Du hast mich vor allen beleidigt. Warum nennst du das Blödsinn, wenn ich erzähle, dass du beim Training einfach abgehauen bist?
**Serdar:** Du bist immer gleich eingeschnappt! Da reicht eine Kleinigkeit. Außerdem weißt du genau, dass ich nur kurz was geholt habe. Und du hast gesagt, ich nerve.
**Amelie:** Du machst es dir ganz schön einfach und verstehst auch keinen Spaß!

**1** Worum geht es im Streit zwischen Amelie und Serdar?
Schreibe dazu Stichworte auf.

Stichworte aufschreiben
► S. 299

**2** Wie fühlt sich deiner Meinung nach Amelie?
Wie fühlt sich Serdar?
Schreibe passende Adjektive auf.

**Sprachspeicher**
enttäuscht
wütend
traurig
genervt
verärgert
besorgt
streitlustig

**3** Spielt das Streitgespräch nach.
**a.** Drückt die Gefühle von Amelie und Serdar mit passender Betonung und Körpersprache aus.
**b.** Stellt das Streitgespräch eurer Klasse vor.

**4** **a.** Welche Gefühle wurden jeweils ausgedrückt? Nennt sie.
**b.** Wie wurden die Gefühle ausgedrückt (Körpersprache, Stimme)? Tauscht euch darüber aus.

**Um nach Auseinandersetzungen aufeinander zugehen zu können, ist es wichtig, über Gefühle und Bedürfnisse zu sprechen.**

**5** Schreibt mit Hilfe der folgenden Fragen Stichworte auf.
Eine Partnerin oder ein Partner schreibt aus der Sicht von Amelie.
Die andere Partnerin oder der andere Partner schreibt aus der Sicht von Serdar.
- Was hat zum Streit geführt?
- Wie hast du dich (als Amelie oder Serdar) gefühlt?
- Was müsste geschehen, damit es dir wieder besser geht?
- Welche Bitte hast du an deine Freundin oder deinen Freund?

## In einem Gespräch könnten Amelie und Serdar aufeinander zugehen.

**Amelie:** Ich finde es nicht in Ordnung, wenn du vor den anderen sagst, dass ich Blödsinn rede. Ich bin traurig, dass du das denkst.
**Serdar:** Ich fand es nicht nett, dass du gesagt hast, dass mein Verhalten nervt. Das war gemein und hatte gar nichts mit dem Thema zu tun.

**6** Schreibt das Gespräch zwischen Amelie und Serdar weiter.

## Die folgende Arbeitstechnik hilft euch dabei, einen Streit zu schlichten.

**7** Spielt das Gespräch eurer Klasse vor.
- Eine/Einer spielt Amelie, die/der andere spielt Serdar.
- Geht Schritt für Schritt nach der Arbeitstechnik vor.
- Schlichtet den Streit.

**Arbeitstechnik: Streit schlichten**

**Vorbereitung:**
- Stellt euch acht Schritte entfernt einander gegenüber.
- Kennzeichnet die Mitte der Strecke zwischen euch durch eine Linie oder einen Gegenstand auf dem Boden.

**Schritt 1: Was ist passiert?**
- Sagt euch, was die oder der andere getan hat, was euch nicht gefallen hat. Geht dabei einen Schritt aufeinander zu.
- Wiederholt mit eigenen Worten, was eure Partnerin/euer Partner gesagt hat.
- Prüft, ob eure Partnerin/euer Partner euch richtig verstanden hat. Korrigiert, falls nötig.

**Schritt 2: Wie hast du dich während des Streits gefühlt?**
- Sagt euch gegenseitig, wie ihr euch gefühlt habt.
- Geht wieder einen Schritt aufeinander zu.

**Schritt 3: Was müsste geschehen, damit es dir wieder besser geht?**
- Sagt euch gegenseitig, was euch helfen würde.
- Geht einen weiteren Schritt aufeinander zu.

**Schritt 4: Welche Bitte hast du?**
- Sagt, worum ihr euch gegenseitig bittet.
- Geht aufeinander zu, bis ihr an der Markierung auf dem Boden steht.

**Gebt euch zur Versöhnung die Hand.**

**8** Vergleicht eure Gespräche.
- Wie habt ihr miteinander gesprochen?
- Welche Gefühle und Bedürfnisse wurden jeweils ausgedrückt?
- Woran wurde deutlich, dass Serdar und Amelie aufeinander zugehen?

# Mit Worten nicht verletzen

**Manchmal passiert es, dass in Diskussionen auch verletzende Sätze gesagt werden.**

1. Das haben wir noch nie so gemacht und das würde auch niemals funktionieren!

2. So schlau wie du bin ich schon lange!

3. Über diesen Vorschlag könnten wir noch einmal nachdenken.

4. Sag mal, tickst du noch richtig?

5. Ich denke, das ist nicht richtig. Was hältst du von dieser Idee?

6. Du denkst sowieso immer nur an dich!

7. Du Streber hast natürlich wieder alles gewusst!

8. Diesen Kinderkram guckst du dir noch an? Das ist doch was für Kleinkinder!

**1** Untersucht die Sätze.
- **a.** Lest die Sprechblasen laut.
- **b.** Welche Sätze sind verletzend? Nennt sie.
- **c.** Begründet, warum sie verletzend sind.

**2** Wie können die Sätze nicht verletzend formuliert werden? Schreibt eure Vorschläge auf.

**Starthilfe**

1. Das haben wir bisher noch nicht ausprobiert. Ich bin nicht sicher, ob das funktioniert.
2. …

**3**
- **a.** Was könnte zu den verletzenden Sätzen geführt haben? Überlegt euch zu jedem Satz eine Situation, in der er gefallen sein könnte.
- **b.** Formuliert die verletzenden Äußerungen um.

**4** Schreibe ein Gespräch.
Verwende mindestens drei Sätze von Aufgabe 3b.

# Auf Äußerungen eingehen

**An Gesprächen in der Klasse beteiligen sich oft nicht alle gleichermaßen. Die Schülerinnen und Schüler der Klasse 6 a haben unterschiedliche Meinungen dazu, woran das liegt.**

**Sinan:** Ich glaube, das ist von Thema zu Thema verschieden. Es ist einem eben nicht alles gleich wichtig.

**Finja:** Da ist was dran, aber meiner Meinung nach kommt es auch auf den Diskussionsleiter an. Er muss im Blick haben, wer sich alles gemeldet hat. Er entscheidet, wie oft man zu Wort kommt.

**Florian:** Das stimmt zwar, aber meist werden auch die drangenommen, die sich melden. Es liegt also auch an dir, ob du dich meldest.

**Malina:** Das sehe ich anders.

**1** Wie gehen Sinan, Finja, Florian und Malina auf die Gesprächsbeiträge ihrer Vorredner ein?

**a.** Schreibe die entsprechenden Textstellen auf.

**b.** Entscheide für jede Textstelle, ob sie
- Zustimmung ausdrückt,
- dem Vorredner teilweise zustimmt oder
- Widerspruch ausdrückt.

**c.** Ergänze die Meinung von Malina durch einen passenden Satz.

**Auch die folgenden Sätze kann man in einem Gespräch verwenden, um auf Gesprächsbeiträgen der Vorredner einzugehen:**

| | |
|---|---|
| So gesehen hast du Recht. | Das bezweifle ich. |
| Da bin ich anderer Ansicht. | Das kann ich nur bestätigen. |
| Das ist für mich nachvollziehbar. | Einerseits stimme ich dir zu, ... |

**2** Untersucht die Sätze.

**a.** Welche Sprechabsicht wird jeweils ausgedrückt: Zustimmung, teilweise Zustimmung oder Widerspruch? Sprecht darüber.

**b.** Welche Sätze können mit ähnlicher Sprechabsicht verwendet werden? Schreibt sie jeweils untereinander auf.

**c.** Schreibt weitere Sätze mit ähnlichen Sprechabsichten auf.

**3** Führt die Diskussion der Klasse 6 a fort. Geht jeweils auf die Gesprächsbeiträge eurer Vorredner ein.

# Gespräche führen

**Unsachliche Äußerungen können ein Gespräch stören und andere verletzen. Hier könnt ihr überprüfen, ob ihr sachliche Gespräche führen könnt.**

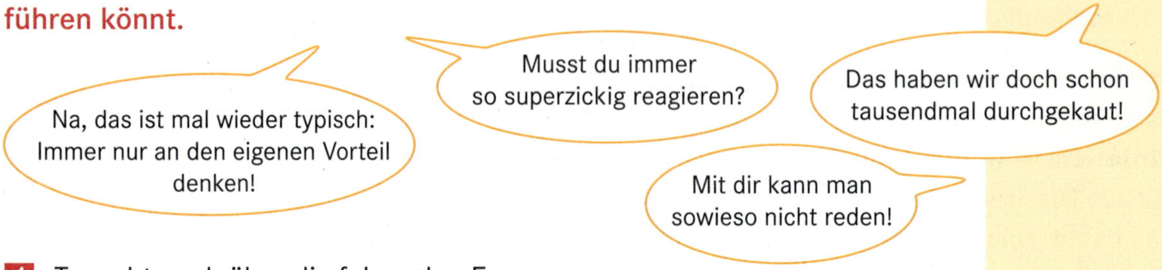


**1** Tauscht euch über die folgenden Fragen aus:
- In welchen Situationen könnten diese Sätze gefallen sein?
- Wer könnte sie wem gegenüber geäußert haben?
- Warum stören diese Sätze das Gespräch?

mit Worten nicht verletzen ► S. 22

**Ihr könnt gemeinsam darüber diskutieren, was ihr gegen unsachliche Äußerungen tun könnt.**

**2** Bildet zwei Gruppen.
- **Gruppe 1** diskutiert das Thema.
- **Gruppe 2** beobachtet die Diskussion.

**3** Bereitet euch vor:
- **Gruppe 1** sammelt Behauptungen und Begründungen.
- **Gruppe 2** erstellt einen Beobachtungsbogen und legt fest, wer wen in der Diskussion beobachtet.

**4** Besprecht nun, was ihr gegen unsachliche Äußerungen tun könnt. **Gruppe 1** diskutiert. **Gruppe 2** beobachtet die Diskussion.

**5** Wertet die Diskussion gemeinsam aus.

**Gruppe 1:**
- Zu welchem Ergebnis seid ihr gekommen?
- Welche Begründungen waren überzeugend?

**Gruppe 2:**
- Welche Gesprächsregeln wurden eingehalten?
- Wie wurde auf die Äußerungen anderer eingegangen?
- Was kann verbessert werden?

**6** Was möchtest du für weitere Gespräche berücksichtigen? Schreibe deine Ziele in dein Lerntagebuch.

Ziele setzen in einem Lerntagebuch ► S. 194–195

# Einen Streit schlichten

In diesem Kapitel habt ihr gelernt, wie man in Streitsituationen miteinander spricht und wie man einen Streit schlichten kann.

Nun könnt ihr überprüfen, wie gut ihr nach einem Streit aufeinander zugehen könnt.

**1** Bildet Vierergruppen:
- Zwei von euch bearbeiten Aufgabe 2 (Tandem 1).
- Die anderen beiden bearbeiten Aufgabe 3 (Tandem 2).

**2** **Tandem 1:**
- Wählt eine Streitsituation aus, die ihr gut kennt.
- Versetzt euch in die Streitenden.

**3** **Tandem 2:**
Erstellt mit Hilfe eurer Gesprächsregeln einen Beobachtungsbogen.

| *Beobachtungsbogen für ?* | *Ja* | *Nein* |
|---|---|---|
| *– hat den anderen ausreden lassen* | ■ | ■ |
| *– ist auf die Äußerungen des anderen eingegangen* | ■ | ■ |
| *– …* | ■ | ■ |

**4** Schlichtet nun den Streit.
**Tandem 1** wendet die Arbeitstechnik von Seite 21 an.
**Tandem 2** beobachtet das Gespräch.

**5** Wertet das Gespräch mit Hilfe der folgenden Fragen aus:
**Tandem 1:**
- Wie habt ihr euch vor dem Streitschlichten gefühlt?
- Wie fühlt ihr euch danach?
- Welche Schritte waren hilfreich?

**Tandem 2:**
- Was ist gut gelungen?
- Was kann verbessert werden?

**6** Die Tandems tauschen nun die Rollen.

**7** Vergleicht anschließend eure Antworten aus Aufgabe 5.

# Miteinander sprechen

Hier übst du noch einmal, mit anderen zu sprechen.
Du entscheidest, ob du die Aufgaben auf Seite 26 mit mehr Hilfen oder die kniffligeren Aufgaben auf Seite 27 lösen willst.

### Zuhören üben

Könnt ihr gut nach Anweisungen zeichnen?

**1** Setzt euch mit dem Rücken zueinander, mit Stift und Papier.
- Einer beschreibt genau, was auf dem Bild zu sehen sein soll, das dann beide zeichnen.
- Vergleicht die Zeichnungen miteinander. Wenn die Zeichnungen nicht übereinstimmen, überlegt gemeinsam, woran das liegen könnte.

Mara und Kai unterhalten sich.

**2** Lest die Gespräche mit verteilten Rollen.

**Gespräch 1:**
**Mara:** Wollen wir uns heute Nachmittag treffen?
**Kai:** Nö, ich muss auf meine kleinen Geschwister aufpassen.
**Mara:** Sag doch gleich, dass du keine Lust hast!
**Kai:** So ein Quatsch!

**Gespräch 2:**
**Mara:** Wollen wir uns heute Nachmittag treffen?
**Kai:** Nö, ich muss auf meine kleinen Geschwister aufpassen.
**Mara:** Du meinst, du musst dich um deine kleinen Geschwister kümmern und hast deswegen keine Zeit für mich?
**Kai:** Genau, meine Eltern müssen heute lange arbeiten und ich muss babysitten. Schade, ich würde mich gern mit dir treffen.

**3** Spielt beide Gespräche nach.

**4** Vergleicht die Gespräche:
- Was ist noch nicht gut im ersten Gespräch?
- Was ist anders im zweiten Gespräch?

**5** Warum ist Zuhören manchmal schwierig? Sprecht darüber.

### Diskutieren und argumentieren

**Die Klasse 6 a diskutiert darüber, ob es sinnvoll ist, ein Handy mit auf den Klassenausflug zu nehmen.**

**1** Lies die Sprechblasen.

Dein Handy sollte zu Hause bleiben, denn du hörst sowieso nur Musik und bekommst nichts mit.

Das Handy ist wichtig, denn ich möchte für die Schülerzeitung fotografieren. So können andere Schüler unsere Wanderroute besser nachvollziehen.

Das Handy ist absolut wichtig, um im Notfall schnell Hilfe herbeizuholen.

Das Handy brauchen wir nicht, wir haben da sicherlich gar kein Netz.

Ich bin ebenfalls dafür, dass wir unser Handy mitnehmen. Falls wir uns verlaufen, können wir das Navi einschalten.

**2** Worin sind sich die Schülerinnen und Schüler uneinig? Formuliere die zwei unterschiedlichen Meinungen.

**Du bist überzeugender, wenn du deine Meinung begründest.**

**3** Untersuche die Begründungen der Schülerinnen und Schüler.
**a.** Welche Gründe gibt es für die Mitnahme eines Handys? Welche Gründe sprechen gegen die Mitnahme des Handys? Ordne die Begründungen in einer Tabelle.
**b.** Ergänze weitere Begründungen.

Starthilfe

| für die Mitnahme eines Handys | gegen die Mitnahme eines Handys |
|---|---|
| – im Notfall schnell ...<br>– ... | – nichts mitbekommen<br>– ... |

**4** Welche Begründung findest du am stärksten? Markiere diese.

**Mit Beispielen kannst du Begründungen anschaulicher machen.**

**5** **a.** Welche Äußerungen enthalten Beispiele? Schreibe sie auf.
**b.** Veranschauliche weitere Begründungen durch Beispiele.

**6** Übt das Diskutieren in der Gruppe: Bist du für oder gegen die Mitnahme des Handys auf einer Wanderung? Diskutiert darüber.

# Sich verständigen – sich verstehen

1

2

3

**Wir verständigen uns nicht nur durch Worte, sondern auch durch unseren Gesichtsausdruck (Mimik) und unsere Körpersprache (Gestik).**

**1** a. Seht euch die Fotos 1 bis 3 an.
b. Beschreibt die Personen auf den Fotos genauer. Beschreibt ihren Gesichtsausdruck (Mimik) und ihre Körpersprache (Gestik).

**2** a. Stellt Vermutungen an: Was könnten die Personen mit ihrer Mimik und ihrer Gestik ausdrücken?
b. Vergleicht eure Vermutungen.
c. Welche Situationen könnten dargestellt sein? Sprecht darüber.

**Gesten (Bewegungen mit der Hand) können verschiedene Bedeutungen haben. Wenn man diese nicht kennt, können Gesten missverstanden werden. Diese Gesten werden z. B. in Süditalien verwendet.**

**3** Was könnte die Person mit ihren Gesten auf den Abbildungen 1 bis 4 ausdrücken? Vergleicht eure Vermutungen.

**Das bedeuten die Gesten:**

| Das ist schön! (ri) | Ruhe! (ch) | Pass auf! (Na) | Das ist ja lächerlich! (cht) |
|---|---|---|---|

**4** Ordnet die Bedeutungen den Abbildungen 1 bis 4 zu.
**Tipp:** Die Buchstaben in Klammern ergeben ein Lösungswort.

**5** Kennt ihr weitere Gesten, die missverstanden werden können?

**In diesem Kapitel lernt ihr unterschiedliche Formen der Verständigung kennen sowie ihre Bedeutung zu verstehen. Ihr lernt auch, diese in Gesprächen anzuwenden und zu bewerten.**

# Ohne Worte „sprechen“

**Gefühle drücken wir nicht nur durch Worte aus, sondern auch durch Mimik (Gesichtsausdruck) und Gestik (Körpersprache).**

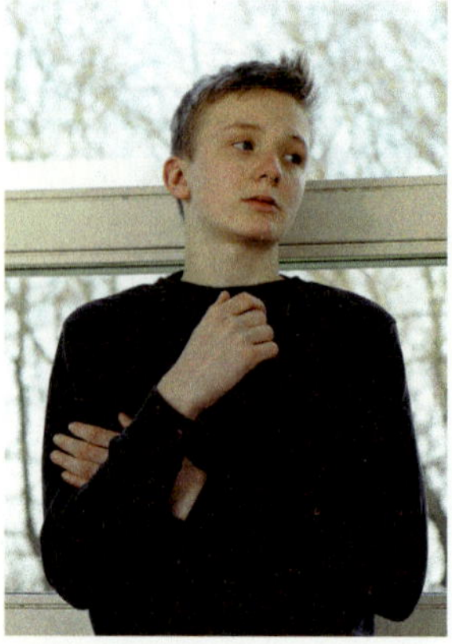

**1** Beschreibe die Fotos.

**a.** Wie wirken die Personen auf dich? Schreibe Stichworte auf.

**b.** Versetze dich in eine Person: Was könnte sie denken? Schreibe auf.

**2** Beschreibe die Fotos. Schreibe Sätze auf.

- Beschreibe Mimik und Gestik der Personen möglichst genau.
- Schreibe auf, wie Mimik und Gestik auf dich wirken.
- Versetze dich in die Personen: Was könnten sie denken und mit ihrer Mimik und Gestik ausdrücken?

**Starthilfe**

Die Person steht mit verschränkten Armen ...
Ich fühle mich ...

**3** Vergleicht eure Vermutungen: Gibt es unterschiedliche Möglichkeiten?

**Du kannst nun selbst ein Gefühl durch Mimik und Gestik darstellen.**

**4** **a.** Jeder wählt ein Gefühl aus.

**b.** Stellt das Gefühl dar, ohne dabei zu sprechen.

**c.** Ratet gegenseitig, was ihr dargestellt habt.

**d.** Sprecht über die folgenden Fragen:

- Kann das Gefühl unterschiedlich dargestellt werden?
- Kann die Darstellung unterschiedlich gedeutet werden?

**Sprachspeicher**

ängstlich
beleidigt
gelangweilt
glücklich
nachdenklich
traurig
überrascht
verliebt
wütend

## Ihr könnt euch auch ohne Worte miteinander verständigen.

5 Beschreibt euch gegenseitig die Fotos.
- Wie fühlen sich die Personen?
- Woran könnt ihr das erkennen?

6 Beschreibt euch gegenseitig die Situationen auf den Fotos: Worüber verständigen sich die Personen vermutlich? Beschreibt auch Mimik und Gestik der Personen.

## Versucht nun selbst, euch ohne Worte zu verständigen.

W **Bearbeitet Aufgabe 7 oder 8.**

7 Auch Handlungen lassen sich ohne Worte darstellen: Zwei Kinder streiten sich, vertragen sich dann aber wieder. Probiert es aus.

8 Teile deiner Partnerin oder deinem Partner ohne Worte mit, dass ...
- du jetzt etwas essen möchtest,
- du müde bist,
- du wissen möchtest, wie spät es ist,
- sie/er zu dir kommen soll,
- sie/er Abstand halten soll.

9 Konntet ihr euch ohne Worte miteinander verständigen? Gebt euch gegenseitig eine Rückmeldung, wie ihr die Mimik und die Gestik verstanden habt.

10 In welchen Situationen verständigt ihr euch ohne Worte miteinander? Nennt Beispiele.

# Die Meinung ohne Worte zeigen

Beim Zusammenarbeiten muss man sich untereinander verständigen.
In Gesprächen spricht man nicht nur mit Worten.
Mimik und Gestik verraten viel darüber, wie sich jemand fühlt.

**1** Seht euch das Foto an.

**2** Was drücken die Gesichter und die Körpersprache der Schülerinnen und Schüler aus? Woran könnt ihr das erkennen? Sprecht darüber.

**3** Lies den folgenden Text.

**Gruppenarbeit ist ganz schön schwer**

Yasmin, Micha, Leon, Nadja und Sara sollen in Gruppenarbeit einen Text lesen und zusammenfassen. Sie beginnen zu lesen.

*Nadja klopft ständig mit dem Stift auf den Tisch.*
**Sara:** Lass das!
**Nadja:** Ich mach doch nichts!
**Sara:** Doch! Du klopfst ständig. Das nervt.
*Nadja rollt mit den Augen, legt den Stift aber weg und liest weiter.*

*Micha legt als Erster den Text weg.*
**Micha:** So, fertig. Und nun? Ich hab nichts kapiert.
**Yasmin:** O Mann, Micha, immer sagst du: „Hab nichts kapiert." Du musst dir eben Mühe geben!

**Micha** *wütend:* Ich gebe mir Mühe. Ich hab eben nichts verstanden.
**Leon** *genervt:* He, Leute, ich bin noch nicht fertig. Könnt ihr mal leise sein?
*Daraufhin schweigen alle, bis auch Leon mit dem Lesen fertig ist.*

**Nadja:** So. Und nun?
**Leon:** Was und nun? Die Aufgabe ist doch klar. Wir sollen den Text kurz zusammenfassen und das Ergebnis den anderen vortragen. Also, lasst uns anfangen.
*Leon nimmt den Block und einen Stift in die Hand.*
**Micha:** Ich hab nichts kapiert. Also lasst mich mal raus.
*Nadja nimmt auch ihren Block, zeichnet aber Kästchen auf ihr Blatt.*
**Sara** *wendet sich ab:* Ich hab das auch nicht verstanden. Macht ihr das mal!
**Yasmin:** Eh, wir sollen doch als Gruppe arbeiten. So geht das nicht. Wenn nur Leon und ich arbeiten, ist das wohl keine Gruppenarbeit!
**Leon:** Na los, lasst uns anfangen.
*Murrend schauen Micha und Nadja auf ihre Texte. Sara kramt gelangweilt in ihrer Tasche.*

**Leon:** So, was habt ihr verstanden? Wer schreibt?
**Micha:** Na du. Du hast doch den Block schon vor dir.
**Leon:** Wieso immer ich? Das kann die Nadja machen!
**Nadja:** Nee, nee. Ich schreibe auf keinen Fall.
*Nadja und Sara albern herum und kämpfen um einen Stift.*

*Frustriert arbeiten Yasmin und Leon. Yasmin schaut in die Runde.*
**Yasmin:** Toll wart ihr. Leon und ich haben die ganze Arbeit allein gemacht. Ist ganz schön unfair!
**Micha:** Was willst du denn? Ihr wollt doch immer alles alleine machen.
*Beleidigt stützt Micha das Kinn auf die Hände, rollt mit den Augen und setzt sich mit seinem Stuhl etwas weiter weg.*
**Nadja:** Können wir nun mit dem zweiten Absatz beginnen?
*Nach einigem Stöhnen und Meckern beginnen alle wieder mit dem Lesen.*

**4** Welchen Arbeitsauftrag soll die Gruppe eigentlich erfüllen? Schreibe es auf.

**5** Wodurch stören manche Schülerinnen oder Schüler auch ohne Worte die Gruppenarbeit?
**a.** Seht euch die Fotos genau an.
**b.** Findet je ein Beispiel in jedem Absatz.
**c.** Was könnten die Gruppenmitglieder mit ihrem Verhalten ausdrücken? Sprecht darüber.

## Die Schülerinnen und Schüler machen ihre Gefühle auch durch die Körpersprache deutlich.

**6** Lest den Text auf den Seiten 32 und 33 mit verteilten Rollen. Die schräg (kursiv) gedruckten *Regieanweisungen* helfen euch, die entsprechende Mimik und Gestik darzustellen.

**7** Wie fühlen sich die einzelnen Gruppenmitglieder?

**a.** Bildet fünf Gruppen. Jede Gruppe untersucht eine andere Person aus dem Text: Nadja, Yasmin, Micha, Leon, Sara.

**b.** Macht euch Notizen zu den Äußerungen, zur Mimik und zur Gestik. Die Regieanweisungen helfen euch dabei.

**c.** Welche Bedeutung haben die Mimik und die Gestik jeweils in der Situation? Notiert es.

**Starthilfe**

| **Nadja:** **Was tut Nadja?** | **Was sagt Nadja?** | **mögliche Bedeutung** |
|---|---|---|
| klopft mit dem Stift, während andere lesen, rollt mit den Augen ... | „Ich mach doch nichts!“ | kein Interesse an der Arbeit, ist uneinsichtig, zeigt Unlust ... |

**8** **a.** Wie fühlen sich Nadja, Yasmin, Leon, Micha und Sara? Schreibt passende Adjektive auf.

**b.** Gibt es unterschiedliche Sichtweisen? Diskutiert darüber.

**Sprachspeicher**
aufmerksam
genervt
lustlos
traurig
motiviert
verärgert
wütend

## Rollenspiele können helfen, eine Situation besser zu verstehen.

**9** Bereitet den dritten Absatz als Rollenspiel vor.
Verteilt die Rollen:
Ihr braucht Nadja, Yasmin, Leon, Micha und Sara.

**10** Führt das Rollenspiel durch.
- Macht die Gefühle der Personen deutlich: durch Betonung, Mimik und Gestik. Verwendet eure Ergebnisse aus den Aufgaben 7 und 8.
- Beachtet auch die Regieanweisungen.

**11** Wertet euer Rollenspiel aus:
- Bei wem zeigt die Körpersprache etwas anderes als die Worte?
- Wer hat dazu beigetragen, dass die Gruppenarbeit gelingt?
- Was hat die Gruppenarbeit gestört?

**Den dritten Absatz könnt ihr so umschreiben, dass die Gruppenarbeit gut verläuft.**

**12** **a.** Überlegt, wie man die Gruppenarbeit verbessern kann.
- Was müssten Yasmin und Leon schon zu Anfang sagen?
- Was sollten Nadja, Micha und Sara sagen?
- Wie könnten alle durch Mimik und Gestik und Körperhaltung ihre Bereitschaft ausdrücken?

**b.** Schreibt ein Gespräch mit Regieanweisungen auf.

**13** Spielt euer Gespräch als Rollenspiel in der Klasse. Die anderen beobachten das Rollenspiel.

**14** Wertet das Rollenspiel gemeinsam aus:
- Durch welche Äußerungen wurde Hilfsbereitschaft ausgedrückt?
- Durch welche Mimik und Gestik wurden Interesse und Verständnis gezeigt?

**Damit Gruppenarbeit gelingt, halten alle Regeln ein. Wichtig ist auch, dass die Kommunikation zwischen den Gruppenmitgliedern funktioniert.**

*alle einbeziehen* | *gemeinsam arbeiten (alle)* | *ablenken (keiner)*

*zusammen arbeiten (jeder mit jedem)* | *die Gruppe leiten (einer)*

*Interesse zeigen* | *Hilfsbereitschaft signalisieren*

*Verständnis ausdrücken* | *schreiben (einer)*

**15** Ordne die Stichworte in einer Tabelle.
- Welche Stichworte sind Regeln für die Gruppenarbeit?
- Welche Stichworte gehören zu einer gelungenen Kommunikation?

**16** Schreibe die Regeln für die Gruppenarbeit und für die Kommunikation in ganzen Sätzen auf.

**17** Gestaltet ein Plakat mit den Gruppenregeln und hängt es in der Klasse auf.

Ein Plakat gestalten
► S. 218–219

# Gefühle mit Worten ausdrücken

**Gefühle kannst du nicht nur mit dem Körper, sondern auch durch Worte ausdrücken, so wie in dem folgenden Gedicht.**

Merkmale von Gedichten
► S. 294

**1** Lies das Gedicht.

**Wunder des Alltags** Hans Manz

Manchmal, da habe ich eine Angst.
Manchmal, da habe ich einen Zorn.
Manchmal, da habe ich eine Wut.

Manchmal, da habe ich keine Freude.
Manchmal, da habe ich kein Vertrauen.
Manchmal, da habe ich keinen Mut.

Aber manchmal,
da kommt plötzlich jemand
und fragt mich: „Komm, du, geht's dir nicht gut?"

**2** Schreibe Stichworte zu den folgenden Fragen auf:
**a.** Wie fühlt sich die Person in dem Gedicht?
**b.** Was passiert in der dritten Strophe?
Wie könnte sich die Person jetzt fühlen?

**3** Wie könnte die Person ihre Gefühle ohne Worte ausdrücken? Stelle es nur mit Mimik und Gestik dar.

**4** **a.** Lies das Gedicht laut.
Achte dabei besonders auf den Anfang von jedem Vers.
**b.** Überlegt gemeinsam:
- Was ist das Besondere an diesem Gedicht?
- Wieso könnte das Gedicht so geschrieben worden sein?

**5** Lies das Gedicht so vor, dass die Gefühle durch deine Stimme, Gestik und Mimik deutlich zum Ausdruck kommen.

**6** Welche Gefühle kennst du noch?
**a.** Schreibe weitere Gefühle auf.
**b.** Schreibe Wörter und Wortgruppen auf, die zu diesen Gefühlen passen.

**Starthilfe**
Angst, ängstlich, Angsthase ...

# Bildhafte Sprache verstehen

**Gefühle werden oft mit Hilfe von sprachlichen Bildern beschrieben.**

**1** Sieh dir die Bilder an und lies die Wortgruppen.

2

4

5

D große Augen machen

3

A im Erdboden versinken

C wie ein Honigkuchenpferd strahlen

1

B eiskalt den Rücken hinunterlaufen

E Schmetterlinge im Bauch haben

**2** Ordne jeder Wortgruppe das passende Bild zu. Begründe.

**3** Was könnten die Wortgruppen (die sprachlichen Bilder) bedeuten? Schreibe jeweils eine Erklärung in eigenen Worten auf.

**Starthilfe**
A im Erdboden versinken – Bild 3 – sich schämen
B ...

**4** Welche Gefühle werden mit den sprachlichen Bildern beschrieben? Ordne sie den folgenden Gefühlen zu.

Liebe, Freude, Scham, Angst, Überraschung

**5** Wähle zwei sprachliche Bilder aus. Schreibe eine kleine Geschichte, in der die sprachlichen Bilder vorkommen.

W **Viele sprachliche Bilder sind uns bekannt. Bearbeitet Aufgabe 6 oder 7.**

**6** Sammelt weitere sprachliche Bilder, die Gefühle beschreiben. Schreibt sie mit einer Erklärung auf.

**7** Kennt ihr sprachliche Bilder, die Gefühle beschreiben, in anderen Sprachen? Schreibt sie mit ihrer Bedeutung auf.

**8** Stellt eure sprachlichen Bilder der Klasse vor.

# Sich verständigen

**In diesem Kapitel hast du erfahren, dass es verschiedene Formen der Verständigung gibt. Hier kannst du überprüfen, ob du sie verstehen und in Gesprächen angemessen anwenden kannst.**

**1** Die Personen auf den Fotos verständigen sich durch Mimik und Gestik.
**a.** Beschreibe die Mimik und Gestik.
**b.** Schreibe auf, was sie bedeuten könnten.
**c.** Schreibe in Stichworten Situationen auf, in denen du die Mimik und Gestik verwenden würdest.
**d.** Vergleicht die Situationen.

**2** Welche der Beispiele für Mimik und Gestik sind leicht zu verstehen? Welche schwerer?
Begründe deine Einschätzung.

**3** Besprich deine Arbeitsergebnisse mit deiner Lehrkraft.

**Überprüft gemeinsam, wie gut es euch gelingt, eine Situation im Rollenspiel darzustellen.**

**4** Stellt eine weitere Situation im Rollenspiel dar.
**a.** Wählt eine Situation aus den Fotos von Aufgabe 1 aus.
- Welche Personen kommen vor?
- Was sagen und tun die einzelnen Personen?
- Wie fühlen sie sich und was denken sie?

**b.** Schreibt das Gespräch mit den Regieanweisungen auf.
**c.** Führt das Rollenspiel durch.

**5** **a.** Spielt die Situation einem anderen Tandem vor.
**b.** Wertet das Rollenspiel gemeinsam aus: Wurde die Situation durch Mimik und Gestik gut dargestellt?

Feedback geben
► S. 220–221

# Sich verständigen

In dem folgenden Sachtext erfährst du mehr über Verständigung.

**Sich verständigen – mit und ohne Worte**

Wenn wir jemandem etwas sagen möchten, dann benutzen wir meist die Sprache. Fatlinda sagt z. B. zu einer Mitschülerin: „Sprich lauter." Sie kann das aber auch durch eine Geste ausdrücken, wenn sie ihre Hand hinter das Ohr legt und so zeigt, dass sie etwas nicht verstanden hat. Wenn Fatlindas Lehrerin im Unterricht den Zeigefinger auf ihre Lippen legt, wissen alle Schülerinnen und Schüler, dass sie jetzt still sein sollen. Allerdings wissen wir manchmal nicht, wie wir die Gesten, die wir sehen, verstehen sollen. Wenn Valentin im Unterricht gähnt, kann es sein, dass er noch müde ist. Sein Lehrer könnte aber auch denken: „Der gähnt, weil er den Unterricht langweilig findet."
Manchmal drücken unsere Gesten bzw. unsere Mimik absichtlich etwas anderes aus als das, was wir mit Worten sagen. Wenn Karian behauptet: „Wir haben überhaupt keine Hausaufgaben auf" und dabei mit einem Auge zwinkert, kann es sein, dass er das Gegenteil meint.
In verschiedenen Ländern können Gesten ganz unterschiedlich gemeint und verstanden werden. Ein amerikanischer Rechtsanwalt hielt einmal eine Rede vor japanischen Beamten und war ganz niedergeschlagen, da nach seinem Eindruck alle Zuhörer geschlafen hatten. In Japan gilt es als Zeichen höchster Aufmerksamkeit, bei einer Rede die Augen zu schließen und leicht zu nicken.

Du entscheidest, ob du die Aufgaben auf Seite 39 mit mehr Hilfen oder die kniffligeren Aufgaben auf den Seiten 40 und 41 lösen willst.

**1** a. Lest den Text mit dem Textknacker.
b. Sprecht über die folgenden Fragen:
- Welche Möglichkeiten gibt es, sich ohne Worte zu verständigen?
- Wie könnte Valentins Lehrer sein Gähnen deuten?
- Warum widersprechen sich Karians Mimik und seine Aussage?
- Warum hat der amerikanische Rechtsanwalt seine japanischen Zuhörer missverstanden?

Textknacker ► S. 295

**2** „Wir haben überhaupt keine Hausaufgaben auf."
- Sprich diesen Satz einmal so, dass er überzeugend ist.
- Sprich ihn dann so, dass er das Gegenteil meint.

Verwende hierbei bewusst Mimik, Gestik und Betonung.

**Der Sachtext „Sich verständigen – mit und ohne Worte“ auf Seite 39 gibt weitere Informationen zum Thema.**

**1** Lies den Sachtext auf Seite 39 mit dem Textknacker.

**2** **a.** Notiere drei Fragen zum Text.
**b.** Tauscht die Fragen aus und beantwortet die Fragen eurer Partnerin oder eures Partners schriftlich.
**c.** Prüft eure Antworten gemeinsam.

**3** Was hast du über die verschiedenen Möglichkeiten der Verständigung ohne Worte erfahren?
Fasse die wichtigsten Textaussagen zusammen.

**4** Versuche, verschiedene Gefühle wie Freude, Enttäuschung, Ärger oder Erleichterung auszudrücken.
Verwende hierbei Mimik, Gestik und Betonung.

**Manchmal drücken unsere Gesten und unsere Mimik etwas anderes aus als das, was wir mit Worten sagen.**

**5** **a.** „Wir haben überhaupt keine Hausaufgaben auf.“
- Sprich diesen Satz einmal so, dass er überzeugend ist.
- Sprich ihn dann so, dass er das Gegenteil meint.
- Sprich ihn dann so, dass er eine Lüge ist.

Verwende hierbei bewusst Mimik, Gestik und Betonung.
**b.** Der Partner/die Partnerin gibt ein Feedback: Sind die nonverbalen Zeichen verständlich und eindeutig eingesetzt worden?

**6** Warum hatte der amerikanische Rechtsanwalt seine japanischen Zuhörer wohl missverstanden?
Schreibe mögliche Gründe auf.

**7** Kennt ihr andere Gesten, die unterschiedlich verstanden werden können?
**a.** Beschreibt und erklärt sie.
**b.** Tauscht euch über die Bedeutungen aus.

## Es gibt auch Sprachen, die ganz ohne gesprochene Worte auskommen, wie z. B. die Gebärdensprachen.

Hakans Freund Kevin ist gehörlos, kann sich aber allen Menschen mitteilen, die seine Sprache verstehen. Er verwendet dazu Gebärden: Seine Hände bewegen sich, als würden sie tanzen oder Bilder in die Luft malen. In Kevins Schule benutzen alle Schüler und Lehrer die Gebärdensprache im Unterricht. Mit der Gebärdensprache kann man über alles Mögliche „sprechen", z. B. auch über die Party am letzten Wochenende, den Mathetest oder über das nächste Fußballspiel. Meist wird eine Gebärde benutzt, um ein ganzes Wort auszudrücken. Wenn Kevin die Gebärde für ein bestimmtes Wort nicht kennt, verwendet er ein Hilfsmittel: Er buchstabiert das gemeinte Wort mit dem Fingeralphabet. Die Buchstaben werden mit der rechten (bei Linkshändern mit der linken) Hand vor der Brust oder etwas rechts vom Körper ausgeführt. Allerdings gibt es viele Gebärdensprachen auf der Welt. Selbst in Deutschland und Österreich sind sie unterschiedlich. Wenn Gehörlose nicht die gleiche Gebärdensprache verwenden, benötigen sie ebenso wie hörende Menschen einen „Dolmetscher", der von einer Sprache in die andere übersetzt.

Gebärde für „verstehen"

**8** Beantworte die folgenden Fragen in ganzen Sätzen:
- Was tun Menschen, die eine Gebärdensprache nutzen, wenn sie eine bestimmte Gebärde nicht kennen?
- Wie verständigen sich Menschen, die nicht dieselbe Sprache sprechen?

**9** **a.** Erkläre, was eine Gebärdensprache ist.
**Tipp:** Du kannst dazu im Internet recherchieren.
**b.** Stelle Gebärden dar, wenn du welche kennst. Erkläre auch, was sie bedeuten.

Im Internet recherchieren
► S. 297

**10** Buchstabiere das Wort „Zeichen" mit Hilfe des Fingeralphabets.

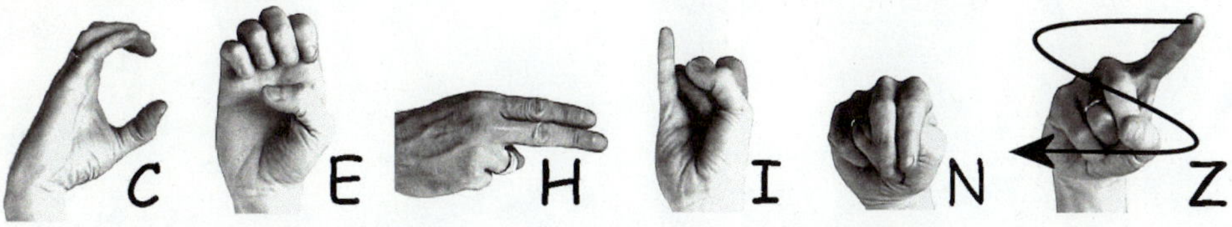


**11** Buchstabiere so viele Wörter wie möglich mit den Buchstaben C, E, H, I, N, Z des Fingeralphabets.

# Wasser ist Leben

**Sprachspeicher**

der Aralsee
der Bodensee
die Armatur
die Bewässerungs-anlage
der Wasserhahn

1989 2003 2012 2016

Satellitenaufnahmen vom Aralsee (Zentralasien): zunehmende Austrocknung 1989–2016

**Für uns Menschen kann Wasser Unterschiedliches bedeuten und verschiedene Funktionen erfüllen.**

**1** Tauscht euch über die Bilder aus.
  **a.** Beschreibt, was ihr auf den Bildern seht.
  **b.** Was bedeutet Wasser für Menschen, Tiere und Natur? Schreibt Stichworte dazu auf.

**2** **a.** Wo und wofür habt ihr in den letzten Tagen Wasser verbraucht? Sammelt eure Beispiele an der Tafel.
  **b.** Schätzt ein, wofür ihr mehr und wofür ihr nur wenig Wasser verbraucht. Ordnet eure Ergebnisse in einer Rangfolge.

**Starthilfe**

| Wo? | Wofür? | Rangfolge |
|---|---|---|
| zu Hause<br>in der Schule<br>zu Hause<br>... | Zähneputzen und Waschen<br>Toilette<br>...<br>... | 1.<br>...<br>...<br>... |

**3** Ordnet eure Stichworte aus den Aufgaben 1 und 2 in einer Mindmap auf einem extra Blatt.
Ihr könnt eure Mindmap im Laufe des Kapitels ergänzen und so viele Informationen rund um das Thema „Wasser" sammeln.

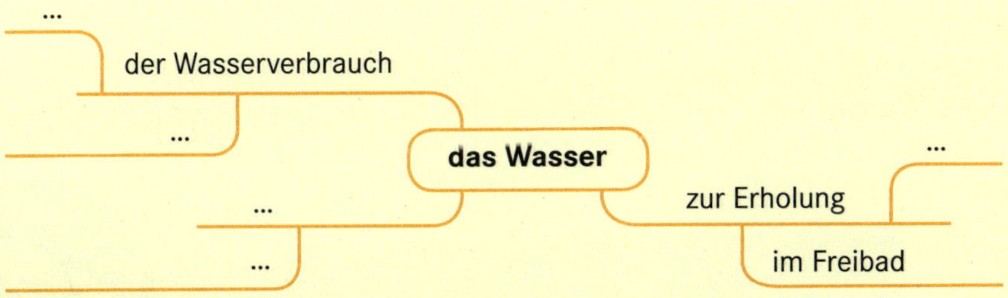


**In diesem Kapitel informiert ihr euch rund um das Thema „Wasser". Dabei übt ihr, Sachtexte und Grafiken zu verstehen. In einem Flyer begründet ihr schriftlich eure Meinung.**

# Einen Sachtext verstehen

**In dem folgenden Sachtext erfährst du viel über das Thema „Wasser“. Der Textknacker hilft dir, den Sachtext zu verstehen.**

## 1. Schritt: Vor dem Lesen

**1** **a.** Sieh dir die Fotos auf den Seiten 44 bis 46 genau an.
**b.** Was ist auf den Fotos zu sehen?
Schreibe zu jedem Foto einen Satz auf.

**2** **a.** Lies die Überschrift.
**b.** Worum könnte es in dem Sachtext gehen?
Schreibe deine Vermutung auf.

## 2. Schritt: Das erste Lesen

W **3** Der Sachtext ist in 2 Teile gegliedert – du kannst nur Teil 1 oder auch den ganzen Text bearbeiten.
**a.** Überfliege den Sachtext.
⊙ **b.** Welche Wörter und Wortgruppen fallen dir auf? Schreibe sie auf.
**c.** Überprüfe deine Vermutung aus Aufgabe 2 b.
Worum geht es in dem Sachtext?

**Wasser ist alles – alles ist Wasser**

**Teil 1**

*Das Wasser der Erde*

Eigentlich müsste unser Planet nicht „Erde“, sondern „Wasser“ heißen, da der größte Teil unseres Planeten aus Wasser besteht. Dieses Wasser kommt in den unterschiedlichsten Formen vor. Nicht alles Wasser ist flüssig, wie wir es in Flüssen, Seen, Ozeanen oder durch das Grundwasser* kennen. Auch Eisberge oder Gletscher sind aus Wasser.
Aber nur ein winziger Teil des gesamten Wassers auf der Erde ist für uns Menschen nutzbar, denn 97,5 Prozent* des Wasservorkommens sind ungenießbares Salzwasser. Und von den 2,5 Prozent Süßwasser ist der größte Teil nicht erreichbar, denn er ist im Polareis* und Gletschereis gespeichert oder nicht zugänglich. Als Trinkwasser können wir oft nur das Wasser von Flüssen und Seen und einen kleinen Teil des Grundwassers nehmen.

* das Grundwasser: eine Ansammlung von Wasser im Boden

* das Prozent: Teil von 100

* das Polareis: das Eis am Nordpol und am Südpol

*Unser realer* Wasserverbrauch*

Die Trinkwasservorräte auf der Erde sind begrenzt und schrumpfen**, weil wir Menschen viel Wasser verbrauchen. Den geringsten Teil am gesamten Wasserverbrauch nutzen wir zu Hause. Pro Tag verbrauchen wir rund 122 Liter reales, also sichtbares Wasser. Als Privatpersonen brauchen wir das meiste Wasser für das Duschen und Baden und die sonstige Körperpflege und für die Toilettenspülung. Außerdem verbrauchen wir Wasser für das Wäschewaschen, für den Geschirrspüler und andere Reinigungsarbeiten. Und wir verwenden Wasser zum Kochen und Trinken.

* real: wirklich

** schrumpfen: weniger/kleiner werden

*Wasser im Verborgenen: Virtuelles Wasser*

Tausende Liter Wasser täglich fließen aber im Verborgenen – nämlich als virtuelles Wasser. Das ist Wasser, das man nicht sehen, nicht fühlen, nicht trinken kann. Wasser, das in Produkten „versteckt" ist: in Hamburgern, Jeans, T-Shirts oder Papier. Für die Herstellung dieser Produkte benötigt man sehr viel Wasser.

**2 400 Liter pro Stück**

**6 000 Liter pro Stück**

**4 000 Liter pro Stück**

**10 Liter pro DIN-A4-Blatt**

Was hat z. B. ein T-Shirt aus Baumwolle mit virtuellem Wasser zu tun? Baumwolle wächst nur in warmem Klima. Deshalb kommt die Baumwolle für das T-Shirt vielleicht aus Texas, einem Bundesstaat der USA mit viel Sonne und wenig Regen. Dort muss die Baumwolle bewässert werden, denn sie braucht zum Wachsen sehr viel Wasser. Die Baumwollpflanzen für das T-Shirt werden dann geerntet und vielleicht nach Indien exportiert*. Wenn das T-Shirt farbig sein soll, muss die Baumwolle gefärbt und hinterher mit viel Wasser gespült werden. Danach wird die Baumwolle zu T-Shirts verarbeitet, die z. B. nach Deutschland importiert* werden. Wenn wir nun also ein T-Shirt anziehen, sehen wir nicht, dass dafür mehr als 4 000 Liter reales Wasser verbraucht wurden. Von dem Wasser aber ist nichts mehr zu sehen, es ist zu virtuellem Wasser geworden.

* exportieren: aus einem Land ausführen

* importieren: in ein anderes Land einführen

## Teil 2

*Warum Süßwasser immer knapper wird*

Der Süßwasseranteil der Erde schrumpft, während der Wasserbedarf weltweit steigt. Aber die Süßwasservorräte der Erde sind nicht gleich verteilt. In den Regionen, in denen nur wenig Niederschlag* fällt, gibt es auch nur wenig natürliche Süßwasservorkommen. Spannungen und bewaffnete Konflikte um Wasser könnten die Folge sein.
Da sich die Erde durch den Klimawandel immer weiter erwärmt, breiten sich auch die Wüsten und andere trockene Regionen immer weiter aus. In anderen Gebieten steigt durch die Erderwärmung der Meeresspiegel. Schlimme Überschwemmungen sind die Folge. Einige Küstenregionen könnten gar ganz überflutet werden.
Steigende Temperaturen lassen Gletscher und Eis schmelzen und den Meeresspiegel ansteigen. Das geschmolzene Wasser fließt in die Meere, wo es sich mit salzigem Meerwasser verbindet. Es kann dann nur noch mit aufwändigen Methoden entsalzt und als Trinkwasser aufbereitet werden.
Daher müssen wir den kostbaren Rohstoff* Wasser bewusst nutzen und dürfen ihn nicht verschwenden.

* der Niederschlag: Regen oder Schnee

* der Rohstoff: ein Stoff aus der Natur, der noch nicht verarbeitet ist

### 3. Schritt: Den Text genau lesen

**4** Lies den Text noch einmal genau – Absatz für Absatz.

**5** Was erfährst du in den einzelnen Absätzen?
- **a.** Lies die Zwischenüberschriften.
- **b.** Schreibe zu jedem Absatz Schlüsselwörter auf.
  **Tipp:** Im ersten Absatz sind sie bereits hervorgehoben.

**Starthilfe**
Wasser ist alles – alles ist Wasser – meine Schlüsselwörter:
1. Absatz:
Planet „Wasser", größte Teil aus Wasser, ...

**6** **a.** Manche Wörter werden am Rand des Sachtextes erklärt. Lies die Erklärungen.
**b.** Schreibe die Wörter mit den Erklärungen auf.

**7** Gibt es weitere Wörter, die ihr nicht versteht?
- **a.** Versucht, die Wörter aus dem Zusammenhang zu erklären.
- **b.** Welche Wörter könnt ihr nicht aus dem Zusammenhang erklären? Schlagt sie im Wörterbuch oder in einem Lexikon nach.

Nachschlagen ► S. 303

## W-Fragen helfen dir, den Text noch besser zu verstehen.

**8** **a.** Beantworte die folgenden W-Fragen.
Schreibe Stichworte auf.
- Welche Bedeutung hat das Wasser für unser Leben?
- In welchen Formen kommt Wasser auf der Erde vor?
- Wie viel reales Wasser verbrauchen wir pro Tag?
- Wie viel virtuelles Wasser ist in einem T-Shirt versteckt?
- Welche Probleme entstehen durch den Klimawandel?

**b.** Was ist der reale Wasserverbrauch? Was ist virtuelles Wasser?
Erkläre es mit eigenen Worten.

**c.** Stelle weitere Fragen an den Text und beantworte sie.

### 4. Schritt: Nach dem Lesen

**9** Informiert euch gegenseitig mit Hilfe eurer Notizen über den Sachtext.

**10** Wähle eine der folgenden Aufgaben aus:

**a.** Was hast du Neues erfahren? Ergänze deine Mindmap.

**b.** Schreibe einen kurzen Text:
- Was möchtest du genauer wissen?
- Was interessiert dich besonders?

Begründe deine Entscheidung.

**Arbeitstechnik: Einen Sachtext mit dem Textknacker lesen**

**1. Schritt: Vor dem Lesen**
Du siehst dir den Text als Ganzes an.
- Was weißt du schon über das Thema?
- Was erzählen dir die Bilder und die Überschrift?
- Worum könnte es gehen?

**2. Schritt: Das erste Lesen**
Du überfliegst den Text oder du liest ihn einmal durch.
- Was fällt dir auf?
- Was kennst du schon?
- Worum geht es?

**3. Schritt: Den Text genau lesen**
Du achtest auf:
- die Überschrift
- die Absätze
- die Schlüsselwörter
- unbekannte Wörter

**4. Schritt: Nach dem Lesen**
Du arbeitest mit dem Inhalt des Textes.

# Eine Grafik verstehen

Wie viel Wasser verbrauchen wir in Deutschland täglich zu Hause? Die folgende Grafik gibt zusätzliche Informationen zum Sachtext.

Mit dem Textknacker kannst du die Grafik verstehen.

## 1. Schritt: Vor dem Lesen

**1** **a.** Sieh dir die Grafik als Ganzes an.
**b.** Lies die Überschrift.
**c.** Worüber könnte die Grafik informieren? Schreibe es auf.

## 2. Schritt: Das erste Lesen

**2** **a.** Sieh dir die Grafik genauer an. Lies auch die Beschriftungen.
**b.** Beantworte die folgenden Fragen in Stichworten:
- Welche Form hat die Grafik: Kreis- oder Säulendiagramm?
- Welche Angaben liest du?
- Worüber informiert die Grafik?

**Der tägliche Wasserverbrauch pro Person 2015: 122 Liter**

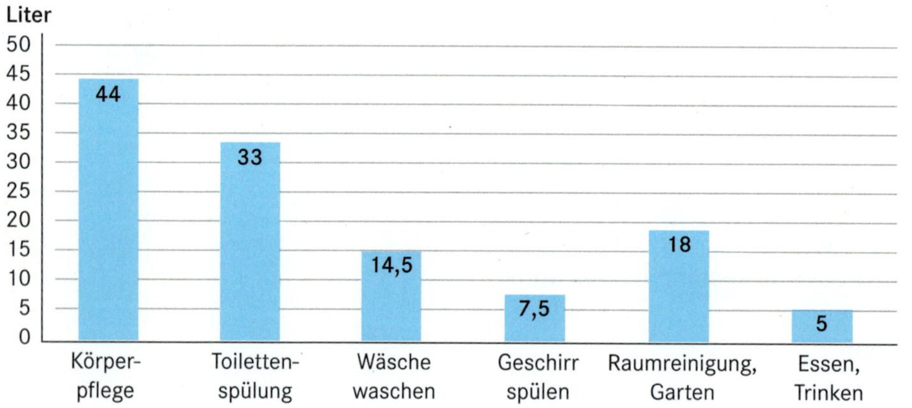


**Sprachspeicher**
... beträgt ...
... liegt bei ...
... höher als ...
... geringer als ...

## 3. Schritt: Die Grafik genau lesen

**3** Was geben die einzelnen Säulen an? Notiere es.

**Starthilfe**
Säule 1: Körperpflege, 44 Liter
Säule ...

**4** Wofür verbraucht man am wenigsten und wofür am meisten Wasser?

**a.** Ordne die Säulen nach ihrem Wasserverbrauch.

**b.** Schreibe zu jeder Säule einen erklärenden Satz auf. Beginne mit dem höchsten Verbrauch und ende mit dem geringsten.

**Starthilfe**

Für die Körperpflege verbraucht man ... Liter Wasser.
Für ...

**5** Was überrascht dich an dem Ergebnis? Wie bewertest du deinen eigenen Wasserverbrauch? Begründe jeweils.

## 4. Schritt: Nach dem Lesen

**6** Was stellt die Grafik dar? Schreibe einen kurzen Text. Verwende dazu deine Ergebnisse aus den Aufgaben 1 bis 5.

**Starthilfe**

In der Grafik wird dargestellt, wie viel Liter Wasser ...

**7** Die Grafik erklärt eine Textstelle in dem Sachtext genauer.

**a.** Lies noch einmal im Sachtext auf den Seiten 44 bis 46 nach.

**b.** Welche Textstelle wird durch die Grafik genauer erklärt?

**c.** Erklärt, warum bei Sachtexten auch Grafiken verwendet werden.

### Arbeitstechnik: Eine Grafik mit dem Textknacker verstehen

**1. Schritt: Vor dem Lesen**
Du siehst dir die Grafik als Ganzes an.
- Was erzählt dir die Überschrift?
- Worum könnte es gehen?

**2. Schritt: Das erste Lesen**
Du siehst dir die Grafik genauer an.
- Was kennst du schon?
- Welche Angaben enthält die Grafik?
- Worüber informiert die Grafik?

**3. Schritt: Die Grafik genau lesen**
Du untersuchst die Grafik genau.
- Schlage unbekannte Abkürzungen oder Wörter im Wörterbuch nach.
- Welche Fragen kannst du mit Hilfe der Grafik beantworten? Stelle Fragen an die Grafik.

**4. Schritt: Nach dem Lesen**
Du arbeitest mit dem Inhalt der Grafik.
- Beantworte die Fragen, die du an die Grafik gestellt hast.

# Mit einem Flyer Stellung nehmen

**Die Klasse 6 a hat den Sachtext „Wasser ist alles – alles ist Wasser“ gelesen. Die Schülerinnen und Schüler tauschen ihre Meinungen zu dem Thema aus.**

**1** Lest die Aussagen der Schülerinnen und Schüler.

Ich wusste gar nicht, wie viel Wasser wir verbrauchen!

Wir könnten darauf achten, was wir essen und einkaufen.

Ich kann daheim Wasser sparen. Wenn das alle machen, dann bringt es was!

Wir könnten viel virtuelles Wasser einsparen.

Im Bad kann man Wasser viel bewusster nutzen!

Ja, wenn man zum Beispiel das Wasser beim Zähneputzen nicht unnötig laufen lässt.

Wir waschen Obst und Gemüse immer in einer Schüssel. Das Wasser nehmen wir dann zum Blumengießen.

**2** Welche Meinung hat die Mehrheit der Klasse? Schreibt sie auf.

**3** Auch ihr habt euch über das Thema „Wasser und Wasserverbrauch“ informiert. Was haltet ihr davon?
Tauscht eure Meinungen in der Klasse aus.

**Wenn du jemanden überzeugen möchtest, nennst du deine Meinung (Behauptung) und begründest sie. Auch die Schülerinnen und Schüler nennen Behauptungen und Begründungen.**

**4** Welche Äußerungen sind Behauptungen? Welche Äußerungen sind Begründungen? Ordnet sie und schreibt sie untereinander auf.

**Starthilfe**

| **Behauptung:** | **Begründung:** |
|---|---|
| Wir könnten viel virtuelles Wasser einsparen.<br>... | Wir könnten darauf achten, was ...<br>... |

**5** **a.** Ergänzt weitere Begründungen zu den Behauptungen.
**b.** Ergänzt eigene Behauptungen mit passenden Begründungen.

**Die Schülerinnen und Schüler sind sich einig, dass es wichtig ist, Wasser bewusst zu nutzen. Daher möchten sie einen Flyer gestalten, mit dem sie zu einem bewussten Umgang mit Wasser aufrufen wollen.**

Einen Flyer können wir an viele Menschen verteilen. Aber wir haben darauf nur wenig Platz für alle Informationen.

Deshalb ist es wichtig, wie wir den Flyer gestalten.

Wir wollen andere auf das Problem aufmerksam machen.

Jeder sollte über Möglichkeiten zum Wassersparen Bescheid wissen!

Einen Flyer zu kopieren, ist nicht teuer, das können wir an der Schule selbst machen.

**6** Welche Schreibziele setzen sich die Schülerinnen und Schüler?

**a.** Welche Vorteile und welche Nachteile eines Flyers werden genannt? Schreibt sie auf.

**b.** Ergänzt weitere Vorteile und Nachteile.

**c.** Überlegt gemeinsam in der Gruppe, ob ein Flyer geeignet ist, die Schreibziele zu erreichen.

**Wenn ihr auch einen Flyer gestalten wollt, solltet ihr die Arbeit gut planen. Zuerst müsst ihr festlegen, an wen sich euer Flyer richtet.**

**7** Wie könnt ihr das Interesse der Leserinnen und Leser wecken? Tauscht euch über die folgenden Fragen aus:

- Wer sind eure Leserinnen und Leser?
- Was wissen sie?
- Was macht sie neugierig?
- Was müsst ihr erklären?

**Sammelt nun Informationen für euren Flyer.**

**8** Warum ist ein bewusster Umgang mit Wasser wichtig?

**a.** Lest noch einmal im Sachtext auf den Seiten 44 bis 46 nach.

**b.** Schreibt Stichworte auf.

**c.** Welche Informationen findet ihr besonders wichtig? Wählt sie aus eurer Sammlung aus.

**Starthilfe**

- nur wenig Süßwasser auf der Erde, davon nur ein kleiner Teil als Trinkwasser
- Trinkwasser ist kostbar
- 122 Liter verbraucht ...

9 Begründet eure Meinung mit Hilfe von Konjunktionen (Bindewörtern).

**Starthilfe**

Wenn wir bewusst mit Wasser umgehen, können wir ...
Weil das Trinkwasser immer knapper wird, ist es wichtig, dass ...
Es macht im Alltag keine große Mühe, wenn ...

**Sprachspeicher**

weil
denn
aber
und
damit
sodass

## Wozu möchtet ihr die Leserinnen und Leser auffordern?

10 Wie könnt ihr selbst zu einem bewussten Umgang mit Wasser beitragen? Sammelt Ideen für euren Flyer.
- Ihr könnt im Sachtext auf den Seiten 44 bis 46 nachlesen oder eure eigenen Ergebnisse von Seite 50 verwenden.
- Ihr könnt Erwachsene befragen oder im Internet recherchieren.

**Starthilfe**

- nicht baden, lieber duschen
- beim Zähneputzen das Wasser ...

11 Formuliert Aufforderungssätze für euren Flyer.

**Starthilfe**

So kannst auch du etwas tun:
Lass den Wasserhahn beim Zähneputzen nicht laufen!
Überzeuge andere davon, dass ...

12 Findet eine Überschrift, die neugierig macht.

13 **a.** Schreibt einen Textentwurf für den Flyer.
**b.** Überprüft und überarbeitet anschließend euren Entwurf. Achtet auch auf die Rechtschreibung.
**c.** Schreibt den überarbeiteten Text sauber und gut lesbar auf.

## Der Flyer sollte übersichtlich sein und zum Lesen anregen.

14 **a.** Hebt wichtige Wörter oder Wortgruppen hervor. Unterstreicht sie oder gestaltet sie farbig.
**b.** Verwendet Zwischenüberschriften, die den Text gliedern.
**c.** Fügt passende Bilder ein oder zeichnet selbst Bilder.

15 **a.** Kopiert und verteilt anschließend euren Flyer.
**b.** Sprecht über die Reaktionen eurer Mitschülerinnen und Mitschüler.

# Meinungen begründen

**Du kannst andere leichter überzeugen, wenn du deine Meinung begründest. Die Klasse 6 a hat Vorschläge zum bewussten Umgang mit Wasser gesammelt und ihre Vorschläge begründet.**

1 Wir lassen das Wasser nicht unnötig laufen.
2 Wir waschen Obst und Gemüse in einer Schüssel.
3 Wir verwenden Reinigungsmittel nur sparsam.
4 Wir entsorgen keine Farben oder Medikamente im Abfluss.

A Das Reinigen der Abwässer ist teuer.
B Wir wollen kein Wasser verschwenden.
C Das benutzte Wasser können wir weiterverwenden, z. B. zum Blumengießen.
D Kläranlagen sind nicht in der Lage, alle Substanzen restlos aus dem Abwasser zu entfernen.

**1** Ordne den Behauptungen 1 bis 4 jeweils eine Begründung von A bis D zu.

**Eine Begründung kannst du durch eine Konjunktion (Bindewort) mit einer passenden Behauptung verbinden.**

weitere Übungen zu Konjunktionen ► S. 287–289

**2** Schreibe die Sätze auf.
**a.** Verbinde die einander zugeordneten Sätze mit der Konjunktion **denn**.
**b.** Setze in jedem Satz ein Komma vor **denn**.

**Starthilfe**
Wir lassen das Wasser nicht unnötig laufen,
denn wir wollen kein Wasser verschwenden. ...

**Auch mit der Konjunktion weil kannst du Begründungen formulieren.**

**3** Formuliere die **denn**-Sätze aus Aufgabe 2 in **weil**-Sätze um.
**a.** Schreibe die Sätze auf.
**b.** Setze in jedem Satz ein Komma vor **weil**.
**c.** Wo steht die gebeugte Verbform im **weil**-Satz? Markiere sie jeweils.

● **4** Schreibe weitere Sätze auf, wie man Wasser bewusst nutzen kann. Begründe deine Vorschläge mit **denn**- und **weil**-Sätzen.

# Einen Sachtext und eine Grafik verstehen

Hier kannst du überprüfen, ob du den Textknacker sicher anwenden kannst.

**1** Lies den Sachtext mit dem Textknacker.

**Gründe für den Wassermangel auf der Erde**

Fast zwei Drittel unserer Erde sind mit Wasser bedeckt. Da müsste man doch meinen, dass für alle genug da ist, oder? Leider nicht! […] Weltweit nehmen die Süßwasserbestände ab. Dafür gibt es drei hauptsächliche Gründe.

Viele Gegenden werden heutzutage immer trockener, weil es wenig regnet. Ein entscheidender Grund dafür ist die globale Erwärmung, also der weltweite Anstieg der Temperatur. Die Trockenheit hat schwerwiegende Folgen, z. B. Buschbrände in Nordamerika und Australien sowie Wassermangel in vielen Gegenden Afrikas. Auch in Europa sind die Auswirkungen spürbar: Im Jahr 2015 musste beispielsweise jeden Tag Wasser in die Schweizer Alpen geflogen werden, weil es dort kein Trinkwasser mehr gab.

Die Rohstoffgewinnung für nahezu alle Materialien und auch für den Anbau von Lebensmitteln verschluckt viel Wasser, auch wenn du das am Endprodukt nur selten erkennen kannst. Ein Beispiel hierfür sind die Baumwollfarmen in Kasachstan. Das ist ein Land in Asien, das südlich von Russland liegt. Laut Experten sind diese Farmen mit dafür verantwortlich, dass der Aralsee immer mehr austrocknet. Denn Baumwolle benötigt unglaublich viel Wasser: Um eine einzige Jeans herzustellen, werden beispielsweise 11 000 Liter benötigt. Ein Großteil davon fließt in den Anbau, der Rest in die Produktion.

Aber auch durch Bohrungen, z. B. für Wasserkraftwerke, können Trinkwasserquellen verschmutzt werden oder sogar versiegen, weshalb manche Dörfer plötzlich Probleme mit der Wasserversorgung bekommen können. Laut Schätzungen von Experten leiden in 15 Jahren über die Hälfte aller Länder an Wassermangel. […] Kaum vorstellbar, oder? Wir sollten also alle schonender mit dem knappen Wasser umgehen.

Wie geht es weiter?

Die Temperatur steigt

Viele Quellen versiegen

Es wird immer mehr produziert

**2** **a.** Ordne die Überschriften vom Rand den Absätzen zu.
**b.** Schreibe zu jedem Absatz Schlüsselwörter auf.

Die folgende Grafik enthält zusätzliche Informationen zum Sachtext.

**3** Lies die Grafik mit dem Textknacker.

**Das Wasservorkommen auf der Erde im Jahr 2050**

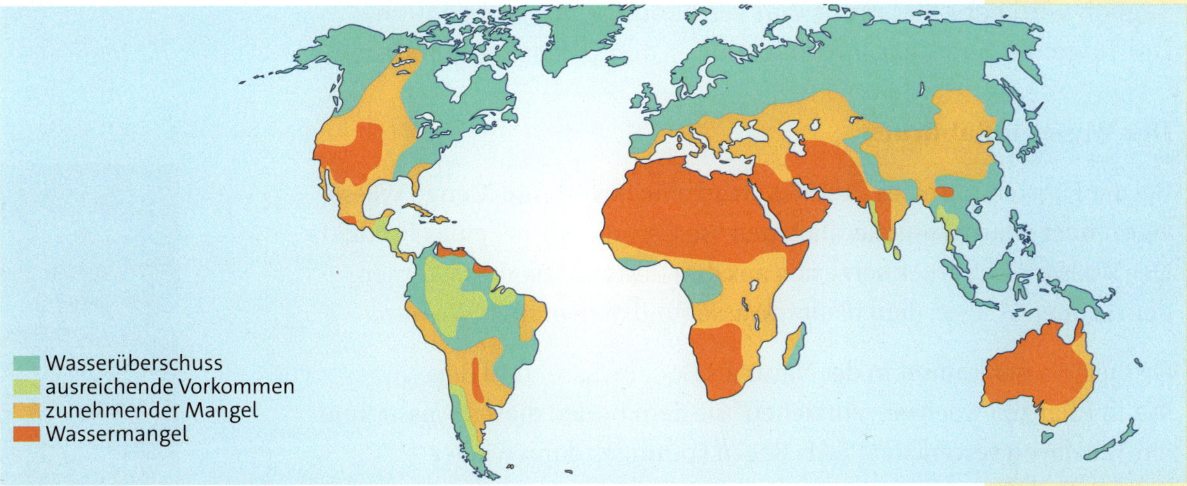


**4** Welche zusätzlichen Informationen gibt dir die Grafik? Schreibe Stichworte zur Grafik auf.
- Welche Regionen (Kontinente oder Länder) werden vom Wassermangel betroffen sein?
- In welchen Regionen wird es wohl nur geringen oder keinen Wassermangel geben?

## Was hast du im Sachtext und in der Grafik über die Wasservorkommen auf der Erde erfahren?

**5** Fasse die wichtigsten Informationen aus dem Sachtext und der Grafik zusammen. Die folgenden W-Fragen helfen dir dabei.
- Wovon gehen Experten aus?
- Welche Regionen werden betroffen sein?
- Welche Gründe gibt es für diese Entwicklung?

**6** Was kannst du für einen bewussten Umgang mit Wasser tun? Schreibe deine Meinung auf und begründe sie.

**7** **a.** Bespreich deine Arbeitsergebnisse mit deiner Lehrkraft.
**b.** Schreibe in dein Lerntagebuch:
- Welche Schritte des Textknackers kannst du sicher anwenden?
- Was sollst du noch üben?

Lerntagebuch
► S. 194–195

# Den Textknacker anwenden

**Hier übst du noch einmal, den Textknacker anzuwenden.**

**Täglich wird sehr viel mehr Wasser benötigt, als wir denken. Der folgende Sachtext informiert über den „Wasserfußabdruck".**

### Der Wasserfußabdruck

Bei der Herstellung eines Produkts wird eine bestimmte Menge Wasser verbraucht. Man nennt das auch den Wasserfußabdruck eines Produkts. Der Wasserfußabdruck setzt sich aus drei Bestandteilen zusammen: dem grünen Wasser, dem blauen Wasser und dem grauen Wasser.

Grünes Wasser kommt in der Natur als Bodenwasser und Regenwasser vor. Wenn Pflanzen wachsen, entziehen* sie dem Boden dieses Wasser und ein Teil davon verdunstet**. Als Regen kommt es dann wieder auf den Boden zurück.

Wenn das grüne Wasser nicht ausreicht, müssen die Pflanzen künstlich bewässert werden. Dazu verwendet man häufig Oberflächenwasser aus Flüssen oder Seen oder auch das Grundwasser. Während des Pflanzenwachstums verdunstet ein Teil davon wieder. Für die Bewässerung von Pflanzen in der Landwirtschaft wird also Wasser verbraucht. Dieses Wasser nennt man das blaue Wasser.

Grünes Wasser bleibt normalerweise sauber, auch das blaue. Aber bei der Produktion kann das Wasser auch verschmutzt werden, z. B. durch Düngemittel oder durch Pflanzenschutzmittel. Wird das Wasser beim Herstellungsprozess direkt verschmutzt und ist nicht mehr nutzbar, spricht man von grauem Wasser.

* etwas entziehen: etwas wegnehmen

** es verdunstet: Es steigt in Form von sehr kleinen Wassertropfen in die Luft.

**Du entscheidest, ob du die Aufgaben auf Seite 56 mit mehr Hilfen oder die kniffligeren Aufgaben auf Seite 57 lösen willst.**

**1** Lies den Text mit dem Textknacker. Achte auf die hervorgehobenen Schlüsselwörter.

**2** Was bedeutet der Begriff „Wasserfußabdruck"? Schreibe eine Erklärung auf.

**In dem Sachtext auf Seite 56 erfährst du, wie man den „Wasserfußabdruck“ eines Produkts misst.**

**1** Erschließe den Sachtext auf Seite 56 mit dem Textknacker. Notiere Stichworte.

**2** Erkläre den Begriff „Wasserfußabdruck“ schriftlich mit Hilfe der Informationen aus dem Sachtext.

**Die Wasserfußabdrücke eines Produkts können ganz unterschiedlich sein, je nachdem, wo es hergestellt wird. Die folgende Grafik zeigt die Wasserfußabdrücke von Baumwolle.**

**3** Lies die Grafik mit dem Textknacker.

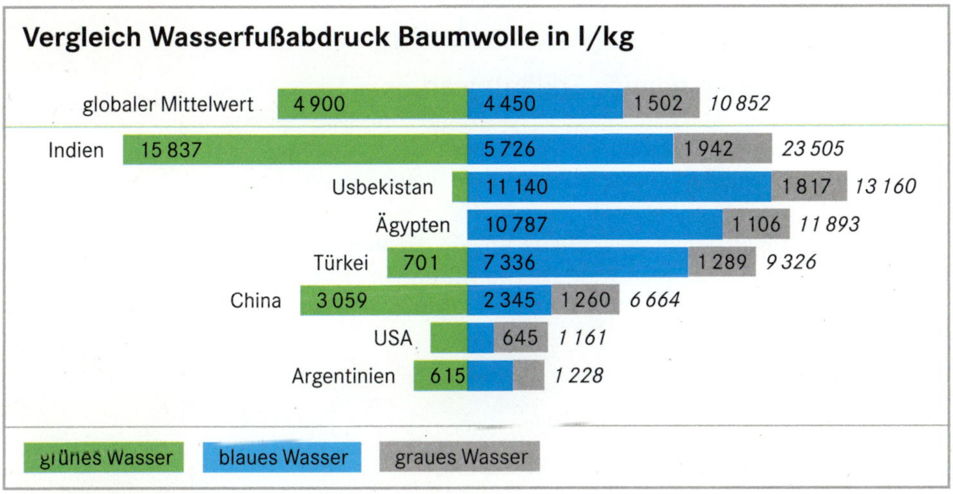


**4** Was erfährst du in der Grafik?
Schreibe Stichworte zu den folgenden Fragen auf:
- Was bedeuten die Farben?
- In welchem Land ist der Wasserfußabdruck von Baumwolle am größten?
- In welchem Land ist der Wasserfußabdruck von Baumwolle am kleinsten?

**5** Ein großer Wasserfußabdruck bedeutet nicht automatisch, dass die Herstellung negative Folgen für die Umwelt hat.

**a.** Lies noch einmal im Sachtext auf Seite 56 nach, was grünes Wasser, blaues Wasser und graues Wasser bedeuten.

**b.** Warum ist die Herstellung von Baumwolle in Usbekistan und Ägypten eher ungünstig? Schreibe eine Erklärung auf.

# Zu einer Textaussage Stellung nehmen

**Hier übst du Schritt für Schritt, dich auf eine Probe vorzubereiten.**

**Stelle dir vor, dies ist die Aufgabe für die Probe:**

Es ist wichtig, virtuelles Wasser einzusparen. Informiere darüber in einem kurzen Text. Begründe deine Meinung. Gib Tipps, wie man virtuelles Wasser einsparen kann. Verwende die Informationen aus dem folgenden Internetartikel.

## 1. Schritt: Die Aufgabe verstehen

Aufgaben verstehen
► S. 196–197

**1** **a.** Lies die Aufgabe mehrmals genau.
**b.** Was sollst du tun? Schreibe die richtige Erklärung ab.

- Ich lese zuerst den Internetartikel. Dann schreibe ich meine Meinung auf und begründe sie. Zuletzt schreibe ich Tipps auf, wie man virtuelles Wasser einsparen kann.
- Ich schreibe auf, warum man virtuelles Wasser sparen soll. Dann lese ich den Internetartikel und prüfe, ob ich noch weitere Informationen erhalte.

## 2. Schritt: Die Aufgabe bearbeiten

**2** Lies den folgenden Internetartikel mit dem Textknacker.

**Der Wasserfußabdruck: Virtuelles Wasser fließt in Strömen**

Das Wasser aus dem Hahn ist in unserem Verbrauch buchstäblich nur ein Tropfen auf dem heißen Stein. Das meiste Wasser verbrauchen wir, ohne je sein Rauschen zu hören: in Waren, die wir importieren. Wasser sparen – wozu? […] Ob bei uns in Bayern Wassersparen nötig ist, darüber lässt sich streiten. Doch das meiste Wasser, das wir verbrauchen, stammt gar nicht aus Bayern, sondern wird importiert. Und das oft aus Ländern, in denen Wasser längst zum sehr kostbaren Gut geworden ist: das virtuelle Wasser, das in jedem Produkt oder Lebensmittel steckt. […] Wollen wir virtuelles Wasser sparen, sollten wir darauf achten, saisonale und regionale Lebensmittel einzukaufen. Es müssen nicht unbedingt Erdbeeren aus Spanien sein. Gerade im Winter empfiehlt es sich, klassische Sommergemüse wie Tomaten oder Paprika zu meiden und zum Beispiel auf Kohl oder Pastinaken auszuweichen.

Auch die Wegwerf-Mentalität* bei Textilien** sollte man unter Umständen überdenken. Viele Billigtextilien werden in trockenen Regionen produziert: Dabei werden Unmengen von Wasser verbraucht und verschmutzt. Rund 6 000 Liter virtuelles Wasser stecken in einer Jeanshose. Grund genug also, mit seiner Kleidung sorgfältig umzugehen.

* die Mentalität: die Einstellung

** die Textilien: die Kleidung

## Plane deinen Informationstext.

**3** **a.** Beantworte die folgenden Fragen in ganzen Sätzen. Begründe deine Meinung.
- Wie können wir auch in Bayern Wasser sparen?
- Warum sollten wir virtuelles Wasser sparen?

**b.** Wie können wir virtuelles Wasser sparen? Schreibe Beispiele auf.

Meinungen begründen ► S. 53

## Mit Hilfe deiner Notizen kannst du den Informationstext schreiben.

**4** Schreibe einen Informationstext.
- Erkläre kurz, was virtuelles Wasser ist.
- Begründe, warum es wichtig ist, virtuelles Wasser einzusparen.
- Nenne Beispiele, wie man virtuelles Wasser einsparen kann.

## 3. Schritt: Die Aufgabe überprüfen

**5** **a.** Überprüfe deinen Text mit Hilfe der folgenden Checkliste.

**b.** Überarbeite deinen Informationstext, wenn nötig.

| *Checkliste: Zu einer Textaussage Stellung nehmen* | *Ja* | *Nein* |
|---|---|---|
| *– Habe ich den Internetartikel genau gelesen?* | ■ | ■ |
| *– Habe ich wichtige Informationen entnommen?* | ■ | ■ |
| *– Habe ich die wichtigsten Informationen in meinem Text dargestellt?* | ■ | ■ |
| *– Habe ich meine Meinung aufgeschrieben und begründet?* | ■ | ■ |
| *– Habe ich Beispiele aufgeschrieben?* | ■ | ■ |
| *– Habe ich alles richtig geschrieben?* | ■ | ■ |

## 4. Schritt: Die Vorgehensweise auswerten

**6** Schreibe deine Erfahrungen in dein Lerntagebuch:
- Was ist dir gut gelungen?
- Wie kannst du dich noch verbessern?

Lerntagebuch ► S. 194–195

# Spiel mit!

Spiele gibt es auf der ganzen Welt.

**1** Welche Spiele kennt ihr?

**a.** Seht euch die Abbildungen an und lest die Namen der Spiele.

**b.** Tauscht euch über die Spiele aus.

**c.** Informiert euch über die Spiele, die ihr nicht kennt. Erklärt sie euch gegenseitig.

**2** Welche anderen Spiele kennt ihr?

**a.** Schreibt die Namen auf Karteikarten.

**b.** Erklärt euch gegenseitig, wie die Spiele gespielt werden.

**Spiele können allein, zu zweit oder in Gruppen, draußen und drinnen, auf dem Computer, mit und ohne Material gespielt werden.**

**3** Spiele könnt ihr nach bestimmten Merkmalen ordnen.
a. Legt eine Tabelle an.
b. Ordnet die Spiele von euren Karteikarten in die Tabelle ein.

Starthilfe

| Spiele für drinnen | Spiele für draußen |
|---|---|
| Brettspiele:<br>Backgammon<br>... | Ballspiele:<br>Fußball<br>... |
| Kartenspiele:<br>... | Pausenspiele:<br>... |
| Computerspiele:<br>... | ... |

**4** a. Notiert weitere Merkmale, nach denen ihr Spiele ordnen könnt.
b. Ergänzt weitere Beispiele.

Sprachspeicher
Sprachspiele
Geschicklichkeitsspiele
...

**5** Überlege dir ein Spiel, das du gern spielst.
- Beschreibe Schritt für Schritt, wie es gespielt wird. Verrate aber nicht, wie es heißt.
- Die anderen erraten nun den Namen.
- Dann beschreibt jemand anderes ein Spiel.

Starthilfe
Ich kenne ein Spiel, das ihr vielleicht kennt. Es ...

**Manche Spiele sind weltweit bekannt, doch sie haben unterschiedliche Namen oder werden nach unterschiedlichen Regeln gespielt.**

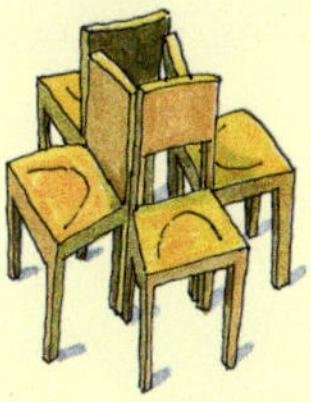

musical chairs
Boccia
Boule
Dame
Stuhltanz
Die Reise nach Rom

**6** a. Ordnet die Namen der Spiele den Abbildungen zu.
b. Welche anderen Spiele kennt ihr, die in verschiedenen Ländern unterschiedlich gespielt werden?

**In diesem Kapitel informierst du dich über einen Spiele-Erfinder. Und du beschreibst Spiele in einer Spielanleitung.**

# Einen Sachtext lesen

**Der folgende Internetartikel informiert über einen Erfinder von Spielen. Der Textknacker hilft dir, den Artikel zu verstehen.**

### 1. Schritt: Vor dem Lesen

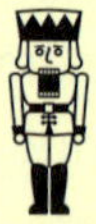

Textknacker ► S. 295

**1** **a.** Sieh dir das Bild an und lies die Überschrift.
**b.** Worum geht es in dem Internetartikel vermutlich? Schreibe Stichworte auf.
**c.** Tauscht euch über eure Vermutungen aus.

### 2. Schritt: Das erste Lesen

**2** **a.** Überfliege den Artikel oder lies ihn einmal durch.
**b.** Überprüfe deine Vermutung: Worum geht es in dem Text?

**Der Spiele-Erfinder Wolfgang Kramer** Claudia Kracht

Schnelligkeit, Schutz, Angriff – in der Natur holt sich Wolfgang Kramer die Ideen für seine Spiele. […] „Gute Spiele müssen immer etwas Mystisches haben. Sie müssen fesseln, dürfen nicht zu lang und nicht langweilig sein." Wolfgang Kramer weiß, wovon er spricht: Seit 1989 erfindet der gelernte Informatiker* hauptberuflich Spiele. Mehr als 100 Spiele hat sich Wolfgang Kramer bisher ausgedacht. Das erste Spiel brachte er im Alter von 30 Jahren auf den Markt**. Danach konnte er einfach nicht mehr aufhören. Die Gedanken seien ihm nie ausgegangen. […]

Drei Jahre braucht ein Spiel von der Idee bis zur Ladentheke. Und selbst dann könne man immer noch etwas verbessern. Früher habe er allein gearbeitet, häufig lange, zu lange vor sich hin gebrütet. Heute entwickelt er die Spiele gemeinsam mit Co-Autoren. „Das ist etwas leichter", sagt er, „wenn man im Team arbeitet, sich gegenseitig unter die Lupe nimmt." Aber er musste auch lernen, schon mal Abstriche zu machen, wenn er von einer Idee zu sehr besessen war – und er müsse nun die Gewinne teilen, sagt er fröhlich.

Wolfgang Kramer ist Erfinder aus Leidenschaft – und schuld daran ist seine Großmutter, sagt er. Mit ihr hat er viel Zeit verbracht und mit ihr habe er immer gespielt: Schwarzer Peter, Mensch ärgere dich nicht, Mühle, Halma und was es sonst noch so alles gab. Das ging über das Autoquartett bis hin zu Backgammon, Schach und Go. Heute gibt es kaum noch ein Spiel, das Kramer nicht kennt, und alles, was er in die Hand bekommt, wird gespielt.

* der Informatiker: ein Entwickler und Programmierer von Computern

** auf den Markt bringen: veröffentlichen, verkaufen

Wolfgang Kramer sitzt über einem Berg Karten. Rätselt, probiert aus, legt sie wieder weg und holt sie wieder auf den Tisch zurück. Dann begibt er sich an ein anderes Spiel. So ist das jeden Tag. Er arbeitet immer an mehreren Ideen gleichzeitig, korrigiert die Spielregeln, denkt über Werbung und Verpackung nach. Die Einzelheiten seiner Projekte möchte er nicht verraten, denn die Konkurrenz* ist groß – und die Ideen seien schnell geklaut.

Und der mühsame Gang durch die Verlage** ist auch nicht immer ein Vergnügen: Obwohl er mit seinen Spielen sehr erfolgreich ist, muss Wolfgang Kramer jedes Mal wieder von Neuem die Verlage überzeugen. Manchmal lehnen gleich mehrere Verlage seine Konzepte*** ab – und völlig überraschend nimmt einer das Spiel. Denn: „Ein neues Spiel zu erfinden, das ist nicht schwierig", sagt er, „aber ein gutes Spiel zu erfinden, das ist richtig harte Arbeit."

Ob ein Spiel Erfolg hat, hängt auch vom Zeitpunkt der Veröffentlichung ab. Trifft es den Zeitgeist? Ist es zu teuer? Das alles spielt eine große Rolle. [...] „Spiele erfinden ist wie ein gutes Rezept", sagt Kramer. „Selbst wenn alle Zutaten stimmen, fehlt manchmal noch eine Prise Salz." [...]

* die Konkurrenz: andere Unternehmen, die das Gleiche anbieten

** der Verlag: ein Unternehmen, das Medien wie z. B. Bücher, Zeitschriften oder Spiele herstellt und verkauft

*** das Konzept: die Idee

## 3. Schritt: Das genaue Lesen

**3** **a.** Lies den Internetartikel genau – Absatz für Absatz.
**b.** Schreibe für jeden Absatz eine Überschrift auf.

**4** **a.** Schreibe zu jedem Absatz Schlüsselwörter auf.
**b.** Vergleicht eure Ergebnisse. Begründet eure Auswahl.

**Starthilfe**
1. Absatz: Natur, Ideen, ...
2. Absatz: ...

**5** Einige Wörter werden neben dem Text erklärt.
**a.** Schreibe die Wörter mit ihren Erklärungen auf.
**b.** Was bedeuten die Wörter „Co-Autoren" (Zeile 13) und „Zeitgeist" (Zeile 37)? Schreibe jeweils eine Erklärung auf.

Im Lexikon nachschlagen ► S. 211

## 4. Schritt: Nach dem Lesen

**6** Beantworte die folgenden Fragen in einem kurzen Text:
- Was macht ein gutes Spiel aus?
- Warum ist das Erfinden von Spielen harte Arbeit?

**7** Schreibe eine kurze Zusammenfassung des Internetartikels.

# Eine Spielanleitung verstehen

**Zu einem der ältesten Spiele der Welt braucht ihr nicht viel. Ihr könnt es im Sand mit Bohnen, Steinen, Murmeln, auf einem Spielbrett oder aber am Computer spielen.**

**1** Lest die folgende Spielanleitung.

**Ziel:** dem Mitspieler alle Steine wegzunehmen
**Anzahl der Spieler:** zwei
**Material:**
- 12 Kreise auf Papier oder 12 Kuhlen im Sand
- 36 kleine Steine/Murmeln/Bohnen

**Vorbereitung:**
- auf einen Zettel jeweils sechs Kreise in zwei Reihen zeichnen (oder 12 Kuhlen im Sand ausheben)
- kleine Steine sammeln (Murmeln oder Bohnen mitbringen)

**Durchführung:**
- Die Spieler setzen sich gegenüber. Jeder hat sechs Kreise vor sich.
- In jeden Kreis werden drei Steine gelegt.
- Es wird abwechselnd gespielt.
- Der erste Spieler nimmt aus einem seiner Kreise alle Steine heraus und verteilt sie von links nach rechts auf seine Kreise. Pro Kreis darf nur ein Stein abgelegt werden. Kein Kreis darf ausgelassen werden. Gibt es keine Kreise mehr zum Ablegen, wird wieder von links begonnen.
- Nun ist der andere Spieler dran. Auch er nimmt aus einem seiner Kreise alle Steine heraus und verteilt sie von links nach rechts.
- Die Spieler versuchen, den letzten Stein in einen leeren Kreis abzulegen. Gelingt das, dürfen alle gegenüberliegenden Steine des Gegenspielers weggenommen werden.
- Das Spiel ist beendet, wenn ein Spieler keine Steine mehr hat.

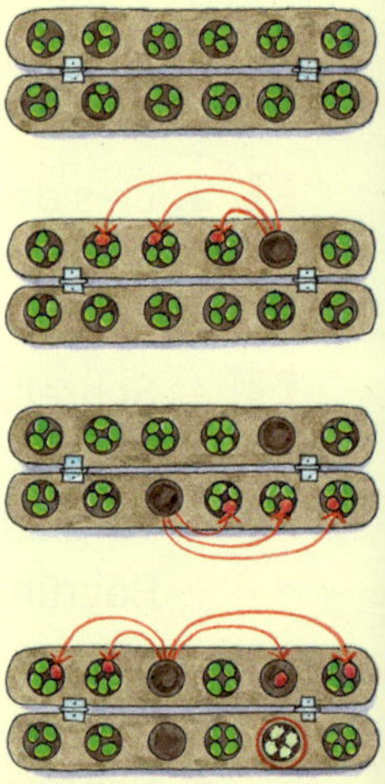

**Ihr versteht Spielanleitungen besser, wenn ihr sie ausprobiert.**

**2** Probiert das Spiel aus.
**Tipp:** Ihr könnt auch kleine Papierkugeln verwenden.

**3** Es gibt verschiedene Bezeichnungen für das Spiel.
Informiert euch im Internet über die verschiedenen Namen.

**Starthilfe**

Steineklau, Bohnenspiel, ...

Sich im Internet informieren ► S. 297

# Eine Spielanleitung schreiben

Manchmal reichen ganz einfache Gegenstände, z. B. Steine, zum Spielen aus, wie bei Beştaş, einem türkischen Spiel. Du kannst das Spiel in einer Spielanleitung beschreiben.

**1** Lies die einzelnen Teile der Spielanleitung.

Beştaş

keine besonderen Vorbereitungen

Geschicklichkeitsspiel

zwei Spieler und mehr

Wer alle Runden geschafft hat, ist der Sieger.

fünf Steine auf den Boden werfen
Runde 1: einen Stein hochwerfen und gleichzeitig einen Stein vom Boden aufheben
Runde 2: einen Stein hochwerfen und dabei zwei Steine aufheben
Runde 3: einen Stein hochwerfen und dabei drei Steine aufheben
Runde 4: einen Stein hochwerfen und vier Steine aufheben
Runde 5: mit den Fingern (Daumen und Zeigefinger) ein Tor bilden und die Steine nacheinander ins Tor stoßen
Runde 6: alle fünf Steine hochwerfen und sie mit dem Handrücken auffangen.

fünf Steine

**2** Wie wird Beştaş gespielt? Beschreibt das Spiel mündlich.

**Starthilfe**
Man braucht ... Als Erstes wirft ein Spieler ...

Mit Hilfe einer verständlichen Anleitung können andere das Spiel nachvollziehen.

**3** Ordne die Teile der Spielanleitung. Die Leitfragen helfen dir.

- Was ist das Ziel des Spiels?
- Wie viele Spieler können mitspielen?
- Was brauchst du dazu?
- Wie wird das Spiel vorbereitet?
- Wie wird das Spiel gespielt?
- Wie endet das Spiel?

**4** Wie wird Beştaş gespielt? Mache dir Notizen.
- Beschreibe jeden Spielschritt genau.
- Was geschieht zuerst, gleichzeitig, nachher?
  Beachte die Reihenfolge und wähle passende Satzanfänge.

**Sprachspeicher**
Zuerst ...
Danach ...
Später ...
Darauf ...
Schließlich ...
Nun ...

**In der Spielanleitung sollte die Anredeform immer gleich sein.**

**5** Entscheide dich für eine Anredeform. Verwende das Präsens.
- Du kannst in der **man**-Form schreiben: Man wirft ...
- Du kannst das Passiv verwenden: ... wird ... geworfen ...
- Du kannst die Aufforderungsform (den Imperativ) verwenden: Wirf .../Werft ...

Das Passiv verwenden ► S. 272–273

Den Imperativ verwenden ► S. 69

**Nun kannst du die vollständige Spielanleitung aufschreiben.**

**6** **a.** Schreibe mit Hilfe deiner Notizen die Spielanleitung zu Beştaş auf ein Blatt Papier oder am Computer.
**b.** Formuliere auch eine Überschrift.
**c.** Überprüfe die Rechtschreibung.
**Tipp:** Wenn du die Anleitung am Computer geschrieben hast, hilft dir das Rechtschreibprogramm des Computers.

**7** **a.** Tauscht eure Anleitungen aus.
**b.** Überprüfe die Spielanleitung deiner Partnerin oder deines Partners. Die Merkmale am Rand helfen dir dabei.
**c.** Überarbeite anschließend deine Spielanleitung.

die Überschrift
die Anrede
die Zeitform
die Satzanfänge
genau und sachlich

**Arbeitstechnik: Einen Vorgang beschreiben**

**1. Schritt: Die Vorgangsbeschreibung planen**
- Notiere alle benötigten Materialien und Arbeitsmittel.
- Schreibe in Stichworten die Arbeitsschritte auf und ordne sie.

**2. Schritt: Die Vorgangsbeschreibung schreiben**
- Formuliere eine passende Überschrift.
- Nenne zuerst die Materialien und Arbeitsmittel.
- Beschreibe die Schritte genau und in der richtigen Reihenfolge.
  - Entscheide dich für eine Form der Anrede: Du legst ... oder Man legt ...
  - Verwende das Präsens.
  - Nutze Satzanfänge, welche die zeitliche Abfolge verdeutlichen: Zuerst ..., dann ..., danach ...

**3. Schritt: Die Vorgangsbeschreibung überarbeiten**
- Überprüfe deine Vorgangsbeschreibung. Verwende Checklisten.
- Überarbeite die Vorgangsbeschreibung. Achte auf die Rechtschreibung.

# Eine Spielanleitung überarbeiten

**Ilka hat ein Spiel in einer Spielanleitung beschrieben. Sie, Max und Marie überprüfen nun gemeinsam die Spielanleitung in einer Schreibkonferenz.**

*Gerätebrennball*
*Man bildet zwei Mannschaften. Du bestimmst ein großes viereckiges Spielfeld. Mannschaft A verteilt sich im Spielfeld und Mannschaft B steht draußen in einer Schlange. Der erste Spieler aus Mannschaft B wirft den Ball, so weit es geht, in das Spielfeld. Der erste Spieler läuft schnell los. Der erste Spieler versucht, um das Spielfeld herumzulaufen. Wenn der Ball im Kasten ist, muss man wechseln. Jetzt wirft der erste Spieler von Mannschaft A. Du musst schnell bis zum Kasten laufen. Du musst dann schnell zur Matte laufen und dann zur Langbank an der Ziellinie.*

**1** a. Bildet Gruppen von drei oder vier Schülerinnen und Schülern.
b. Kopiert den Text für alle in der Gruppe.
c. Eine Person liest die Spielanleitung vor. Die anderen hören zu.

**2** Was ist an der Spielanleitung gelungen? Was ist schwer verständlich? Was fehlt? Notiert es in einer Tabelle.
**Tipp:** Markiert diese Stellen auf euren Kopien.

**Starthilfe**

| gut gelungen | schwer verständlich | fehlt |
|---|---|---|
| - Name des Spiels<br>- ...<br>- ... | - Markierung der Eckpunkte des Spielfeldes<br>- ... | - Ziel des Spiels<br>- ...<br>- ... |

**3** Überprüft die Beschreibung mit Hilfe der folgenden Fragen:
- Stimmt die Reihenfolge der Spielschritte?
- Fehlt ein Schritt?
- Sind die einzelnen Spielschritte genau beschrieben?
- Wie endet das Spiel? Wer gewinnt?

**4** a. Überarbeitet gemeinsam die Spielanleitung.
b. Schreibt die überarbeitete Anleitung auf.

**5** Tauscht eure Anleitung mit einer anderen Gruppe aus. Gebt euch gegenseitig Feedback.

Texte überarbeiten in der Schreibkonferenz
► S. 222–225

Wie heißt das Spiel?

Was ist das Ziel des Spiels?

Wie viele Spieler können mitspielen?

Was braucht man für das Spiel?

Wie wird das Spiel vorbereitet?

Wie wird das Spiel gespielt?

einheitliche Anredeform
Satzanfänge
Rechtschreibung

# Das Passiv verwenden

**In Anleitungen wird oft das Passiv verwendet.**
**Das Passiv beschreibt, was getan wird. Wer etwas tut, ist unwichtig.**

**1** Lies die folgende Spielanleitung.

### Der Turm von Benares

Für das Spiel braucht man drei Stäbe und unterschiedlich große Holzscheiben. Das Spiel wird allein gespielt. Zunächst werden die Holzscheiben der Größe nach auf einen der drei Stäbe geschoben. Die größte Scheibe wird nach unten gelegt. Die Holzscheiben werden von einem Stab zum nächsten befördert. Es werden immer nur kleinere auf größere Scheiben gesetzt. Dabei werden alle drei Stäbe benutzt.

**2** In der Anleitung sind Verbformen im Passiv hervorgehoben.
- **a.** Schreibe die Verbformen im Passiv mit den Personalpronomen untereinander auf.
- **b.** Schreibe jeweils den Infinitiv (die Grundform) daneben.
- **c.** Markiere die Formen von **werden**.

**Starthilfe**
es wird gespielt – spielen ...

**3** Begründe, warum in der Anleitung nicht gesagt wird, wer etwas tut.

**4** Schreibe mit den Wörtern vom Rand fünf Sätze im Passiv auf.

der Würfel – werfe
die Karte – ziehen
die Figur – setzen
die Karte – ableger
die Figuren – verte

**Wenn wichtig ist, wer handelt, wird das Aktiv verwendet.**

**5**
- **a.** Schreibe die folgenden Sätze im Aktiv ab.
- **b.** Setze die Sätze ins Passiv.
- **c.** Unterstreiche jeweils die Verbformen im Aktiv und im Passiv.

- Der Spieler wirft den Ball.
- Am Anfang legt der erste Spieler eine Karte auf den Kartenstapel.
- Der nächste Spieler legt den passenden Spielstein an.

**Merkwissen**
Das Passiv beschreibt, was mit einer Person oder einem Gegenstand getan wird. Dabei ist der Vorgang wichtig, aber nicht, wer ihn ausführt.
Das Passiv wird mit einer Form von **werden** gebildet:
Die Figur wird auf den Ausgangspunkt gesetzt.

# Den Imperativ verwenden

**In einer Spielanleitung kannst du mehrere Spieler ansprechen: „Bildet einen Stuhlkreis.“ Du kannst aber auch einzelne Mitspieler direkt ansprechen: „Setze dich auf einen Stuhl.“**

**1** Lies die Anleitung zu dem Spiel „Obstsalat“.

**Obstsalat – ein Bewegungsspiel**

- Bildet einen Stuhlkreis.
- Wähle einen Spieler aus, der in der Mitte steht und keinen Stuhl hat.
- Frage die anderen: „Was kommt in einen Obstsalat?“
- Sucht euch nacheinander Obstsorten aus, nennt diese und merkt euch die ausgesuchte Obstsorte.
- Tauscht die Plätze, wenn eure Obstsorte von dem Spieler in der Mitte aufgerufen wird. Findet ganz schnell einen neuen Stuhl.
- Gehe in die Mitte, wenn du keinen Stuhl mehr gefunden hast, und benenne nun eine andere Obstsorte. Finde dann schnell einen freien Stuhl.
- Tauscht alle die Plätze, wenn „Obstsalat“ ausgerufen wird.
- Tipp: Wählt auch Obstsorten in anderen Sprachen aus. Achtet jedoch darauf, dass mindestens drei Spieler dieselbe Sorte gewählt haben.

**Die Aufforderungsform der Verben heißt Imperativ. Es gibt sie im Singular (in der Einzahl) und im Plural (in der Mehrzahl).**

**2** **a.** Ordne die Aufforderungsformen aus der Spielanleitung in einer Tabelle.
**b.** Ergänze die fehlenden Verbformen in den anderen Spalten.

Starthilfe

| Infinitiv (Grundform) | Imperativ Singular | Imperativ Plural |
|---|---|---|
| bilden<br>… | bilde<br>wähle aus | bildet<br>… |

**3** Mit den folgenden Verben kannst du Aufforderungsformen bilden.
**a.** Schreibe den Infinitiv in die erste Spalte der Tabelle von Aufgabe 2.
**b.** Ergänze nun den Imperativ im Singular und im Plural.
**c.** Wähle drei Verben aus und bilde Aufforderungssätze.

ablegen, anfangen, geben, laufen, werfen, vergessen

# Eine Vorgangsbeschreibung überarbeiten

Hier überprüfst du, ob du eine Vorgangsbeschreibung überarbeiten kannst.

Adrianna hat eine Spielanleitung für die Spielesammlung der Klasse 6a geschrieben.

**1** Lies Adriannas Spielanleitung.

- *Aber nicht vergessen, „Mau-Mau" zu rufen, wenn du alle Karten abgelegt hast.*
- *Gewinnen kann man, wenn man alle seine Karten abgelegt hat.*
- *Jeder Spieler erhält die gleiche Anzahl von Karten (oft fünf, sechs oder sieben), die er verdeckt aufnimmt.*
- *Hat man keine Karte, muss man aussetzen und eine Karte von dem Stapel ziehen.*
- *Die oberste Karte legt ihr offen daneben.*
- *Reihum legt jeder Spieler nun eine passende Karte offen auf die danebenliegende Karte.*
- *Du darfst nur eine Karte darauf ablegen, wenn diese im Wert oder in der Farbe übereinstimmt.*
- *Mitspielen können zwei und mehr Spieler.*
- *Das Spiel wird mit 32 Karten gespielt.*

**2** Überarbeite Adriannas Spielanleitung.
**a.** Finde einen Namen für das Spiel.
**b.** Schreibe eine Checkliste zur Gliederung der Spielanleitung.
**Tipp:** Die Leitfragen von Seite 65 helfen dir dabei.

**3** Schreibe die überarbeitete Spielanleitung auf.
Entscheide dich für eine Anredeform:
die **man**-Form, das Passiv oder die Aufforderungsform.

**4** Überprüft eure Spielanleitungen in Partnerarbeit.

**5** Schreibe in dein Lerntagebuch:
- Was gelingt dir schon gut, wenn du einen Vorgang beschreibst?
- Was solltest du noch üben?

Lerntagebuch
► S. 194–195

# Einen Vorgang beschreiben

**Hier übst du noch einmal, einen Vorgang in Form einer Spielanleitung zu beschreiben.**

**Die Klasse 6b möchte auf der Schulhomepage Pausenspiele vorstellen. Leonit beschreibt Charlie das Spiel „Himmel und Hölle".**

Man wirft einen Stein in das erste Spielfeld. Falls man nicht trifft oder falsch hüpft, kommt der nächste Spieler dran. Aber zuerst muss man das Spiel aufzeichnen. Mit Kreide geht es am besten. Insgesamt sind es acht oder neun Felder. Das Spiel heißt „Himmel und Hölle". Dann hüpft man auf einem Bein los. Das Feld mit dem Stein muss man überspringen. Bei den Feldern 3 und 4 muss man beidbeinig springen, ebenso bei den Feldern 6 und 7. Das Feld „Hölle" muss man auch wieder überspringen, ist ja klar. Im letzten Feld, im Himmel, landet man wieder beidbeinig und macht eine halbe Drehung, dann geht es wieder genauso zurück. Dann wirft man den Stein ins nächste Feld.

**Du entscheidest, ob du die Aufgaben auf den Seiten 71 und 72 mit mehr Hilfen oder die kniffligeren Aufgaben auf Seite 73 lösen willst.**

**1** Wie wird das Spiel „Himmel und Hölle" gespielt? Erkläre es.

**Charlie will aus seinen Notizen eine Spielanleitung für die Schulhomepage schreiben.**

A *Zeichne mit Kreide das Spielfeld auf den Pausenhof, zunächst drei Kästchen hintereinander, dann zwei nebeneinander und dann wieder eins hintereinander.*

B *Du brauchst Kreide und kleine Steine.*

C *„Himmel und Hölle" ist ein Hüpfspiel für beliebig viele Mitspieler.*

D *Am Ende zeichnest du noch einen Halbkreis, in den du das Wort „Himmel" schreibst.*

E *Ziel ist es, dass du nach den Regeln fehlerfrei durch das Spielfeld hüpfst.*

F *Die Kästchen sollten eine Größe von ca. 40cm x 40 cm haben.*

G *Das erste Käschen beschriftest du mit dem Wort „Erde", die nächsten zwei mit den Buchstaben 1 und 2, die nebeneinanderliegenden mit 3 und 4 usw. und die beiden letzten mit „Hölle" und „Himmel".*

**2** **a.** Ordne die Sätze in der richtigen Reihenfolge an.
**b.** Schreibe den Anfang der Spielanleitung in dein Heft.

**Starthilfe**
C, ...

**Als Nächstes möchte Charlie für die Spielanleitung die Spielregeln aufschreiben.**

**3** Lies die Gedankenblasen.

**1** … sich mit einem Stein in der Hand in das Startfeld „Erde“ stellen …

**2** … seinen Stein in das Feld mit der Nummer „1“ werfen …

**3** … das Feld mit dem Wurfstein und die „Hölle“ überspringen …

**4** … auf einem Bein in die Felder „2“ und „5“ und „8“ hüpfen …

**5** … mit beiden Beinen in den Feldern „3“ und „4“ und „6“ und „7“ landen …

**6** … im „Himmel“ beidbeinig landen und eine halbe Umdrehung hüpfen …

**7** … auf die gleiche Art zum Ausgangspunkt zurückhüpfen …

**8** … den Wurfstein ins nächste Feld werfen und wie im ersten Durchgang hüpfen …

**9** … bei Hüpffehlern oder beim Verfehlen des Zielwurffeldes kommt der Nächste dran …

**4** Schreibe die Regeln für das Spiel auf.
- Beginne bei Gedanke 1, dann 2 usw.
- Schreibe in ganzen Sätzen und verwende die **man**-Form.
- Verknüpfe die Sätze mit Wörtern vom Rand.

**Starthilfe**

Zuerst stellt man sich mit einem Stein in der Hand in das Startfeld „Erde“.
Dann wirft man seinen Stein …

Zuerst …
Danach …
Später …
Darauf …
Schließlich …
Nun …

**5** Überprüfe die Rechtschreibung in deiner Spielanleitung.

**6** Stelle deine Anleitung in deiner Lerngruppe vor.

**7** Vergleiche deine Anleitung mit Leonits Erklärung von Seite 71. Welche Unterschiede gibt es?

**Das Hüpfspiel „Himmel und Hölle" ist unter verschiedenen Namen in Deutschland und in vielen anderen Ländern verbreitet. So heißt es in manchen Gegenden auch „Hickelkasten" oder einfach nur „Hickeln". In Spanien heißt es „Rayuela".**

**1** Informiere dich darüber, wie man das Hüpfspiel „Himmel und Hölle" spielt.
- Du kannst auf Seite 71 nachlesen. Dort erklärt Leonit, wie man „Himmel und Hölle" spielt.
- Du kannst dich im Internet über das Hüpfspiel informieren.

Sich im Internet informieren ► S. 297

**Du kannst anderen in einer Spielanleitung beschreiben, wie das Spiel „Himmel und Hölle" gespielt wird. Bei der Planung deiner Spielanleitung hilft dir ein Schreibplan.**

**2** Mache dir Notizen zu dem Schreibplan.

Schreibplan für eine Spielanleitung
- Name, Art und Ziel des Spiels
- Anzahl der Mitspieler, benötigte Materialien
- Spielfeld
- Beginn des Spiels
- Aufgaben der Spieler
- Regeln
- Maßnahmen bei Verstößen
- Spielende
- Sieger und Verlierer
- Verbreitung des Spiels

**3** Schreibe die Spielanleitung mit Hilfe deiner Notizen auf.
- Schreibe in ganzen Sätzen.
- Verwende die **man**-Form.
- Verknüpfe deine Sätze mit Wörtern, die eine zeitliche Abfolge verdeutlichen: Zuerst ... Dann ...

**4** Überprüft eure Anleitungen in einer Schreibkonferenz.

Texte überarbeiten in der Schreibkonferenz ► S. 222–225

**5** Überarbeite deine Spielanleitung. Achte auf die Rechtschreibung.

**6** Informiert euch über weitere Pausenspiele.
- Ihr könnt die Spiele in Kurzreferaten vorstellen.
- Ihr könnt die Spielanleitungen auch auf eurer Schulhomepage veröffentlichen.

# Einen Vorgang beschreiben

**Hier übst du Schritt für Schritt, dich auf eine Probe vorzubereiten.**

**Stelle dir vor, dies ist die Aufgabe für die Probe.**

Schreibe für eure Schulhomepage unter der Rubrik „Für Schüler“ eine Spielanleitung für ein Pausenspiel. Du hast auf einem Platz ein Spielfeld gesehen. Erfinde dazu ein Hüpfspiel und beschreibe es in einer Spielanleitung.

## 1. Schritt: Die Aufgabe verstehen

**1** **a.** Lies die Aufgabe mehrmals genau durch.
**b.** Was sollst du genau tun? Für wen sollst du schreiben? Schreibe die richtigen Erklärungen auf.

- Du sollst eine Anleitung für ein von dir erfundenes Hüpfspiel schreiben.
- Du sollst einen Text schreiben, der sich an Jugendliche richtet.
- Du sollst deiner Klasse in einem Kurzvortrag ein Pausenspiel, das du erfunden hast, beschreiben.
- Du sollst einen Text schreiben, der sich nur an Erwachsene richtet.
- Du sollst für die Schulhomepage eine Spielanleitung schreiben.
- Du sollst auf der Schulhomepage berichten, wie du ein Hüpfspiel erfunden hast.

## 2. Schritt: Die Aufgabe bearbeiten

**Plane deine Vorgangsbeschreibung.**

**2** Zu diesem Spielfeld möchtest du deine Anleitung schreiben.
**a.** Sieh dir das Bild genau an.
**b.** Beantworte die folgenden Fragen in Stichworten.
- Wie soll das Spiel heißen?
- Um welche Art von Spiel handelt es sich?
- Was ist das Ziel des Spiels?

## Wie wird das Spiel vorbereitet? Wie wird es gespielt?

**3** Notiere in Stichworten Ideen zur Vorbereitung.
- Wie viele Spieler können mitspielen?
- Welche Materialien braucht man für das Spiel?
- Welche Vorbereitungen sind notwendig?

**4** Wie wird das Spiel gespielt? Notiere Stichworte zum Ablauf des Spiels. Beachte dabei die richtige Reihenfolge.

**Sprachspeicher**
die Kreide
der Stock
werfen
zeichnen
der Stein

## Mit Hilfe deiner Notizen kannst du die Spielanleitung schreiben.

**5** Schreibe nun mit Hilfe deiner Stichworte die Spielanleitung.
- Verwende eine einheitliche Anredeform.
- Schreibe im Präsens.
- Beschreibe die Schritte genau und vollständig.
- Verwende passende Satzanfänge, die die zeitliche Abfolge verdeutlichen.
- Formuliere einen passenden Spielnamen als Überschrift.

## 3. Schritt: Die Aufgabe überprüfen

**6** **a.** Überprüfe deine Spielanleitung mit Hilfe der Checkliste.
**b.** Überarbeite anschließend deine Anleitung, wenn nötig.

| *Checkliste: Einen Vorgang beschreiben* | *Ja* | *Nein* |
|---|---|---|
| *– Habe ich eine passende Überschrift aufgeschrieben?* | ■ | ■ |
| *– Habe ich alle notwendigen Materialien genannt?* | ■ | ■ |
| *– Habe ich die Spielschritte in der richtigen Reihenfolge beschrieben?* | ■ | ■ |
| *– Habe ich die Spielschritte genau, vollständig und verständlich beschrieben?* | ■ | ■ |
| *– Habe ich eine einheitliche Anrede verwendet?* | ■ | ■ |
| *– Habe ich durchgängig im Präsens geschrieben?* | ■ | ■ |
| *– Habe ich die Spielschritte mit passenden Satzanfängen verdeutlicht?* | ■ | ■ |
| *– Habe ich alles richtig geschrieben?* | ■ | ■ |

## 4. Schritt: Die Vorgehensweise auswerten

**7** Schreibe deine Erfahrungen in dein Lerntagebuch:
- Worauf achtest du, wenn du einen Vorgang beschreibst?
- Was ist dir gut gelungen?
- Wie kannst du dich noch verbessern?

Lerntagebuch
► S. 194–195

# Spurensuche

Alltagsgegenstände früher und heute

**Sprachspeicher**

- die Filmkamera
- der MP3-Player
- der Plattenspieler
- das Smartphone
- der Staubsauger
- der Teppichklopfer
- der Waschkessel
- die Waschmaschine
- die Wringmaschine

**Die Bilder zeigen Gegenstände aus früheren Zeiten und von heute.**

**1** **a.** Beschreibt die Bilder.
**b.** Ordnet die Gegenstände von früher und heute einander zu.
**c.** Welche Gegenstände kennt ihr?
Erzählt, was ihr über die Gegenstände wisst.

**Amelie und Finn haben auf dem Dachboden der Großeltern drei Gegenstände gefunden.**

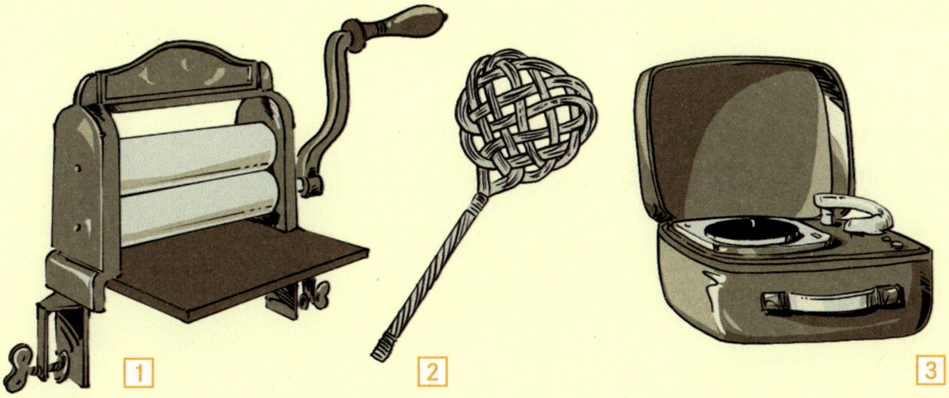


**2** Beschreibt die Gegenstände genauer.

**Die Großeltern erklären Amelie und Finn, was das für Gegenstände sind und was man früher damit gemacht hat:**

- Sie erleichterte das Auswringen der Wäsche nach dem Waschen.
- Der alte Plattenspieler! Dass es den noch gibt!
- Mit dem Teppichklopfer habe ich früher den Staub aus den Teppichen geklopft.
- Am Abend nach der Arbeit haben wir alle davorgesessen.
- Das war ziemlich anstrengend, jedes nasse Wäschestück zwischen die Rollen zu legen, die Kurbel zu drehen und so das Wasser herauszudrücken.
- Ach ja, die alte Wringmaschine meiner Mutter.
- Zuerst musste ich die Möbel vom Teppich wegrücken. Dann wurde der Teppich aufgerollt, runtergeschleppt in den Hof und über die Teppichstange gehängt. Und dann habe ich den Teppich geklopft, bis der ganze Staub draußen war.

**3** Was haben die Großeltern zu welchen Gegenständen gesagt?

**a.** Schreibe die Bezeichnungen der Gegenstände auf.

**b.** Ordne die passenden Sätze den Gegenständen zu und schreibe sie unter die Bezeichnungen in dein Heft.

**In diesem Kapitel geht ihr auf Spurensuche.
Am Ende des Kapitels könnt ihr über die Ergebnisse berichten und sie in einem Kurzreferat präsentieren.**

# Einen Zeitungsbericht lesen

**Der folgende Zeitungsbericht informiert über den Alltag von früher. Der Textknacker hilft euch, den Sachtext zu verstehen.**

Textknacker ► S. 295

**1** **a.** Seht euch die Bilder zu dem Zeitungsbericht genau an.
**b.** Beschreibt, was ihr auf den Bildern seht.

**2** **a.** Lest die Überschrift.
**b.** Worum geht es in dem Zeitungsbericht vermutlich? Schreibt Stichworte auf.

**3** **a.** Überfliegt den Zeitungsbericht oder lest ihn einmal durch.
**b.** Worum geht es in dem Zeitungsbericht? Überprüft eure Vermutung aus Aufgabe 2b.

**Waschen wie zu Omas Zeiten** Verena Itze

04.09.2013

Früher war das Waschen eine große Mühe. Ohne technische Hilfe dauerte es meist den ganzen Tag. Jeden Montag war Waschtag, weil da immer genügend Essen vom Wochenende übrig war und die Frauen somit nicht kochen mussten. […]

Alles, was früher zum Waschen gebraucht wurde, finden die Kinder heute im Reichsdorfmuseum. Neben original Waschbrettern, Wäschestampfern und Wäscheklammern finden sich […] auch alle möglichen Alltagsgegenstände, Schriften, Bilder und Arbeitsgeräte. Mit viel Liebe zum Detail* und nach Themen sortiert, sind die Ausstellungsgegenstände aufgebaut. Auch die erste Waschmaschine darf benutzt werden. […]

Im Hof schrubben, stampfen und wringen* die fleißigen Waschfrauen alles, was sie in die Finger bekommen – vom Geschirrtuch bis zur Unterhose ist alles dabei. Mehrere Waschschritte braucht es, bis die Kleidung wieder sauber ist. Nachdem die Wäsche eingeweicht wurde, können die Kinder die nassen Kleidungsstücke einzeln einseifen und den gröbsten Schmutz kräftig abbürsten. […]

* das Detail: die Einzelheit

* wringen: Wasser aus der Wäsche pressen

Dann geht es ab in die Metallwanne. Durch Auf-und-Ab-Bewegungen mit dem Wäschestampfer […] wird das Laugenwasser angesogen und beim Runterdrücken durch das Gewebe der Kleidung gepresst. Das spritzt manchmal ganz schön. Wenn man genug gestampft hat, kommt die härteste Arbeit – das Waschbrett. Mit Kernseife und Muskelkraft versuchen die Kinder, den letzten Schmutz aus den Kleidern zu scheuern. Man muss kräftig reiben, damit es wirklich etwas nutzt. […]

**4** Der Zeitungsbericht ist in vier Absätze unterteilt.
- **a.** Lest den Zeitungsbericht genau – Absatz für Absatz.
- **b.** Schreibt für jeden Absatz eine Zwischenüberschrift auf.

**5**
- **a.** Schreibt zu jedem Absatz Schlüsselwörter auf.
  **Tipp:** In den Absätzen 1 und 2 sind sie hervorgehoben.
- **b.** Vergleicht eure Ergebnisse:
  Habt ihr die gleichen Schlüsselwörter aufgeschrieben?

**6** Manche Wörter werden am Rand erklärt.
- ◯ **a.** Schreibt die Wörter mit ihren Erklärungen auf.
- ● **b.** Warum werden einige Wörter am Rand erklärt? Begründet.

**7** Was bedeuten die Wörter „original“ (Zeile 6), „eingeweicht“ (Zeile 14), „Gewebe“ (Zeile 19)? Schreibt Erklärungen auf.
- Ihr könnt in einem Wörterbuch oder einem Lexikon nachschlagen.
- Oder ihr könnt euch im Internet informieren.

Im Lexikon nachschlagen
► S. 211

Sich im Internet informieren
► S. 212–213

## Ein Zeitungsbericht informiert und beantwortet diese W-Fragen.

- Wer hat etwas getan oder war daran beteiligt?
- Was ist geschehen?
- Wann ist es geschehen?
- Wo ist es geschehen?
- Wie ist es geschehen?

**8** Werden alle W-Fragen in dem Zeitungsbericht beantwortet?
- **a.** Prüft mit Hilfe eurer Notizen zu den Aufgaben 4 bis 7, ob ihr alle Fragen beantworten könnt.
- **b.** Ergänzt eure Notizen, wenn nötig.

# Über einen Museumsbesuch berichten

**Die Klasse 6a war am 21. Juli 2018 im Deutschen Museum in München. Einige Schülerinnen und Schüler erzählen, wie es ihnen gefallen hat.**

**1** Lies die Äußerungen von Sakine, Luca und Adrian.

**Sakine:** Gleich am Anfang waren wir in der Abteilung ‚Mensch und Umwelt'. Mich hat geschockt, als ich gesehen habe, wie viel Müll wir produzieren. In einer Vitrine war die Menge Abfall zu sehen, die ein Bundesbürger in sechs Monaten verursacht. Und dann war da eine Statue des Regensburger Doms, die den Abgasen ausgesetzt war. Daneben war ein Modell, das zeigt, wie die Figur ursprünglich aussah. Das hat mich beeindruckt. So kann das doch nicht weitergehen mit der Umweltzerstörung!

**Luca:** Ich war im Erdgeschoss in der Schifffahrt-Abteilung. Ich verschlinge alles, was mit Segelschiffen zu tun hat. Die alten Originalschiffe wie das arabische „Zarnuk" oder der Fischewer „Maria", der den Schiffen der Entdecker gleicht, hat mich sehr beeindruckt. Auch das U-Boot U1 im Untergeschoss war toll. Es ist riesig, über 40 Meter lang. Unvorstellbar, wie Menschen auf so engem Raum leben konnten! Interessant war auch, dass es nicht nur einen Dieselmotor, sondern einen Elektroantrieb hatte.

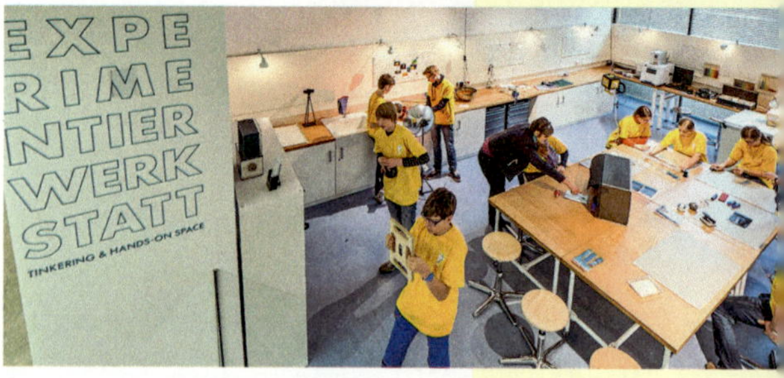


**Adrian:** Eigentlich gehe ich nicht gerne ins Museum – da kann man ja nur was angucken. Aber hier war es anders: Am Nachmittag haben wir an der Experimentierwerkstatt teilgenommen. Am Computer haben wir Modelle entworfen, die dann ein 3D-Drucker ausgedruckt hat. Schicht für Schicht sind dann unsere Modelle aus Kunststoff entstanden. Wir durften sie auch mit nach Hause nehmen. Meine Figur steht jetzt als Erinnerung auf meinem Schreibtisch.

**2** Was erzählen die Schülerinnen und Schüler?

**a.** Tauscht euch darüber aus.

**b.** Notiere in Stichworten wichtige und interessante Informationen.

**Sandra möchte für das Gemeindeblatt über den Museumsbesuch berichten. Sie hat W-Fragen notiert.**

- *Wann war der Museumsbesuch?*
- *Wer nahm an dem Museumsbesuch teil?*
- *Wo waren die Schülerinnen und Schüler?*
- *Was erlebten die Schülerinnen und Schüler?*
- *Was haben die Schülerinnen und Schüler erfahren?*

**3** **a.** Beantworte die W-Fragen in Stichworten.
**b.** Welche weiteren Informationen könnten für die Leserinnen und Leser interessant sein? Wähle aus deinen Stichworten aus Aufgabe 2 aus.

**Bevor Sandra mit dem Schreiben beginnt, ordnet sie ihre Informationen.**

**4** In welcher Reihenfolge möchtest du über den Museumsbesuch berichten? Ordne deine Stichworte.

**5** Schreibe einen interessanten Bericht für das Gemeindeblatt.
- Beantworte die W-Fragen in ganzen Sätzen.
- Schreibe die Sätze in der richtigen Reihenfolge auf.
- Verwende das Präteritum (1. Vergangenheit).
- Verwende unterschiedliche Satzanfänge.

**6** **a.** Überprüfe deinen Bericht mit Hilfe einer Checkliste oder in einer Schreibkonferenz.
**b.** Überarbeite anschließend deinen Bericht.

Texte überarbeiten in der Schreibkonferenz
► **S. 222–225**

● **7** Im Gemeindeblatt ist nur Platz für sechs Zeilen. Kürze den Bericht, ohne dass wichtige Informationen fehlen.

**Arbeitstechnik: Berichten**

Über ein Ereignis oder ein Geschehen berichtest du knapp und genau.
- In einem Bericht beantwortest du die W-Fragen: Wann? Wo? Wer? Was? Wie? Welche Folgen/Ergebnisse?
- Schreibe in der richtigen zeitlichen Reihenfolge.
- Verwende das Präteritum.

# Ein Kurzreferat vorbereiten und vortragen

**Das Leben von früher unterscheidet sich in vielen Bereichen von dem heutigen. In einem Kurzreferat kannst du andere darüber informieren.**

**1** Sammelt Ideen für Kurzreferate.

Schule früher

Reisen vor 100 Jahren

Kinderspiele früher

…

**Das Kurzreferat kannst du in sechs Schritten vorbereiten.**

### 1. Schritt: Das Thema aussuchen und Fragen formulieren

**2** **a.** Wähle ein Thema aus, das du vorstellen möchtest.
**b.** Notiere erste Ideen und Fragen in einer Mindmap.

In einer Mindmap Ideen sammeln ► S. 299

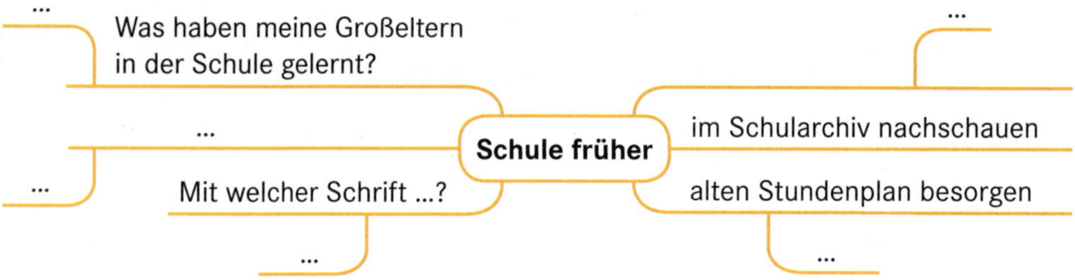


### 2. Schritt: Informationen beschaffen

**3** Überlege, ob du Zeitzeugen, z. B. ältere Menschen, zum Thema befragen kannst.
**a.** Bereite ein Interview vor und führe es durch.
**b.** Notiere die Informationen aus dem Interview.

**4** Suche in der Bibliothek nach geeigneten Büchern.
**Tipp:** Informationen zu einem Buch findest du im Inhaltsverzeichnis und im Klappentext.

**5** Suche mit Hilfe von Suchmaschinen im Internet nach Informationen.
- Werte die angezeigten Links aus: Geht es in der Beschreibung tatsächlich um dein Thema?
- Klicke die Seiten an, die dir geeignet erscheinen.
- Lies die Seiten überfliegend.
- Drucke nur wenige, wirklich geeignete Texte aus.

Sich im Internet informieren ► S. 212–213

## 3. Schritt: Informationen aus Texten entnehmen

**Der Textknacker hilft dir, deine ausgewählten Texte zu verstehen. Mit dem folgenden Sachtext über die Schule früher kannst du den Textknacker noch einmal üben.**

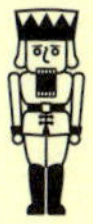

Textknacker ► S. 295

**6** a. Sieh dir die Bilder an und lies die Überschrift. Worum geht es vermutlich in dem Text?
b. Lies den ganzen Sachtext.

### Was das Klassenzimmer verrät ...

In einem Klassenzimmer am Anfang der 1950er Jahre war alles aus Holz: die Tische, der Boden, die Tafel, das Lehrerpult, das Rechenbrett. Plastik gab es nicht in diesem Raum. Dass man zum Bauen natürliche Stoffe verwendete, war selbstverständlich.

Die Schülerinnen und Schüler saßen auf Holzbänken, die fest mit den Tischen verbunden waren. Die Lehrkraft saß oft oben an einem Pult. So hatte sie alles im Blick. Das war wichtig, denn in vielen Klassen saßen mehr als 40 Kinder in den Reihen. Besonders in den Grundschulen auf den Dörfern unterrichtete man oft mehrere Klassen zusammen: Die zweite Klasse musste zum Beispiel still rechnen, während die 1. Klasse laut das Zusammenzählen übte.

Die Holztische waren bei den Schülerinnen und Schülern sehr beliebt, denn man konnte kleine Kerben einschnitzen, die als Löcher für Minigolf dienten. Wenn der Lehrer oder die Lehrerin nicht aufpasste, spielte man mit kleinen Papierkugeln oder mit Murmeln.

Zum Schreiben benutzten die kleineren Kinder oft Schiefertafeln und Griffel. Damit konnte man zwar nicht besonders gut und schön schreiben, aber es wurde kein Papier verschwendet. Außerdem konnte man die Schiefertafeln in allen Fächern verwenden.

Die Größeren schrieben mit Tinte auf Papier. Auch das war nicht ganz einfach: Die Holztische als Schreibunterlage waren sehr uneben. Es gab auch noch keine modernen Füller, sondern nur einfache Federhalter. Die Tintenfässchen standen in einer kleinen Vertiefung des Holztisches.

**7** Schreibe zu jedem Absatz Schlüsselwörter auf. Die W-Fragen (Was? Wer? Wo? Wann? Wie? Warum?) helfen dir.

**8** Was hast du über die Schule früher erfahren? Informiere darüber deine Partnerin oder deinen Partner mit Hilfe deiner Schlüsselwörter.

**Für das Kurzreferat legst du am besten Karteikarten an. Auf den Karteikarten notierst du in Stichworten die wichtigsten Informationen aus den Texten.**

**9** Werte die Texte aus, die du ausgewählt hast.
- **a.** Lies nun deine gefundenen Texte mit dem Textknacker.
- **b.** Was hast du Neues erfahren? Ergänze deine Mindmap.

**10** Wähle die wichtigsten Informationen aus deinen Texten aus.
- **a.** Markiere wichtige Informationen in deiner Mindmap.
- **b.** Notiere jeweils das Wichtigste auf Karteikarten.

*Schule früher*
*Anfang der*
*1950er Jahre*
*Klassenzimmer:*
*alles aus Holz, ...*

**11** Überprüfe deine Notizen:
- Wo solltest du überflüssige Informationen streichen?
- Wo willst du etwas ergänzen oder genauer erklären?

## 4. Schritt: Das Kurzreferat gliedern und die Notizen ordnen

**Damit die Zuhörenden dem Kurzreferat gut folgen können, musst du die Inhalte in Abschnitte unterteilen und sinnvoll ordnen.**

**12** Überlege, wie du das Kurzreferat gliedern willst.
- **a.** Ordne die Informationen in einer passenden Reihenfolge. Die Leitfragen helfen dir.
- **b.** Nummeriere die Karteikarten mit einem Bleistift.

> Leitfragen:
> - Über welches Thema informierst du?
> - Über welche Zeit informierst du?
> - Welche Teilthemen möchtest du vorstellen?
> - Worin unterscheidet sich das damalige Leben vom heutigen?

## 5. Schritt: Überschrift, Einleitung und Schluss formulieren

**Nun brauchst du für dein Kurzreferat noch eine Überschrift, eine interessante Einleitung und einen passenden Schluss.**

**13**
- **a.** Formuliere eine Überschrift, die neugierig macht.
- **b.** Sage in der Einleitung, worum es in deinem Kurzreferat geht.
- **c.** Notiert Stichworte für zwei Schlusssätze.
  **Tipp:** Du kannst z. B. notieren, was du bei deinem Thema besonders interessant fandest.

## 6. Schritt: Den Vortrag vorbereiten und üben

**14** Überprüfe deine Notizen für das Kurzreferat:
- Sind die Notizen übersichtlich? Markiere wichtige Stichworte.
- Ist die Reihenfolge deiner Karteikarten sinnvoll?

**Dein Kurzreferat wird anschaulich, wenn die Zuhörerinnen und Zuhörer deine Gliederung, Fotos und andere Materialien sehen.**

W **15** Überlege, wie du dein Kurzreferat anschaulich vortragen kannst.
- Du kannst wichtige Stichworte an die Tafel schreiben.
- Du kannst ein Plakat gestalten.
- Oder du kannst eine Präsentation am Computer gestalten.

Ein Plakat gestalten
► S. 218–219

**16** Übt, eure Kurzreferate möglichst frei vorzutragen.

**Nun könnt ihr eure Kurzreferate vortragen und euch mit Hilfe von Beobachtungskarten gegenseitig Feedback geben.**

*Ist das Kurzreferat sinnvoll gegliedert?*

*Sind die Materialien lesbar?*

...

**17** Bereitet die Beobachtungskarten vor.
**a.** Formuliert Fragen und notiert sie auf Karteikarten.
**b.** Verteilt die Beobachtungskarten an die Zuhörenden.

**18** Tragt eure Kurzreferate der Klasse vor.

**19** Beobachtet und bewertet die Kurzreferate.
**a.** Achtet bei den Vorträgen besonders auf euren Beobachtungsauftrag und macht euch Notizen.
**b.** Wertet die Kurzreferate gemeinsam aus:
- Was hat euch gefallen?
- Was kann verbessert werden?

Feedback geben
► S. 220–221

**Arbeitstechnik: Ein Kurzreferat vorbereiten**

1. **Schritt:** Das Thema aussuchen und Fragen formulieren
2. **Schritt:** Informationen beschaffen
3. **Schritt:** Informationen aus Texten entnehmen
4. **Schritt:** Das Kurzreferat gliedern und die Notizen ordnen
5. **Schritt:** Überschrift, Einleitung und Schluss formulieren
6. **Schritt:** Den Vortrag vorbereiten und üben

# Im Präteritum berichten

### Wie lebte man früher? Wie lebt man heute?

Früher benutzte man Reisigbesen* zum Fegen. Sie wurden von Besenbindern in Heimarbeit hergestellt. Besenbinder waren oft Bauern, die von ihrem kleinen Stück Land nicht leben konnten. Wenn die Arbeit auf den Feldern ruhte, fertigten sie ihre Besen. Wenn sie im Sommer als fahrende Händler durch die Dörfer zogen, musste der Hof von ihren Frauen und den Kindern versorgt werden.
Reisigbesen kann man auch heute noch ganz einfach herstellen: Man bündelt trockene Birkenreiser, schneidet sie in Form und umwickelt sie fest mit Draht. Für den Stiel schlugen die Besenbinder junge Eschenstämmchen, es funktioniert aber auch mit einem alten Besenstiel. Den Stiel spitzt man an und rammt ihn in das zusammengebundene Bündel. Schon ist der Reisigbesen fertig.

* das Reisig: dünne Äste an Bäumen

**1** Der Text enthält Verbformen im Präteritum (1. Vergangenheit) und im Präsens (Gegenwart).
**a.** Ordne die hervorgehobenen Verbformen in eine Tabelle.
**b.** Ergänze jeweils die fehlende Verbform und den Infinitiv (Grundform).

Starthilfe

| Präsens (Gegenwart) | Präteritum (1. Vergangenheit) | Infinitiv (Grundform) |
|---|---|---|
| man benutzt<br>... | man benutzte<br>... | benutzen |

### Über Vergangenheit berichtet man im Präteritum. Bei einigen Verben ändert sich im Präteritum der Verbstamm:

schlagen, helfen, schreiben, wissen, bitten, fangen, schneiden, schlafen, ziehen

Verbtabelle: unregelmäßige Verben ► S. 312–313

**2** **a.** Ordne die Verben nach dem Alphabet. Schreibe sie untereinander in einer Tabelle auf.
**b.** Ergänze jeweils die Präteritumformen.

Starthilfe

| Infinitiv (Grundform) | 1. Person Singular | 1. Person Plural |
|---|---|---|
| bitten<br>... | ich bat<br>... | wir ...<br>... |

# Unbekannte Wörter verstehen

**In informierenden Texten wie z. B. Sachtexten oder Zeitungsartikeln gibt es häufig unbekannte Wörter und Fachbegriffe. Um den Inhalt solcher Texte besser zu verstehen, müsst ihr die Bedeutung der Fachbegriffe verstehen.**

**Carlo informiert sich über das Thema „Reisen vor 100 Jahren".**

Bei der Dampflokomotive waren die Brennstoffvorräte meist in einem angekuppelten Wagen, dem Tender, untergebracht. Die Lokomotive selbst bestand aus dem Führerstand, der Feuerbüchse und dem Dampfkessel. Der heiße Dampf bewegte die Kolben in mehreren Zylindern, die dann mit Hilfe von Treibstangen die Räder in Rotation versetzten und so die Lokomotive bewegten.

**Der Sachtext enthält Fachbegriffe, die aus zusammengesetzten Nomen bestehen.**

**1** a. Schreibt die zusammengesetzten Nomen mit ihren Bestandteilen in eine Tabelle.
b. Schreibt die Bedeutung dazu.
c. Schlagt Nomen, die ihr nicht kennt, in einem Wörterbuch nach.
d. Ergänzt dann die Bedeutung in eigenen Worten.

Starthilfe

| das zusammengesetzte Nomen | das Bestimmungswort | das Grundwort | die Bedeutung |
|---|---|---|---|
| die Dampflokomotive | der Dampf | die Lokomotive | eine Lokomotive, die mit Dampf betrieben wird |
| die Brennstoffvorräte | der Brennstoff | ... | ... |
| ... | ... | ... | ... |

**In dem Sachtext findet ihr auch Fremdwörter.**

**2** Das Wort „Tender" wird im Text erklärt.
Was ist ein Tender? Erklärt es euch gegenseitig.

**3** Am Rand findet ihr weitere Fremdwörter aus dem Sachtext.
a. Schreibt die Fremdwörter untereinander auf.
b. Schlagt die Bedeutung in einem Lexikon nach.
c. Schreibt jeweils eine Erklärung auf.

der Kolben
der Zylinder
die Rotation

# Einen Bericht überarbeiten

Hier überprüfst du, ob du einen Bericht überarbeiten kannst.

Harun berichtet für das Gemeindeblatt vom Aktionstag „Saubere Gemeinde“, an dem seine Klasse teilnahm.

**1** Lies Haruns Bericht.

> Im Juni war es echt cool, weil bei uns Unterricht ausfiel. Stattdessen nahm unsere Klasse am Aktionstag „Saubere Gemeinde“ teil.
> Wir trafen uns um 8:00 Uhr in unserem Klassenzimmer. Frau Seufert sammelte noch unsere Hefte ein und dann geht es endlich los.
> Unsere Klasse war zuständig für das Gebiet von unserem Schulgelände bis zur Pegnitz. Am Ende spendierte die Bürgermeisterin Getränke und Würstchen.
> Frau Seufert teilte uns in Vierer-Gruppen ein. Zum Glück war ich nicht in der Gruppe mit Emre und Sebastian. Dann bekommt jede Gruppe eine Straße zugewiesen.
> Wir sollten am Straßenrand den Müll einsammeln, den andere einfach achtlos weggeworfen hatten. Frau Seufert verteilt Einmalhandschuhe und Müllsäcke.
> Die Mitarbeiter vom Bauhof transportierten dann unseren Müll mit einem Lastwagen ab. Dann ging es los.
> Nach zwei Stunden trafen wir uns am Spielplatz an der Pegnitz. Meine Gruppe war natürlich am fleißigsten. Wir haben zwei volle Müllsäcke und einen alten Drucker eingesammelt. Insgesamt hatte unsere Klasse sieben Säcke voller Müll.
> Es ist unglaublich, wie viel Müll gedankenlos in der Natur entsorgt wird.

**2** **a.** Lege eine Folie über Haruns Text.
**b.** Überprüfe die Informationen mit Hilfe der W-Fragen.
- Welche Informationen sind wichtig?
- Gibt es unwichtige Informationen?

**c.** Harun berichtet für das Gemeindeblatt.
Welche weiteren Informationen könnten für die Leserinnen und Leser interessant sein? Wähle sie aus.

Wann?
Wo?
Wer?
Was?
Warum?
Welche Folgen?

**3** **a.** Überprüfe die Zeitform: Hat Harun im Präteritum berichtet?
**b.** Korrigiere die Verbformen, die nicht im Präteritum stehen.
**c.** Überprüfe:
- Sind die Sätze in der richtigen Reihenfolge aufgeschrieben?
- Sind die Sätze abwechslungsreich verknüpft?

**4** **a.** Schreibe den überarbeiteten Bericht auf.
**b.** Besprich deine Ergebnisse mit einer Partnerin oder einem Partner.
**c.** Schreibe in dein Lerntagebuch:
Was gelingt dir schon gut? Was solltest du noch üben?

Lerntagebuch
► S. 194–195

# Über einen Vorfall berichten

Hier übst du noch einmal, über einen Vorfall zu berichten.

## Ein Unfall mit Sachschaden

Die Klasse 6 c der Mittelschule am Park in Neustadt nahm vom 14. bis 18. Juni 2018 im Freilichtmuseum in Waldheim am Projekt „Schüler wohnen im Museum“ teil.
Am 16. Juni gingen Lorena, Boris und Lennart mit einem kleinen Handwagen, der dem Museum gehörte, zum Holzsammeln in den Wald.
Nach ihrer Rückkehr erzählt Lennart aufgeregt seiner Lehrerin Frau Klagen:

Wir haben versucht, die Zweige und Äste auf den Wagen zu verladen. Aber die waren so sperrig. Da habe ich mir gedacht, dass ich auf den Wagen steige und auf den Ästen herumspringe, damit mehr Äste draufpassen. Keine Ahnung, was ich mir dabei gedacht habe. Es war schon 10:45 Uhr und in der Küche brauchten sie ja das Holz zum Kochen. Boris fand die Idee auch gut. Ich bin also auf den Wagen gestiegen und auf den Ästen herumgesprungen. Plötzlich hat es gekracht. Lorena rief, dass ich aufhören solle. Als ich vom Wagen gestiegen bin, habe ich gesehen, dass die Hinterachse gebrochen war. Die Räder standen schräg und der Wagen hat sich nicht mehr ziehen lassen. Das habe ich nicht gewollt. Wir haben dann das Holz auf den Arm genommen und sind zurück.

Das ist doch nicht so schlimm. Deine Eltern haben eine Haftpflichtversicherung abgeschlossen. Sonst hättet ihr gar nicht mitfahren dürfen. Die Versicherung wird den Schaden sicher bezahlen. Du musst allerdings einen Bericht schreiben, damit die Versicherung weiß, was passiert ist.

Du entscheidest, ob du die Aufgaben auf den Seiten 89 und 90 mit mehr Hilfen oder die kniffligeren Aufgaben auf Seite 91 lösen willst. Was war geschehen?

**1** Gebt mit eigenen Worten wieder, was am 16. Juni geschah.

**Damit die Versicherung den Sachschaden bezahlen kann, braucht sie genaue Informationen über den Unfallhergang. Dafür wird ein Bericht geschrieben.**

**2** Beantworte die folgenden Fragen zum Schreibziel schriftlich:
- Für wen wird der Bericht geschrieben?
- Wozu dient der Bericht?

**Starthilfe**
Lennart schreibt einen Bericht für ... Mit dem Bericht soll ...

**In einem Bericht über einen Unfall mit Sachschaden werden die W-Fragen genau beantwortet.**

- **Welcher Schaden entstand?**
- **Wann entstand der Schaden?**
- **Wo genau entstand der Schaden?**
- **Wer verursachte den Schaden?**
- **Welche Personen waren dabei, als der Schaden entstand?**
- **Wie kam es genau zum Schaden?**

**3** Was genau geschah am 16. Juni?
**a.** Beantworte die W-Fragen zu Lennarts Unfall.
Notiere Stichworte auf Karteikarten.
**Tipp:** Ergänze erfundene Nachnamen der Beteiligten.
**b.** Vergleicht eure Ergebnisse.

**4** Was geschah nacheinander?
Ordne deine Karteikarten in einer sinnvollen Reihenfolge.

**Nun kannst du den Bericht schreiben.**

**5** Schreibe mit Hilfe deiner geordneten Karteikarten einen Bericht.
Schreibe in vollständigen Sätzen. Verwende das Präteritum.

**Starthilfe**
Es geschah am ... gegen ... Uhr im Wald auf dem Gelände des ...
... gingen zum Holzsammeln ...

**Anschließend kannst du deinen Bericht überarbeiten.**

**6** **a.** Überprüft eure Berichte in einer Schreibkonferenz.
**b.** Überarbeite anschließend deinen Bericht.

Texte überarbeiten in der Schreibkonferenz
► S. 222–225

Informiere dich über den Vorfall im Freilichtmuseum Waldheim.

**1** Lies den Text auf Seite 89.

Damit die Versicherung den Schaden am Handwagen bezahlen kann, muss Lennart einen Bericht für die Versicherung schreiben. Ein Bericht wird oft in der Ich-Form geschrieben.

**2** Welche Angaben sind für die Versicherung wirklich wichtig? Schreibe die wichtigen Informationen in Stichworten auf.

**3** Versetze dich in Lennarts Situation und schreibe den Bericht.
**a.** Überlege, welche Informationen du in der Ich-Form aufschreiben musst.
**b.** Schreibe den Bericht für die Versicherung.

**Starthilfe**
Es geschah am ... gegen ... Uhr im Wald auf dem Gelände des ...
Lorena, Boris und ich hatten den Auftrag, ...

**4** Überprüft eure Berichte mit Hilfe der folgenden Fragen:
- Beantwortet der Bericht die W-Fragen?
- Wird in einer sinnvollen zeitlichen Reihenfolge berichtet?
- Wird im Präteritum berichtet?
- Sind die Sätze sinnvoll verknüpft?

**5** Überarbeite anschließend deinen Bericht.

Ein Bericht soll knapp, einfach und genau sein.

**6** Lies den Auszug aus einem Unfallbericht.

Da ich die Äste zusammendrücken wollte, damit mehr Holz auf den Wagen passt, stieg ich auf den Handwagen, hüpfte auf den Ästen herum und hörte plötzlich ein lautes Krachen, das durch das Brechen der Hinterachse verursacht wurde, wie ich nach dem Absteigen vom Wagen feststellen konnte.

**7** **a.** Begründe, warum der Text schwer verständlich ist.
**b.** Schreibe den Text um: Formuliere mehrere Sätze.

# Berichten

**Hier übst du Schritt für Schritt, dich auf eine Probe vorzubereiten.**

**Stelle dir vor, dies ist die Aufgabe für die Probe:**

Im Rahmen einer Projektwoche besuchen am 15. Mai Frau Bauer, Frau Wagner und Herr Huber deine Klasse. Sie erzählen als Zeitzeugen von ihrer Schulzeit in Bayern nach dem 2. Weltkrieg. Berichte für die Schulhomepage über den Besuch und über die Schulzeit in den 1950er Jahren.

## 1. Schritt: Die Aufgabe verstehen

Aufgaben verstehen
► S. 196–197

**1** **a.** Lies die Aufgabe mehrmals genau.
**b.** Was sollst du genau tun? Für wen sollst du schreiben? Schreibe die richtigen Erklärungen ab.

- Du sollst in einem Kurzvortrag darüber informieren, wie es in der Schule in den 1950er Jahren war.
- Du sollst für die Schulhomepage darüber berichten, wie es in der Schule in den 1950er Jahren war.
- Du sollst einen Text für Jugendliche und Erwachsene schreiben.
- Du sollst einen Text schreiben, der sich nur an Jugendliche richtet.

## 2. Schritt: Die Aufgabe bearbeiten

**2** Was weißt du über das Berichten? Schreibe Stichworte auf.
- Welche W-Fragen werden in einem Bericht beantwortet?
- In welcher Zeitform wird berichtet?

**3** Was erzählen Frau Bauer, Frau Wagner und Herr Huber? Lies die Aussagen.

Bei uns im Dorf wurden die 1. bis 4. Klassen zusammen in einem Raum unterrichtet. Wir waren ungefähr 40 bis 45 Kinder, die alle den gleichen Lehrer gehabt haben. Und der Lehrer war damals sehr streng.

O ja, wenn wir nicht aufgepasst haben, mussten wir zur Strafe in der Ecke stehen. Lernen hat für uns vor allem auswendig lernen bedeutet: Gedichte, Jahreszahlen, Städtenamen. Meistens mit Eselsbrücken, wie zum Beispiel: „Wer nämlich mit h schreibt, ist dämlich."

Aber es war auch schön. Wisst ihr noch? In der Pause haben die Buben immer Pfennigfuchsen gespielt, die Mädchen Gummihüpf.

### Plane deinen Bericht.

**4** Was genau erfährst du über den Besuch der Zeitzeugen? Was erzählen sie über die Schulzeit in den 1950er Jahren?
- **a.** Beantworte die W-Fragen. Schreibe Stichworte auf.
- **b.** Überprüfe deine Notizen: Sind alle Informationen sachlich, genau und vollständig?

**5** Welche weiteren Informationen könnten für die Leserinnen und Leser noch interessant sein? Schreibe sie auf.

**6** Ordne deine Notizen in einer sinnvollen Reihenfolge.

### Mit Hilfe deiner Notizen kannst du den Bericht schreiben.

**7** Schreibe den Bericht für die Schulhomepage.
- **a.** Berichte über den Besuch der Zeitzeugen und über die Schulzeit in den 1950er Jahren. Verwende das Präteritum.
- **b.** Schreibe eine passende Überschrift über deinen Text.

Im Präteritum berichten
► S. 269

**Starthilfe**

Am 18. Mai besuchten uns ...

### 3. Schritt: Die Aufgabe überprüfen

**8**
- **a.** Überprüfe deinen Entwurf mit Hilfe der folgenden Checkliste.
- **b.** Überarbeite abschließend deinen Bericht.

| *Checkliste: Berichten* | *Ja* | *Nein* |
| --- | --- | --- |
| *– Habe ich die W-Fragen beantwortet?* | ■ | ■ |
| *– Habe ich in der richtigen zeitlichen Reihenfolge berichtet?* | ■ | ■ |
| *– Habe ich im Präteritum berichtet?* | ■ | ■ |
| *– Habe ich unterschiedliche Satzanfänge verwendet?* | ■ | ■ |
| *– Habe ich alles richtig geschrieben?* | ■ | ■ |

### 4. Schritt: Die Vorgehensweise auswerten

**9** Schreibe deine Erfahrungen in dein Lerntagebuch:
- Worauf achtest du, wenn du über etwas berichtest?
- Was ist dir gut gelungen?
- Wie kannst du dich noch verbessern?

Lerntagebuch
► S. 194–195

# Von Angst und Mut

Jeder Mensch hat manchmal Angst.
Auch Mut hat jeder auf seine Weise.

**1** **a.** Seht euch die Bilder genau an.
**b.** Was ist auf den Bildern dargestellt? Beschreibt die Situation.

## Was bedeuten Angst und Mut für euch?

**2** **a.** Lest die beiden Cluster.
**b.** Sprecht über die folgenden Fragen:
- Stimmt ihr der Anordnung zu?
- Würdet ihr die Einträge anders zuordnen?

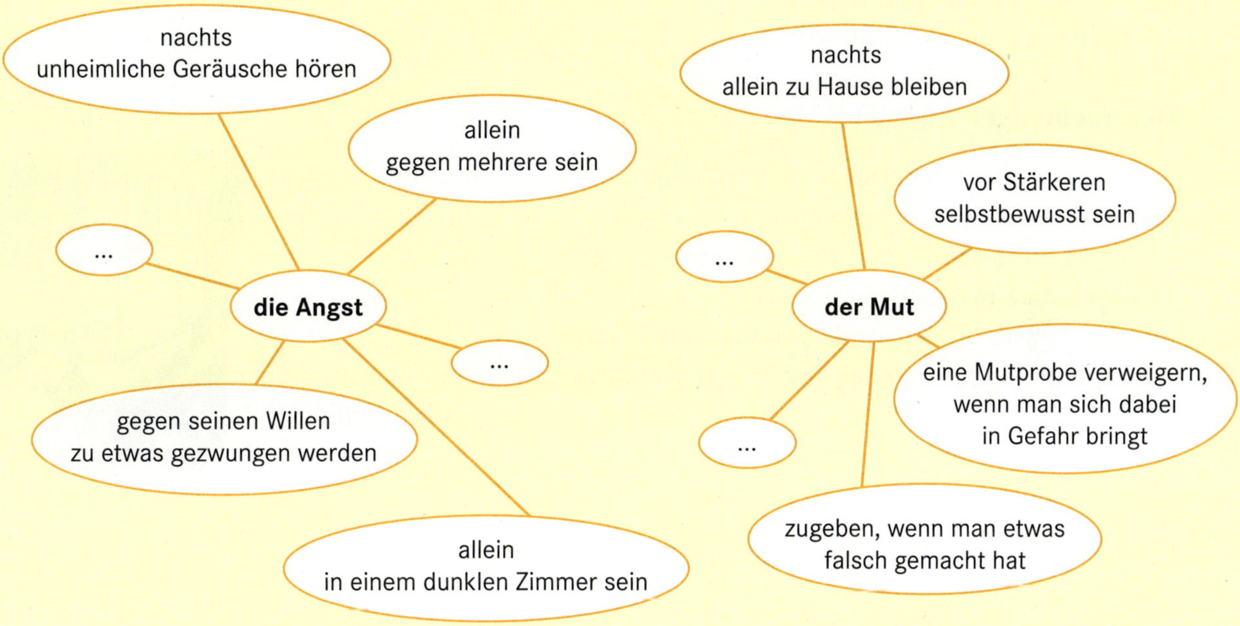


**3** Was bedeutet Angst für euch? Was heißt Mut für euch?
**a.** Übertragt die beiden Cluster auf ein Blatt.
**b.** Ergänzt die Cluster. Die folgenden Fragen helfen euch dabei.
**c.** Stellt eure Cluster in der Klasse vor.

| | |
|---|---|
| – Welche Farbe hat Angst?<br>– Wie riecht Angst?<br>– Wie hört sich Angst an?<br>– Wie fühlt sich Angst an?<br>... | – Wie riecht Mut?<br>– Wie schmeckt Mut?<br>– Wie sieht Mut aus?<br>– Wie fühlt sich Mut an?<br>... |

**4** Tauscht euch in der Klasse über Angst und Mut aus.
- Warum kann Angst gut sein?
- Wann ist Mut nötig? Wann nicht?
- Wie gehören Angst und Mut zusammen?

**In diesem Kapitel beschäftigst du dich mit Gefühlen.**
**Du erzählst über Angst und Mut und schreibst eigene Texte.**

# Eine Erzählung untersuchen

**Die Erzählung von Ursula Wölfel handelt von einem Jungen, der seine Angst überwindet und mutig wird.**

**1** Lies die Erzählung mit dem Textknacker.
Achte auf die Schlüsselwörter.

Textknacker ► S. 295

**Der Nachtvogel** Ursula Wölfel

Ein Junge hatte immer große Angst, wenn er nachts allein in der Wohnung sein musste. Seine Eltern gingen oft am Abend fort. Dann konnte der Junge vor Angst nicht einschlafen. Er hörte etwas rauschen, und das war, als ob jemand im Zimmer atmete. Er hörte ein Rascheln und ein Knacken, und das war, als ob sich etwas unter seinem Bett bewegte. Aber viel schlimmer war der Nachtvogel. Der Junge sah ihn immer ganz still draußen auf der Fensterbank sitzen, und wenn unten ein Auto vorbeifuhr, schlug der Vogel mit den Flügeln und der Junge sah den riesigen Schatten von den Flügeln an der Zimmerdecke.

Der Junge erzählte seinen Eltern von der Angst. Aber sie sagten nur: „Stell dich doch nicht an! Du bildest dir das alles nur ein." Und sie gingen immer wieder am Abend fort, weil sie den Vogel nicht sehen konnten, weil sie das alles nicht glaubten.

Einmal war der Junge wieder allein und es schellte an der Wohnungstür. Der Junge wurde steif vor Angst. Wieder schellte es. Es schellte und schellte. Dann war es still, lange Zeit war es still. Dann kratzte etwas an der Hauswand. Das war der Vogel! Jetzt kletterte er mit seinen Krallen an der Mauer hoch. Jetzt war er an der Fensterbank. Und jetzt schlug er mit seinem Schnabel an die Scheibe! Einmal, zweimal, immer wieder, immer lauter, und gleich würde das Glas zerbrechen, gleich würde der Vogel ins Zimmer springen! Der Junge packte die Blumenvase vom Tisch neben dem Bett. Er schleuderte sie zum Fenster. Das Glas zersplitterte. Wind fuhr ins Zimmer, dass der Vorhang hoch an die Wand schlug, und der Vogel war fort.

Auf der Straße hörte der Junge seine Eltern rufen. Er rannte auf den Flur, er fand im Dunkeln sofort den Lichtschalter und den Knopf vom Türöffner. Er riss die Wohnungstür auf und lief den Eltern entgegen. Er lachte, so froh war er, dass sie da waren. Aber sie schimpften. Ihre schönen Ausgehkleider waren nass vom Blumenwasser. „Was soll denn das wieder heißen?", fragte der Vater.

„Jetzt ist die Scheibe kaputt!"

„Und mein Mantel! Sieh dir das an!", rief die Mutter.

„Der Nachtvogel war am Fenster", sagte der Junge. Der Nachtvogel hat mit seinem Schnabel ans Fenster gepickt."

„Unsinn!", sagte der Vater. „Wir hatten den Schlüssel vergessen und du hast das Schellen nicht gehört. Da haben wir mit einer Stange vom Bauplatz an dein Fenster geklopft." „Es war der Nachtvogel, wirklich!", sagte der Junge. „Der Nachtvogel war es!"

Aber die Eltern verstanden das nicht. Sie gingen immer wieder am Abend fort und ließen den Jungen allein. Er hatte immer noch Angst, er hörte noch immer das Rauschen und Knacken. Aber das war nicht so schlimm. Denn der Nachtvogel kam nie mehr wieder, den hatte er vertrieben. Er selbst hatte ihn vertrieben, er ganz allein.

**Die Handlungsbausteine helfen dir, die Erzählung zu verstehen.**

Handlungsbausteine
► S. 296

**2** **a.** Was sieht und hört der Junge, wenn er nachts allein ist? Unterstreiche mit Hilfe einer Folie Wörter und Wortgruppen.

**b.** Wovor hat der Junge Angst? Notiere Stichworte.

**3** Welche Beobachtung lässt den Jungen denken, dass ein Nachtvogel am Fenster ist? Schreibe deine Vermutungen auf.

**4** Der Junge versucht, den Eltern seine Angst zu erklären. Welchen Wunsch hat er? Welches Hindernis steht der Wunscherfüllung im Weg? Schreibe Stichworte auf.

**5** Der Junge ändert im Verlauf der Erzählung sein Verhalten. Was tut er, als die Angst immer größer wird? Schreibe es auf.

**6** „Denn der Nachtvogel kam nie mehr wieder ..." (Zeile 42)
Sprecht über die folgenden Fragen:
- Was bedeutet das für den Jungen?
- Warum ist dies auch eine Erzählung über Mut?

**Der Junge verjagt mutig den Nachtvogel. Aber seine Eltern verhalten sich ganz anders, als er es erwartet.**

**7** „Er lachte, so froh war er, dass sie da waren."
Erzählt die Erzählung ab Zeile 29 anders weiter.

**Du kannst die Sprache der Erzählung untersuchen. Das hilft dir zu verstehen, wie die Autorin ihre Erzählung spannend gestaltet.**

**8** Der dritte Absatz (Zeile 14-24) ist besonders spannend und eignet sich gut zum Vorlesen.
- **a.** Übt das Vorlesen in Partnerarbeit.
- **b.** Lies die Textstelle dann betont vor.

Betont vorlesen ► **S. 297**

**9** Warum ist der dritte Absatz besonders spannend? Sprecht darüber.

**Die Autorin verwendet Verben und Adjektive, die zeigen, dass die Situation bedrohlich ist.**

**10**
- **a.** Lest noch einmal die Zeilen 14-24.
- **b.** Schreibt die Verben und die Adjektive auf.
- **c.** Sprecht über die Wirkung der verwendeten Verben und Adjektive.

**Starthilfe**

Verben: schellte, kratzte ...
Adjektive: steif, still ...

**Auch mit Vergleichen kannst du Situationen anschaulich erzählen.**

mehr zu sprachlichen Bildern ► **S. 37**

**11**
- **a.** Lest den Infokasten.
- **b.** Findet in der Erzählung Vergleiche und schreibt sie auf.
  **Tipp:** Ihr findet sie im ersten Absatz.

**Info**

Vergleiche gehören zu den sprachlichen Bildern. Sie machen Texte anschaulicher und lebendiger. Dabei werden zwei Vorstellungen durch **wie** oder **als** miteinander verknüpft:
Er zitterte wie Espenlaub. Sie strahlte heller als die Sonne.

**Die Autorin verwendet weitere Mittel, um Spannung zu erzeugen.**

**12**
- **a.** Lest noch einmal die Zeilen 15 und 16.
- **b.** Wie wirkt diese Textstelle? Was fällt euch an den Sätzen auf? Sprecht darüber.
- **c.** Findet weitere Beispiele für Wortwiederholungen und für kurze Sätze.
- **d.** Nennt die Zeilenangaben.

# Anschaulich mündlich erzählen

Du weißt nun, wie man eine Erzählung sprachlich spannend gestalten kann. Nun kannst du selbst eine Geschichte erzählen.

1 Beschreibt, was ihr auf den Bildern seht.

Du kannst zu einem der Bilder eine Geschichte erzählen. Plane zunächst deine Geschichte.

2 Zu welchem Bild möchtest du eine Geschichte erzählen? Wähle ein Bild aus.

3 Wer ist deine Hauptfigur? In welcher Situation steckt sie? Schreibe deine Ideen auf ein Erzählkärtchen.

4 Welchen Wunsch hat deine Hauptfigur? Schreibe den Wunsch auf ein weiteres Erzählkärtchen.

5 Warum kann sich deine Hauptfigur ihren Wunsch nicht erfüllen? Schreibe deine Überlegungen auf ein drittes Kärtchen.

6 Wie versucht deine Hauptfigur, das Hindernis zu überwinden? Ist ihre Reaktion mutig oder ängstlich? Schreibe deine Ideen auf ein viertes Kärtchen.

**7** Was sieht deine Hauptfigur? Was hört sie?
Ergänze deine Kärtchen.
Beschreibe es genau, damit deine Zuhörerinnen und Zuhörer sich alles gut vorstellen können.

**8** Was denkt deine Hauptfigur? Was fühlt sie? Mit wem spricht sie?
- Schreibe Ideen für Gedanken oder wörtliche Rede auf.
- Verwende treffende Adjektive.
- Notiere passende Vergleiche.

**9** Überlege, an welchen Stellen du die Geschichte mit Hilfe deiner Stimme spannender machen kannst.
**a.** Probiere verschiedene Möglichkeiten aus:
  - Welche Stellen möchtest du lauter erzählen? Welche leiser?
  - Welche Stellen möchtest du langsam sprechen, welche schneller?
**b.** Notiere deine Ideen auf den Kärtchen.

**10** Wie soll deine Geschichte enden?
Schreibe Stichworte für das Ende auf ein fünftes Kärtchen.

**Nun kannst du deinen Vortrag üben.**

**11** Was willst du wann erzählen?
Lege eine Reihenfolge für deine Kärtchen fest.

**12** Erzähle deine Geschichte mit Hilfe deiner Kärtchen einer Partnerin oder einem Partner.
- Verwende unterschiedliche Satzanfänge.
- Erzähle anschaulich, auch durch die Stimme und die Betonung.

**13** Gebt euch gegenseitig eine Rückmeldung:
Was ist gut gelungen? Was kann noch verbessert werden?

**Arbeitstechnik: Anschaulich erzählen**

- Beschreibe Personen, Orte und Gefühle mit treffenden Adjektiven.
- Durch Gedanken und wörtliche Rede wird die Geschichte lebendig.
- Verwende treffende Verben.
- Verwende unterschiedliche Satzanfänge.
- Verändere deine Stimme beim Erzählen: Sprich mal lauter, mal leiser, mal langsamer, mal schneller.
- Sieh deine Zuhörerinnen und Zuhörer an.

**Sprachspeicher**
schlendern
eilen
schleichen
hasten

**Sprachspeicher**
dunkel
neblig
nervös
mutig

**Sprachspeicher**
zitterte wie Espenlaub
leise wie eine Maus
flink wie ein Wiesel
leicht wie eine Feder

**Sprachspeicher**
Mir hat besonders gefallen, dass ...
Die Erzählung war spannend durch ...
Mich hat die Erzählung interessiert, weil ...
Du könntest ...
Hier würde ich ...

# Zu einem Zeitungsbericht schriftlich erzählen

**In dem folgenden Zeitungsartikel wird über einen Unfall berichtet.**

**1** Lest den Zeitungsartikel.

Feuerwehrleute befreiten einen Elfjährigen aus einer misslichen Lage. Der Junge war auf das Dach eines verlassenen Fabrikgebäudes geklettert und dabei durch die morschen Dachziegel gebrochen. Dass er mit seiner Jacke an einem Dachbalken hängen blieb, rettete ihn vor einem Fall in zehn Meter Tiefe. Warum er auf das Dach geklettert war, ist noch nicht bekannt. Anwohner beobachteten zum Zeitpunkt des Unfalls mehrere Kinder auf dem Gelände, die jedoch wegrannten, bevor die Feuerwehr eintraf. Es war wahrscheinlich eines von ihnen, das anonym bei der Feuerwehr anrief und den Unfall meldete.

**Marek und Karla möchten zu dem Artikel eine Geschichte erzählen. Sie haben sich Notizen zu den Handlungsbausteinen gemacht.**

*Hindernis:*
Kim in der Klemme:
Hund geht nicht weg,
wacklige Regenrinne

*Wunsch:*
Kim will sich retten – wie?
läuft auf Fabrikgelände,
klettert Holzleiter hoch

*Reaktion:*
Kim klettert aufs Dach,
bricht durch die Ziegel
Was dann?

*Ende:*
spielende Kinder hören Kim
und rufen die Feuerwehr,
Feuerwehr befreit Kim

*Hauptfigur in Situation:*
Kim hat für Grillabend Würstchen gekauft,
begegnet Hund auf Rückweg,
Hund sieht gefährlich aus, ohne Leine

**2** Vergleicht die Notizen mit den Informationen im Zeitungsartikel.
- Welche Informationen wurden aus dem Artikel übernommen?
- Was haben Marek und Karla frei erfunden?
- An welchen Stellen kommen Angst und Mut vor?
- Welche Information steht im Artikel am Anfang?
  Für welchen Baustein haben Marek und Karla sie verwendet?
- Warum haben sie sich wohl so entschieden?

**Nun müssen Marek und Karla ihre Notizen in eine Reihenfolge bringen.**

**3** Welcher Handlungsbaustein könnte am Anfang der Geschichte stehen?
**a.** Entscheidet euch für einen Baustein.
**b.** Schreibt eine passende Einleitung.

**4** Ordnet auch die übrigen Bausteine.

**5** Vergleicht eure Ergebnisse in der Klasse.

**Marek erzählt die Geschichte so:**

Letzten Freitag war das Wetter so schön, dass Kim und seine Familie abends grillen wollten. Kims Mutter schickte ihn zum Metzger, um Würstchen zu kaufen. Der Weg war nicht weit und Kim war bald auf dem Rückweg. Aber als er gerade an der alten Fabrik vorbeilief, sah er plötzlich vom Ende der Straße einen großen Hund auf sich zulaufen …

**Karla hat eine andere Reihenfolge gewählt. So beginnt ihre Erzählung:**

Immer wieder sprang der Hund bellend an der alten Holzleiter hoch, auf der ich hockte. Voller Angst klammerte ich mich an der wackligen Regenrinne fest, die zum Dach hinaufführte. Was, wenn der Hund es doch noch schaffte, zu mir hinaufzuspringen? Wie war ich bloß in diese schreckliche Situation geraten? Warum verschwand der Hund nicht endlich? …

**6** Vergleicht die beiden Anfänge miteinander. Schreibt Unterschiede auf.

Starthilfe

| | Marek | Karla |
|---|---|---|
| 1. Baustein | Hauptfigur in Situation | … |
| Sprache und sprachliche Mittel | Aussagesätze | Adjektive, Vergleiche |
| Wirkung | … | man ist sofort in der Geschichte, es ist spannend |

**7** Welcher Anfang gefällt euch besser? Begründet eure Meinung.

**8** Vergleiche die beiden Anfänge mit deiner eigenen Einleitung aus Aufgabe 3 b. Welcher Anfang gefällt dir am besten?

W **Schreibe nun eine eigene Erzählung zu dem Zeitungsartikel.**
**Wähle aus:**
- **Du kannst Mareks oder Karlas Anfang auswählen und die Erzählung weiterschreiben.**
- **Du kannst eine eigene Erzählung zu dem Artikel schreiben.**

**9** Schreibe deine Erzählung spannend und anschaulich auf.
- Verwende passende Adjektive, treffende Verben, Vergleiche und abwechslungsreiche Satzanfänge.
- Schreibe einige Sätze in wörtlicher Rede auf.

**10** Finde eine passende Überschrift.

**Anschließend kannst du deine Erzählung überarbeiten.**

**11** **a.** Tauscht eure Erzählungen aus.
**b.** Lies die Erzählung aufmerksam und mache dir Notizen zu den folgenden Fragen:
- Ist die Erzählung spannend zu lesen?
- Kann ich mir alles gut vorstellen?
- Wird deutlich, dass Kim Angst hat und Mut zeigt?
- Passt das Ende zur Geschichte?

**c.** Überprüfe die Rechtschreibung.
**d.** Tauscht dann eure Erzählungen mit den Notizen zur Überarbeitung zurück.

**12** Überarbeite deine Erzählung. Berücksichtige dabei die Tipps.

**Arbeitstechnik:**
**Eine Geschichte mit den Handlungsbausteinen schreiben**

**1. Schritt:** Plane deine Geschichte mit Hilfe einer Mindmap oder eines Clusters.
Schreibe Stichworte zu den Handlungsbausteinen auf.
- Wer soll meine Hauptfigur sein? In welcher Situation steckt sie?
- Welchen Wunsch hat sie?
- Welches Hindernis ist ihr im Weg?
- Wie reagiert die Hauptfigur auf das Hindernis?
- Wie endet die Geschichte?

**2. Schritt:** Lege für jeden Handlungsbaustein eine Karte an.
**3. Schritt:** Notiere deine Ideen in ganzen Sätzen auf deine Karten.
**4. Schritt:** Überlege dir den Aufbau deiner Geschichte.
**5. Schritt:** Schreibe die Geschichte auf. Erzähle ausführlich und anschaulich.

**Sprachspeicher**

zerreißen wie Papier
krachen
keinen Halt mehr
abrutschen
so hoch, dass ihm schwindlig wird
ruhig bleiben
keine Panik bekommen

Ein Jugendbuch über Angst und Mut
► S. 140–143

# Wörtliche Rede verwenden

**Geschichten wirken lebendiger, wenn sie wörtliche Rede enthalten.**

wörtliche Rede ► S. 306

**1** **a.** Lies die Sätze mit den wörtlichen Reden.
**b.** Schreibe die Sätze ab und unterstreiche die wörtliche Rede.
**c.** Was fällt dir auf? Sprich darüber mit einer Partnerin oder einem Partner.

1 „Komm endlich aus dem Zimmer!“, ruft Jenny wütend.
2 „Ich kann nicht“, antwortet Tim, „ich werde hier festgehalten!“
3 Ängstlich fragt Jenny: „Wer hält dich denn fest?“

4 „Ich finde es hier ganz schön gruselig“, flüstert Raul.
5 Sabine erwidert: „Das habe ich auch gerade gedacht.“
6 „Lass uns gehen“, schlägt Raul vor, „und eine Taschenlampe holen.“

**Redebegleitsätze können vor oder hinter der wörtlichen Rede stehen. Sie können die wörtliche Rede auch unterbrechen. Beim Schreiben von wörtlicher Rede mit Begleitsatz musst du Regeln der Zeichensetzung beachten.**

**2** Ordne den Satzbildern passende Beispielsätze aus Aufgabe 1 zu.

A „ ____ “, ____ .

B „ ____ !“, ____ .

C „ ____ “, ____ , „ ____ .“

D „ ____ “, ____ , „ ____ !“

E ____ : „ ____ .“

F ____ : „ ____ ?“

**Starthilfe**
A = 4, ...

**3** Wandle die folgenden Sätze in wörtliche Rede um. Schreibe sie auf. Ergänze dabei die Anführungszeichen und die Satzzeichen.

Ich traue mich nicht allein durch den dunklen Tunnel zu gehen flüstert Kai
Sei doch kein Angsthase erwidert Kim gleich sehen wir die Straßenlaternen
Jassi schreit erschrocken auf Was war das
Ich glaube raunt Kim wir werden verfolgt
Lauft doch nicht so schnell ruft Kai

Achtung: Fehler!

**Starthilfe**
„Ich traue mich nicht, allein durch den dunklen Tunnel zu gehen“, flüstert Kai. ...

# Wortfelder nutzen

**Die Wörter eines Wortfelds helfen dir, eine Geschichte abwechslungsreich zu schreiben.**

**1** Lies die Nomen in dem Bild.

Nomen ► S. 307

**2** Welche der Nomen gehören zu dem Wortfeld **Angst**? Welche zum Wortfeld **Mut**?

**a.** Übertrage die Tabelle in dein Heft.

**b.** Ordne die Nomen richtig zu.

● **c.** Kennst du noch weitere Nomen zu diesen Wortfeldern? Ergänze weitere Nomen in der Tabelle.

Starthilfe

| Wortfeld „Angst“ | Wortfeld „Mut“ |
| --- | --- |
| das Grauen | ... |

**3** Finde Verben und Adjektive, die mit Angst und Mut zu tun haben. Ergänze sie in der Tabelle.

Starthilfe
Verben: zittern, ermutigen ...
Adjektive: ängstlich, kühn ...

Verben ► S. 308
Adjektive ► S. 309

**4** Lies den Anfang des folgenden Textes.

Gestern Abend lief es mir eiskalt den Rücken hinunter. Hinter mir hörte ich ein Knirschen und Fauchen. Mir grauste es. Ängstlich drehte ich mich um und ...

**5** Zu welchem Wortfeld gehört der Textanfang? Begründet eure Meinung.

W **6** Wähle eine der folgenden Aufgaben aus.

**a.** Schreibe den Text weiter. Verwende dabei auch Wörter aus deiner Tabelle.

**b.** Wähle ein Wortfeld aus. Schreibe mit Hilfe des Wortfelds einen eigenen Text.

# Anschaulich erzählen

Hier kannst du überprüfen, ob du anschaulich erzählen kannst.

Max ist in eine andere Stadt gezogen.
Heute ist sein erster Schultag in der neuen Schule.

**1** Sieh dir das Bild an.

Max kennt niemanden an seiner neuen Schule.
Was erlebt Max an seinem ersten Tag? Du kannst es erzählen.

**2** Plane deine Erzählung.

**a.** Versetze dich in die Situation von Max.
**b.** Notiere Stichworte zu den folgenden Leitfragen.

Leitfragen:
- Was möchte Max?
- Was denkt und fühlt Max?
- Wovor hat er vielleicht Angst? Was tut er, um seine Angst zu überwinden?
- Was tun die anderen? Was sagen sie?
- Mit welchem Gefühl geht Max nach der Schule nach Hause?

**3** Erzählt euch gegenseitig eure Geschichten.
- Verwendet passende Adjektive, treffende Verben, Vergleiche und abwechslungsreiche Satzanfänge.
- Verwendet auch wörtliche Rede.

**4** **a.** Gebt euch gegenseitig eine Rückmeldung:
- Was ist gut gelungen?
- Was kann noch verbessert werden?

**b.** Schreibe die Tipps in dein Lerntagebuch.

Lerntagebuch
► S. 194–195

# Eine Erzählung überarbeiten

**Tarik hat eine Erzählung zu dem Zeitungsartikel von Seite 101 geschrieben. Du kannst Tariks Erzählung überarbeiten.**

**1** Lies Tariks Erzählung.

Gestern spielte ich mit meinen Freunden Verstecken bei der alten Fabrik. Ich wollte mich auf dem Dach verstecken. Ich kann gut klettern und bin an der Holzleiter hochgestiegen. Ich habe mich auf das Dach gezogen und bin hochgeklettert, als unter mir ein paar Ziegel runterfielen. Ich wäre fast runtergefallen, aber ich bin mit meiner Jacke an einem Dachbalken hängen geblieben. Die anderen Kinder haben Hilfe geholt und die Feuerwehr hat mich befreit.

**2** Wie wirkt die Erzählung auf dich? Notiere Stichworte.

**3** Was geschieht in Tariks Erzählung?
Notiere Stichworte zu den Handlungsbausteinen.
**Tipp:** Lies noch einmal den Zeitungsartikel auf Seite 101.

**Du kannst Tariks Geschichte ausführlicher erzählen.**

**4** Schreibe Stichworte zu den folgenden Fragen auf:
- Welche Gedanken könnten Tarik durch den Kopf gehen?
- Wie könnte das Gelände der alten Fabrik aussehen?
- Wie reagiert Tarik, als die Ziegel erst rutschen und dann fallen?
  Verwende passende Adjektive und treffende Verben.

**5** Notiere unterschiedliche Satzanfänge.

**6** Finde eine passende Überschrift.

**7** **a.** Schreibe die überarbeitete Erzählung auf.
**b.** Lies deine Erzählung noch einmal.
**c.** Möchtest du noch etwas verändern? Korrigiere und ergänze, wenn nötig.

**8** Welche Tipps möchtest du weiterhin oder zusätzlich berücksichtigen? Schreibe sie in dein Lerntagebuch.

Lerntagebuch
► S. 194–195

# Anschaulich erzählen

**Hier übst du noch einmal, eine Geschichte über Angst und Mut zu erzählen.**

**Du entscheidest, ob du die Aufgaben auf Seite 108 mit mehr Hilfen oder die kniffligeren Aufgaben auf Seite 109 lösen willst.**

**Mutig sein**

Tine wollte die mutigste Schülerin der Klasse sein. Eines Tages forderte Mike sie zu einer Mutprobe auf: „Wetten, du traust dich nicht, Frau Meyer den Füller wegzunehmen?" Tine überlegte kurz und entgegnete dann: „Und ob ich mich das traue, du wirst schon sehen."
In der Mathestunde wollte sie ihren Mut beweisen, aber Frau Meyer saß die ganze Zeit am Pult und machte sich Notizen. Da riefen Kevin und Sarah Frau Meyer zu sich, weil sie eine Frage hatten. Das war die Gelegenheit. Tine schaute sich um. Sollte sie es wagen? Nervös schlich sie nach vorn. Da lag der Füller. Mit zittrigen Händen nahm Tine ihn vom Pult und ging leise an ihren Platz zurück. Geklappt! Erleichtert steckte sie den Füller in ihre Tasche. Als Frau Meyer am Ende der Stunde das Klassenbuch ausfüllen wollte, bemerkte sie den Diebstahl. „Wer von euch hat meinen Füller genommen?", fragte sie. Alle warteten gespannt, was nun geschehen würde. Tine zögerte. Dann hob sie den Arm. „Ich war es. Ich habe Ihren Füller genommen, Frau Meyer", sagte sie.

**1** Lies die Geschichte.

**2** Sprecht über die folgenden Fragen:
- Warum ist Tine wohl auf die Wette eingegangen?
- Wie hat Tine in der Geschichte Mut bewiesen?

**Am Abend schreibt Tine eine E-Mail an ihre Cousine Merve.**

**3** Versetze dich in Tines Situation. Was erzählt Tine genau?
**a.** Plane deine Geschichte. Mache dir Notizen.
**b.** Was dachte und fühlte Tine?
Schreibe deine Geschichte anschaulich und lebendig.

**Starthilfe**

Hallo Merve,
ich muss dir unbedingt schreiben, was mir heute passiert ist. ...

**Du hast etwas Besonderes zum Thema „Angst und Mut“ erlebt und möchtest jemandem davon in einem Brief erzählen.**

W **Wähle aus:**
- **Du kannst zu der Geschichte von Seite 108 erzählen.**
- **Du kannst über etwas schreiben, das du selbst erlebt hast.**
- **Oder du kannst ein Erlebnis erfinden.**

W **1** Sammle Ideen für deine Erzählung.
- Du kannst die Geschichte auf Seite 108 lesen.
- Du kannst Ideen aus deinen Clustern von Seite 95 verwenden.
- Du kannst neue Ideen aufschreiben.

**2** **a.** Wähle eine Idee aus.
**b.** Notiere auf Kärtchen Stichworte zu den Handlungsbausteinen.

**Handlungsbausteine:**
- **Hauptfigur/Situation**
- **Wunsch**
- **Hindernis**
- **Reaktion**
- **Ende**

**3** Wie wird deine Geschichte lebendig und anschaulich? Wie kannst du Angst und Mut spürbar machen?
- Beschreibe deine Gefühle und Gedanken genau.
- Ergänze deine Kärtchen mit treffenden Verben, passenden Adjektiven, Vergleichen, wörtlicher Rede und verschiedenen Satzanfängen.

**Nun kannst du in einem Brief von deinem Erlebnis erzählen.**

**4** Erzähle deiner Freundin oder deinem Freund in einem Brief von deinem Erlebnis.
Verwende die folgende Arbeitstechnik.

**Arbeitstechnik: Lebendig erzählen in einem Brief**

- Kündige nach der Anrede an, dass du etwas Besonderes erzählen möchtest.
- Erzähle nun von deinem Erlebnis.
- Erzähle, wie alles begann. Steigere langsam die Spannung bis zum aufregendsten Augenblick. Erzähle am Schluss, wie es ausging.
- Schreibe, wie du dich gefühlt hast.
- Unterbrich deine Erzählung ab und zu durch einen Ausruf oder eine Frage, z. B.: „Ich wünschte, du wärst dabei gewesen!“
- Beende deinen Brief mit einem schönen Gruß.

**5** Bist du sicher, dass deine Freundin oder dein Freund deinen Brief spannend findet?
Überprüfe und überarbeite anschließend deine Erzählung.

# Anschaulich erzählen

**Hier übst du Schritt für Schritt, dich auf eine Probe vorzubereiten.**

**Stelle dir vor, dies ist die Aufgabe in einer Probe:**

Schreibe zu dem Zeitungsartikel eine anschauliche, spannende Erzählung. Verwende dabei verschiedene sprachliche Mittel.

## 1. Schritt: Die Aufgabe verstehen

Aufgaben verstehen ► S. 196–197

**1** **a.** Lies die Aufgabe mehrmals genau.
**b.** Was sollst du genau tun?
Schreibe die richtigen Erklärungen ab.

- Du sollst dir eine Erzählung ausdenken.
- Du sollst besonders darauf achten, sprachliche Mittel zu verwenden, die eine Erzählung anschaulich und lebendig machen.
- Du sollst einen Artikel aus der Zeitung lesen.
- Du sollst mit den Informationen aus dem Zeitungsartikel eine Erzählung schreiben.

## 2. Schritt: Die Aufgabe bearbeiten

**2** Lies den Zeitungsartikel aufmerksam.

**Beherztes Eingreifen**

Eine Rentnerin konnte ihre Handtasche mit ihrem Geld und dem Wohnungsschlüssel behalten, weil eine Nürnberger Schülerin viel Mut bewiesen hat.
Am Samstagabend war Renate F. auf dem Weg zu ihrer Wohnung, als sich ihr von hinten ein Mann näherte und nach ihrer Handtasche griff. Nadine W. (12) kam in diesem Moment mit ihrem Fahrrad vorbei. Sie überlegte nicht lange, brüllte: „Halt! Was machen Sie da?“ und sprang von ihrem Rad. Der Täter war so überrascht, dass er die Handtasche losließ und wegrannte. Renate F. lud die mutige Schülerin daraufhin zum Dank zu einer Tasse Kakao ein.

**3** Worüber wird in dem Zeitungsartikel berichtet?
Schreibe Stichworte auf.
- Welche Personen kommen vor?
- Was passiert?
- Wie endet der Zeitungsartikel?

### Plane deine Erzählung zu dem Zeitungsartikel.

**4** Schreibe auf Kärtchen Stichworte zu den Handlungsbausteinen. Überlege, welche Person deine Hauptfigur werden soll.

**5** Ergänze deine Notizen:
- Beschreibe die Gefühle der Figuren mit Hilfe von passenden Adjektiven genauer.
- Füge Gedanken oder wörtliche Rede ein.
- Verwende unterschiedliche Satzanfänge.

**6** Ordne die Bausteine in einer passenden Reihenfolge.

### Mit Hilfe deiner Notizen kannst du die Aufgabe der Probe lösen.

**7** Schreibe nun deine Erzählung auf.
**a.** Schreibe einleitende Worte, die zu deiner Erzählung passen.
**b.** Erzähle anschaulich, lebendig und abwechslungsreich.
**c.** Gestalte den Schluss kurz und knapp.
**d.** Finde eine passende Überschrift für deine Erzählung.

### 3. Schritt: Die Aufgabe überprüfen

**8** Überprüfe deine Erzählung mit Hilfe der folgenden Checkliste.

| Checkliste: Eine Geschichte anschaulich erzählen | Ja | Nein |
|---|---|---|
| – Habe ich die Informationen aus dem Zeitungsartikel verwendet? | ■ | ■ |
| – Habe ich meine Erzählung verständlich aufgebaut? | ■ | ■ |
| – Habe ich Figuren, Orte und Gefühle mit treffenden Adjektiven beschrieben? | ■ | ■ |
| – Habe ich Gedanken und wörtliche Rede eingefügt? | ■ | ■ |
| – Habe ich unterschiedliche Satzanfänge verwendet? | ■ | ■ |
| – Habe ich alles richtig geschrieben? | ■ | ■ |

**9** Schreibe deine überarbeitete Erzählung auf.

### 4. Schritt: Die Vorgehensweise auswerten

**10** Sieh in dein Lerntagebuch und vergleiche mit deinen letzten Einträgen:
- Was hat sich verändert? Was gelingt dir jetzt gut oder besser?
- Wobei hast du weiterhin Schwierigkeiten?

Lerntagebuch
► S. 194–195

# Medien: Blicke in die Welt

**Sehen, hören, lesen, klicken –**
**jeden Tag nutzt ihr verschiedene Medien.**

**1** Seht euch die Fotos genau an.
- Welche Medien sind auf den Fotos dargestellt?
- Welche dieser Medien nutzt ihr?
- Wann und wofür nutzt ihr diese Medien?

**Info**

**die Medien, das Medium:** hier: Mittel zur Verständigung.
Moderne Medien sind zum Beispiel: das Fernsehen, die Spielekonsole, das Internet, das Handy, aber auch Zeitungen, Zeitschriften und Bücher.
Mit Medien kann man sich in kürzester Zeit und über weite Entfernungen hinweg informieren, Gedanken austauschen oder unterhalten.

Medien haben unterschiedliche Funktionen:
Sie können informieren, unterhalten oder ihr könnt euch mit anderen austauschen.

Anthony, Aleyna und Rachel erzählen, wofür sie Medien nutzen.

**Anthony:** Nächste Woche steht das Referat über die Römer an. Ich muss noch diesen Artikel in der Zeitschrift lesen und dann unbedingt im Internet recherchieren.

**Rachel:** Was für ein harter Schultag! Daheim werde ich jetzt erst einmal nix machen und meine Lieblingssendung im Fernsehen schauen und dann noch entspannt ein bisschen lesen.

**Aleyna:** Unglaublich! Er hat echt ein Bild mit mir gemacht! Da hat sich das lange Warten ja total gelohnt! Ich muss unbedingt gleich meiner besten Freundin schreiben und das Bild mit meinen Freunden im sozialen Netzwerk teilen! Ich bin so gespannt, was die so kommentieren werden!

**2** Wofür nutzen Anthony, Aleyna und Rachel welche Medien?
- a. Tauscht euch darüber aus.
- b. Ordnet die Medien den Begriffen „Information“, „Unterhaltung“ und „Kommunikation“ zu. Erstellt eine Tabelle.

Starthilfe

| Information | Unterhaltung | Kommunikation |
| --- | --- | --- |
| Zeitschrift, ... | ... | soziale Netzwerke, ... |

**3** Wofür nutzt ihr welche Medien?
- a. Ordnet auch die Medien von Seite 112 in die Tabelle ein.
- b. Welche Medien könnt ihr in mehrere Spalten eintragen? Begründet.

Medien werden von manchen Menschen auch kritisch gesehen.
So sagte zum Beispiel der Autor Ernst Ferstl:

„Die neuen Medien bringen viele neue Möglichkeiten, aber auch viele neue Dummheiten mit sich.“

**4** Könnt ihr dieser Aussage zustimmen? Diskutiert in der Klasse.

In diesem Kapitel untersucht ihr eure Mediennutzung und die verschiedenen Funktionen der Medien. Ihr beschäftigt euch genauer damit, in welchen Medien man sich informiert.

# Medien nutzen

## Marco denkt über seine Mediennutzung nach.

**1** Lies, was Marco über seine Mediennutzung erzählt.

„Ich liebe Medien. Eigentlich verbringe ich die meiste Zeit des Tages mit Medien. Ich nutze Medien unterschiedlich. Fernsehen schaue ich, wenn mir langweilig ist, und dann finde ich dort spannende Sendungen. Am liebsten verbringe ich Zeit am Handy. Ich kann mit anderen schreiben und Spiele zocken. Das ist super! Ich bin kein großer Leser. Manchmal schaffe ich es, mal wieder ein Buch zu lesen. Oft ist es dann auch richtig spannend und ich kann gar nicht mehr aufhören. Aber das passiert selten. Lieber schaue ich mir Sachbücher an. Zum Beispiel interessiere ich mich sehr für Geschichte. Darüber gibt es tolle Bücher. Letztens habe ich ein Referat in GPG gehalten. Da habe ich mich im Internet und mit Büchern informiert. Das war richtig interessant und lehrreich. Aber im Internet ist es auch schwierig, an die richtigen Informationen zu kommen. Da steht so viel Blödsinn drin und man muss sehr genau schauen, dass man die richtigen Suchmaschinen nutzt. Insgesamt bin ich schon ziemlich medienverrückt. Manchmal glaube ich, dass es besser wäre, einfach mal wieder raus zu gehen und nicht nur immer irgendein Gerät in der Hand zu haben."

**2** Welche Medien nutzt Marco? Wofür nutzt er sie? Notiere Stichworte.

**3** Marco möchte einen Überblick über seine Mediennutzung bekommen. Die folgenden Leitfragen helfen ihm.
**a.** Schreibe die Leitfragen auf.
**b.** Ordne Marcos Antworten in Stichworten den Fragen zu.

- Welche Medien nutze ich?
- Wie viel Zeit am Tag verbringe ich mit Medien?
- Aus welchen Gründen nutze ich Medien?
- Welches ist mein Lieblingsmedium und warum?
- Welche Medien nutze ich kaum oder gar nicht?
- Warum nutze ich manche Medien mehr als andere?
- Welche Vorteile beim Lernen können Medien haben?
- Welche Gefahren kann es beim Thema „Medien" geben?
- Warum sind manche Medien nicht für Kinder und Jugendliche geeignet?
- Was ist nicht gut an meinem Medienkonsum?

**Starthilfe**

Welche Medien nutzt Marco? Fernsehen, Handy, ...
Wie viel Zeit am Tag ...?
...

## Auch du nutzt bestimmt einige Medien regelmäßig.

**4** Welche Medien nutzt du? Wofür und wie oft nutzt du sie?

**a.** Schreibe die Leitfragen auf.

**b.** Beantworte die Leitfragen für dich. Schreibe Stichworte auf.

**c.** Tauscht euch in Partnerarbeit über eure Antworten aus.

**d.** Stelle deine Mediennutzung auf einem Plakat dar.

Ein Plakat gestalten
► S. 298

**Starthilfe**

**5** **a.** Stellt eure Plakate in der Gruppe vor.
- Gibt es Gemeinsamkeiten, wie ihr Medien nutzt?
- Welche Unterschiede könnt ihr feststellen?

**b.** Was möchtet ihr ändern? Wie könnt ihr das erreichen? Tauscht euch darüber in der Gruppe aus.

## Die folgende Grafik gibt weitere Informationen über die Mediennutzung von Kindern.

**6** Untersucht die Grafik mit dem Textknacker.

Eine Grafik mit dem Textknacker verstehen
► S. 296

**So viel Zeit verbringen 12–13 Jahre alte Kinder täglich mit den Medien** (aus: KIM-Studie 2016)

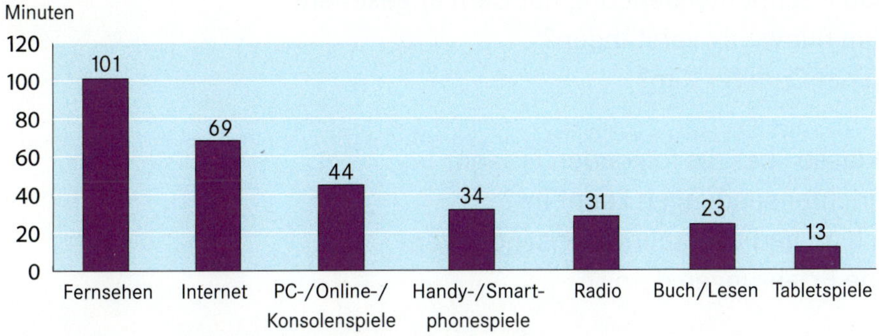


**7** Nach dieser Grafik nutzen 12 bis 13 Jahre alte Kinder am Tag 315 Minuten lang Medien. Das sind mehr als 5 Stunden täglich. Seid ihr überrascht? Diskutiert in der Klasse darüber.

# Medien nutzen: Sich informieren

**Ihr könnt euch mit Medien informieren.
In den Nachrichten erfahrt ihr, was in der Welt passiert ist.**

Sich informieren
► S. 210–215

**Cem und Kim sollten sich als Hausaufgabe eine Nachrichtensendung ansehen. Sie unterhalten sich darüber.**

**1** Lest das Gespräch mit verteilten Rollen.

**Kim:** Oh Mann, Cem! Hast du die Hausaufgabe gemacht? Das mit der Nachrichtensendung?
**Cem:** Ja, hab' ich gemacht. War voll interessant!
**Kim:** Voll interessant? Ehrlich, ich habe mir das voll konzentriert angeschaut und echt kaum was verstanden.
**Cem:** Ich glaube, ich weiß, was dein Fehler war. Du hast bestimmt eine Nachrichtensendung für Erwachsene angeschaut.
**Kim:** Ja, klar. Was denn sonst?
**Cem:** Mensch, Kim, es gibt doch extra Nachrichtensendungen für Kinder. Da werden die ganzen Themen in unserer Sprache erklärt.
**Kim:** Oh, das wusste ich nicht. Das werde ich gleich heute mal anschauen. Danke, Cem!

**Kim und Cem haben unterschiedliche Erfahrungen mit der Nachrichtensendung gemacht.**

**2** Tauscht euch über die folgenden Fragen aus:
- Welche Art von Nachrichtensendung hat Kim angesehen?
- Welche Art von Nachrichtensendung hat Cem angesehen?
- Warum hat Kim nur wenig verstanden?
- Welchen Tipp hat Cem für Kim?

**3** Sprecht in der Klasse über die folgenden Fragen:
- Welche Nachrichtensendungen kennt ihr?
- Siehst du auch ab und zu Nachrichtensendungen?
- Was sind deine Erfahrungen damit?

**4** **a.** Seht euch in der Klasse oder zu Hause eine Nachrichtensendung für Kinder und Jugendliche an.
**b.** Tauscht euch anschließend darüber aus:
Welche Vorteile haben Nachrichtensendungen für Kinder im Vergleich zu Nachrichtensendungen für Erwachsene?

## Ihr könnt euch nicht nur im Fernsehen und im Internet darüber informieren, was in der Welt passiert ist.

**5** **a.** Mit welchen Medien könnt ihr Nachrichten hören, lesen und sehen? Sammelt sie an der Tafel.
**b.** Sprecht über diese Fragen:
- Wie unterscheiden sich die verschiedenen Angebote?
- Warum nutzt ihr für Nachrichten manche Medien lieber als andere?

**6** **a.** Höre dir Kindernachrichten an, z. B. im Radio oder im Internet.
**b.** Worum geht es in den Nachrichten? Fasse es kurz zusammen.

## Mit Medien könnt ihr euch nicht nur über Nachrichten informieren.

**7** **a.** Welche Medien nutzt du, um dich zu informieren? Notiere sie.
**b.** Tauscht euch über eure Listen aus und erstellt einen Cluster.
**c.** Ergänzt zu jedem Medium ein Beispiel.

Mit einem Cluster Ideen sammeln ► S. 299

**Starthilfe**

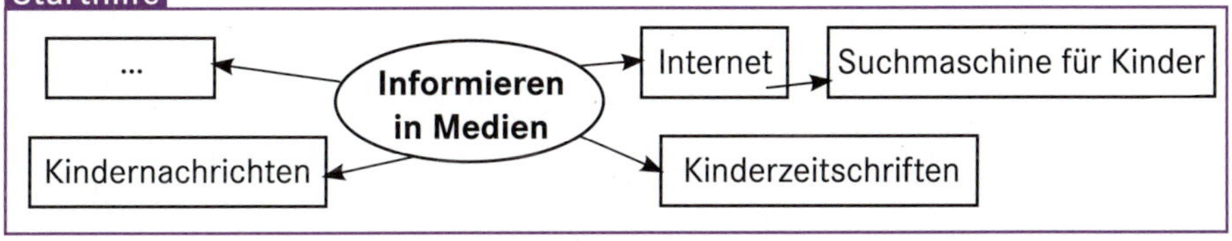


**8** Sprecht in der Klasse über die folgenden Fragen:
- Welche Vorteile und welche Nachteile haben die unterschiedlichen Medien?
- Welches Medium gefällt dir am besten, wenn du dich informieren möchtest? Begründe.

## Durch Medien kann man sich schnell und einfach informieren. Aber nicht alle Menschen finden das gut.

**9** **a.** Lies die Aussagen. Welche Probleme werden genannt?
**b.** „Heute bestimmen die Medien unser Leben.“ Schreibe deine Meinung in einem kurzen Text auf.

Manchmal weiß ich gar nicht, was ich glauben soll. Überall steht was anderes.

Heute verbreiten sich Nachrichten rasend schnell. Leider auch falsche oder fehlerhafte Nachrichten.

Ich habe das Gefühl, dass ich immer was verpasse, wenn ich nicht die ganze Zeit online bin.

# Gespräche im Internet

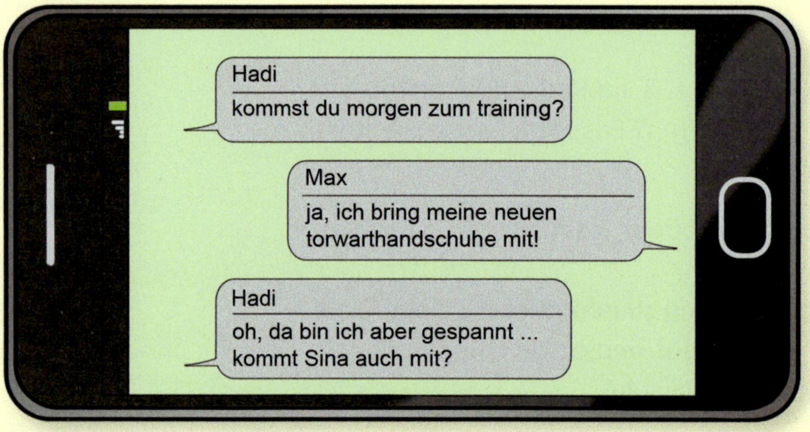


www. .de

**„Safer Internet Day“ am 10. Februar**

So praktisch das Internet ist, so viele Gefahren bringt es auch mit sich. Welche Gefahren lauern im Internet und wie kannst du dich richtig schützen?
Ein Artikel von Jule Arend

Kommentare zum Artikel:

**beatbox** am 3. 2., 14:35 Uhr
Der Artikel ist richtig gut! Ich passe eigentlich immer im Internet auf.
Aber das mit dem Schutz vor Viren wusste ich nicht.

**Lola** am 4. 2., 14:40 Uhr
das mit den Viren ist echt unheimlich. ☹

**Bella11** am 4. 2., 17:26 Uhr
das internet ist schon sehr gefährlich aber meine Eltern passen immer auf mich auf.
ich hab ne kindersicherung drin

**Berry14** am 5. 2., 18:15 Uhr
man muss den leuten immer wieder sagen dass gefahren im internet stecken.
hoffentlich passen kinder und jugendliche jetzt besser auf und achten mehr darauf was sie im internet posten

Community/Diskussionsforum/Allgemeine Fragen

| | Forum: Soll ich ihn treffen? | |
|---|---|---|
| Alicia15 | Beim Chatten habe ich einen süßen Jungen kennen gelernt, gamerboy13. Er will mich treffen. Soll ich hin? | 6.5. 18:15 Uhr |
| Happy | also wenn er nett klingt- warum nicht? viel spaß ;-) | 6.5. 18:21 Uhr |
| Takato | triff dich lieber mit mir! | 6.5. 18:25 Uhr |
| Fantasy | bist du blöd? man trifft sich doch nicht einfach mit jemandem den man nicht kennt!!!!! Das ist voll gefährlich!!!! | 6.5. 19:10 Uhr |
| Alicia15 | also blöd bin ich bestimmt nicht! und wieso denn gefährlich – der is doch so alt wie ich. | 7.5. 16:37 Uhr |

Expertenchat mit der Tierärztin Dr. Martin  Thema: Fragen rund ums Haustier

Laura
Ich glaube meine Katze ist krank.

Dr. Martin
Warum denkst du das? Benimmt sie sich anders als sonst?

Laura
Ja, sie schläft den ganzen Tag und frisst nichts mehr.

Dr. Martin
Wie lange ist denn das schon so?

Laura

Chatteilnehmer:
Dr. Martin
Laura

**Im Internet gibt es viele Möglichkeiten, online mit anderen zu sprechen.**

**1** **a.** Lest die Auszüge aus den Online-Gesprächen.
**b.** Vergleicht die Auszüge:
- Wie viele Personen sind jeweils am Gespräch beteiligt?
- Welche Themen werden besprochen?

**2** Sprecht in der Klasse darüber:
- Wer von euch tauscht sich online mit anderen aus?
- Schreibt ihr gern im Internet eure Meinung?
- Mit wem und wo unterhaltet ihr euch online?
- Was gefällt euch daran, was gefällt euch nicht daran?

**In diesem Kapitel untersucht ihr verschiedene Online-Gespräche und lernt Besonderheiten dieser Gespräche kennen.
Außerdem lest ihr eine Geschichte, die nachdenklich macht, und erarbeitet Regeln für den sicheren Umgang in sozialen Netzwerken.**

# Online mit anderen sprechen

**Leon unterhält sich gern online mit anderen.**

**1** Lest die folgenden Auszüge.

**2** **a.** Mit wem spricht Leon über welche Themen? Tauscht euch aus.
**b.** Vergleicht die beiden Online-Dialoge miteinander. Nennt Unterschiede.

**Starthilfe**
Gespräch A: Leon hält sich an Rechtschreibregeln.
Gespräch B: Leon schreibt alles ... Er verwendet ...

**3** Warum spricht Leon mit seiner Oma anders als mit Eley? Begründet eure Vermutungen.

**Man kann sich in Online-Gesprächen nicht nur über verschiedene Themen austauschen, sondern z. B. auch etwas gemeinsam planen oder organisieren.**

**4** Stellt euch vor, eure Klasse organisiert ein Klassenfest. Ihr habt noch einige Fragen. Schreibt zwei Online-Dialoge:
- mit einer guten Freundin/einem guten Freund,
- mit eurer Lehrkraft.

Notiert die Fragen und mögliche Antworten der Gesprächspartner. Die Fragen vom Rand helfen euch.

Uhrzeit?
Ort?
Wer bringt was mit?
Programm?

**5** **a.** Vergleicht die beiden Online-Dialoge miteinander:
- Schreibt ihr in beiden Dialogen gleich?
- Welche Unterschiede gibt es?

**b.** Begründet eure Meinung.

# In Online-Gesprächen die Sprache untersuchen

Chatter haben ihre eigene Sprache entwickelt.
Das ist an dem folgenden Chatauszug gut zu erkennen.

**1** Überfliege den Chatauszug.

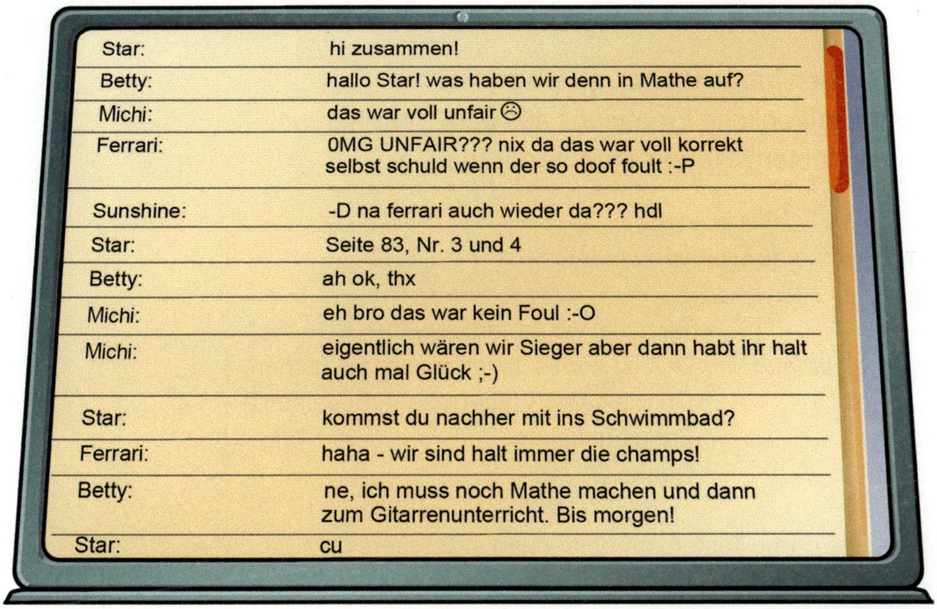


**2** Lest nun genau. Untersucht das Gespräch mit Hilfe der folgenden Fragen:
- Wie viele Personen sind an diesem Chat beteiligt?
- Welche Themen sind in diesem Chat erkennbar?
- Wer spricht mit wem? Woran könnt ihr das feststellen?

**3** Was ist das Besondere an der Sprache?
Nennt Beispiele aus dem Chat und beschreibt die Besonderheiten.

**Info**

Der Begriff **chatten** (to chat) kommt aus dem Englischen und bedeutet „quatschen, plaudern, sich unterhalten". Beim Chatten treffen sich Menschen online und schreiben sich kurze Nachrichten. Diese Nachrichten können andere dann lesen und darauf antworten. So entwickelt sich eine Art geschriebenes Gespräch, das elektronisch übermittelt wird: der Chat. Beiträge im Chat sind meist nicht in der Standardsprache verfasst. Häufig enthalten sie Ausdrücke in der Umgangssprache und in der Mundart (Dialekt).

**Beim Chatten hat sich eine besondere Sprache entwickelt, eine Mischform von mündlicher und schriftlicher Sprache.**

**4** Lest den Chatauszug noch einmal genau.

**5** Beim Chatten werden oft Abkürzungen verwendet.
**a.** Notiert zwei Abkürzungen aus dem Chatauszug.
**b.** Was könnten die Abkürzungen bedeuten? Sprecht darüber.
**c.** Welche Abkürzungen verwendet ihr beim Chatten? Was bedeuten sie? Notiert Beispiele.

**6** Welche Emoticons werden im Chatauszug verwendet?
**a.** Schreibt zwei unterschiedliche Emoticons aus dem Chat heraus.
**b.** Was könnten sie bedeuten? Notiert eure Vermutungen.

**Info**

Beim Chatten werden oft Abkürzungen verwendet.
So schreibt man schneller.

| | | |
|---|---|---|
| cu | *(englisch „see you")* | → Tschüss, wir sehen uns. |
| lol | *(englisch „laughing out loud")* | → Das ist komisch, ich muss laut lachen. |
| omg | *(englisch „oh my god")* | → Oh mein Gott! (überrascht, begeistert) |
| sry | *(englisch „sorry")* | → Entschuldigung |
| thx | *(englisch „thanks")* | → Danke |

Emoticons sind Smileys, die durch Tastenkombinationen entstehen.
Sie drücken mit einem Bild Gefühle aus.

| | | | |
|---|---|---|---|
| :-) | fröhlich, glücklich sein | :-p | die Zunge herausstrecken |
| :-( | traurig, unzufrieden sein | ;-) | zwinkern, etwas nicht ernst meinen |

**7** Im Chatauszug werden einige englische Wörter verwendet. Findet zwei Wörter und übersetzt sie ins Deutsche.

**8** An einigen Stellen bilden die Chatteilnehmer keine richtigen Sätze, beachten nicht die richtige Rechtschreibung oder Zeichensetzung. Findet Beispiele im Chatauszug und schreibt sie korrekt auf.

**9** **a.** „Übersetzt" nun den Chatauszug von Seite 121.
**b.** Vergleicht eure Übersetzungen in der Gruppe.

**Starthilfe**

Star: Hi zusammen!
Betty: Hallo Star! Was haben wir denn ...?
Michi: Das war voll unfair. Und das macht mich wütend.
...

# Missverständnisse beim Chatten untersuchen

**Zwischen Sweety und Gladiator kommt es beim Chatten zu einem Missverständnis.**

**1** Lest den folgenden Chat.

**2** Sprecht über die folgenden Fragen:
- Gladiator hat den Chat schnell verlassen. Warum?
- Warum kommt es zum Missverständnis?

**Stellt euch vor, Sweety und Gladiator treffen sich nicht online, sondern in der Schule und unterhalten sich.**

**3** **a.** Spielt das Gespräch zwischen Sweety und Gladiator.
- Tragt das Gespräch einmal so vor, dass Sweety fröhlich wirkt und einen Spaß mit Gladiator machen will.
- Tragt das Gespräch anschließend so vor, dass Sweety böse wirkt und Gladiator beleidigen will.

**b.** Unterstützt euer Spiel durch Mimik, Gestik und Stimme.

mehr über Mimik und Gestik ► **S. 28–35**

**4** Woran könnte Gladiator erkennen, ob Sweety ihre Äußerungen ernst meint oder ob sie etwas im Spaß sagt? Notiere in einer Tabelle die Unterschiede zwischen dem Chat und einem Gespräch.

**Starthilfe**

| | **beim direkten Gespräch** | **beim Chat** |
|---|---|---|
| Dass etwas im Spaß gesagt wird, erkennt man an … | … | … |
| Dass etwas ernst gemeint ist, erkennt man an … | … | … |

**5** Tauscht euch aus: Hat ein Chat mehr Ähnlichkeit mit einem Gespräch oder mit einem Brief oder einer E-Mail? Begründet eure Meinung.

# Über den Umgang in sozialen Netzwerken nachdenken

Shannon unterhält sich im Internet gern in sozialen Netzwerken* mit anderen. Eines Tages geschieht etwas Unheimliches.

* soziales Netzwerk: eine Gemeinschaft von Menschen, die sich auf einer Internetseite treffen und sich dort unterhalten

**1** Lies die Geschichte mit dem Textknacker.

Textknacker ► S. 295

**Gefahr im Netz** Holger Kropp

Shannon konnte die Schritte hinter sich hören, als sie nach Hause ging. Der Gedanke, dass sie verfolgt wurde, ließ ihr Herz schneller schlagen. „Du bist lächerlich", sagte sie sich selbst, „niemand verfolgt dich." Sie beschleunigte ihr Schritttempo, doch die Schritte glichen sich ihren an. [...] Wer war da bloß hinter ihr? Die Fußtritte hallten bedrohlich in der Dunkelheit. Sie hatte Angst, nach hinten zu sehen, und sie war froh, dass sie fast zu Hause war. Sie sah das Außenlicht brennen und rannte den Rest des Weges bis zum Haus. Erst einmal drinnen, lehnte sie sich einen Moment gegen die Tür, erleichtert, in den sicheren vier Wänden ihres Zuhauses zu sein. Sie sah aus dem Fenster, um nachzusehen, ob jemand da draußen war. Der Gehweg war leer.

Der letzte Rest des unguten Gefühls verflog rasch. Shannon begab sich sofort an ihren Schreibtisch, um sich für den nächsten Tag vorzubereiten. Nach dem Durchblättern ihrer Bücher entschloss sie sich, online zu gehen. Sie loggte sich unter ihrem Nickname ByAngel213 ein. Sie sah in ihre Buddyliste und stellte fest, dass GoTo123 online war. Sie schickte ihm eine Nachricht.

**ByAngel213:** Hi! Ich bin froh, dass du online bist! Ich hab geglaubt, dass mich jemand nach Hause verfolgt hat. Es war total komisch!

**GoTo123:** Du guckst zu viel fern. Wieso sollte dich jemand verfolgen? Wohnst du nicht in einer sicheren Gegend?

**ByAngel213:** Doch, schon. Vielleicht habe ich mir das nur eingebildet, denn ich hab niemanden gesehen, als ich rausgeschaut habe.

**GoTo123:** Es sei denn, du hast deinen Namen übers Internet rausgegeben. Das hast du doch nicht gemacht, oder?

**ByAngel213:** Natürlich nicht. Ich bin doch nicht doof!

**GoTo123:** Hattest du denn heute dein Softball-Spiel nach der Schule?

**ByAngel213:** Ja, und wir haben gewonnen!

**GoTo123:** Das ist klasse! Gegen wen habt ihr gespielt?

**ByAngel213:** Wir haben gegen die Hornets gespielt. Deren irre Uniformen sind total schrecklich! Sie sehen aus wie Bienen.

**GoTo123:** In welchem Team spielst du?

**ByAngel213:** Wir sind die Canton Cats. Wir haben Tigerpfoten auf unseren Uniformen. Die sind total cool. – Ich muss weg. Meine Hausaufgaben müssen noch fertig werden. CU!
**GoTo123:** Bis dann. CU!

[...] Bis Donnerstag hatte Shannon die Schritte hinter sich längst vergessen. Sie war gerade mitten im Softball-Spiel, als sie merkte, dass jemand sie anstarrte. In diesem Moment fielen ihr auch wieder die Schritte ein. Sie sah nach oben, um festzustellen, dass ein Mann sie genau beobachtete. Er lehnte sich gegen den Zaun und lächelte, als sie ihn ansah. Er nickte und sie lächelte zurück. Ihm fiel der Name auf dem Rücken ihres Trikots auf und er wusste, dass er sie gefunden hatte. Er ging mit einem sicheren Abstand hinter ihr her. Sie waren nur ein paar Häuser von Shannons Zuhause entfernt. Und als er wusste, wo sie wohnt, ging er schnell zurück zum Park, um sein Auto zu holen. Shannon saß in ihrem Zimmer, als sie Stimmen im Wohnzimmer hörte. „Shannon, komm her", rief ihr Vater. Er klang besorgt und sie konnte sich nicht vorstellen, warum. Sie ging ins Zimmer und sah den Mann vom Spielfeld auf dem Sofa sitzen. „Setz dich", begann ihr Vater, „dieser Mann hat uns gerade eine sehr interessante Geschichte über dich erzählt." – „Weißt du, wer ich bin, Shannon?", fragte der Mann. Shannon schüttelte stumm den Kopf. „Ich bin dein Online-Freund GoTo123." Shannon stockte der Atem. „Das ... das ist nicht möglich", stotterte sie. „GoTo ist ein Junge in meinem Alter. Er ist vierzehn und wohnt in Michigan!" – „Ja, das habe ich dir erzählt. Aber ich bin GoTo. Und ich bin Polizist."
Shannon starrte den Polizisten ungläubig an. Sie versuchte, sich zu erinnern, was sie ihm alles anvertraut hatte. Sie erinnerte sich an Gesprächsfetzen, an Dinge, die sie einem Erwachsenen niemals geschrieben hätte. Sie spürte einen immer größer werdenden Kloß im Hals und ein flaues Gefühl in der Magengegend – wie peinlich! Am liebsten wäre sie im Erdboden versunken. Dann schaute sie ihren Vater an und fühlte sich ertappt, [...] so leichtgläubig war sie in die erstbeste Internetfalle getappt ...

**2** Beantworte die folgenden Fragen schriftlich:
- Mit wem hat Shannon gechattet?
- Woher weiß GoTo123 so viel über die „echte" Shannon?

**3** Shannon denkt, dass sie mit einem gleichaltrigen Jungen gechattet hat. Warum denkt sie das wohl? Begründet eure Meinung.

**4** Was hat Shannon falsch gemacht? Schreibe Shannons Antwort auf.

**Starthilfe**
Ich habe beim Chatten nicht gut aufgepasst. Ich dachte, GoTo wäre ...

# Sicher unterwegs sein in sozialen Netzwerken

**Um dich und auch andere in sozialen Netzwerken zu schützen, sind Regeln für den sicheren Umgang wichtig.**

**1** Notiert wichtige Verhaltensregeln für den Umgang in sozialen Netzwerken. Verwendet eure Antworten von Seite 125.

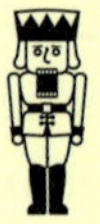

**2** Lest den folgenden Text mit dem Textknacker.

Textknacker ► S. 295

**In sozialen Netzwerken auf Nummer sicher gehen**

1. Gib keine persönlichen Daten an Unbekannte weiter: Telefonnummer, Wohnort und so weiter – das ist Privatsache! Du weißt nie, wer mitliest.
2. Wenn du Freunde aus dem Internet wirklich treffen möchtest: Sei vorsichtig bei Verabredungen im „echten Leben". Verzichte lieber darauf oder nimm einen Erwachsenen zum ersten Treffen mit. Du weißt nie, mit wem du dich wirklich verabredest.
3. In sozialen Netzwerken und Communities bist du nicht unbedingt anonym. Sei dir bewusst, dass andere Leute deine Kommentare lesen oder deine Fotos anschauen können. Dadurch kannst du angreifbar werden.
4. Das Recht am eigenen Bild besagt, dass die abgebildeten Personen um Erlaubnis gefragt werden müssen, bevor Fotos von ihnen online gestellt werden dürfen. Also: Frag um Erlaubnis, bevor du Fotos von anderen veröffentlichst!
5. Lies dir zusammen mit einem Erwachsenen die Sicherheitseinstellungen für dein Online-Profil durch. Überlegt zusammen, welche persönlichen Inhalte du öffentlich sichtbar und welche du nur deinen Online-Freunden zugänglich machen möchtest.
6. Gib keine privaten Neuigkeiten preis wie z. B. „Fahre mit meiner Familie 3 Wochen in Urlaub". Diebe könnten solche Informationen nutzen.
7. Melde dich immer über den „Logout-Button" ab, wenn du die Seite verlässt. Das ist besonders wichtig in Internetcafés oder in der Schule, denn andere Nutzer des Computers könnten auf dein Online-Profil zugreifen.

**3** **a.** Welche weiteren Tipps und Regeln für den sicheren Umgang in sozialen Netzwerken werden im Text genannt? Sprecht darüber.
**b.** Ergänzt eure Liste aus Aufgabe 1.

# Projektidee: Expertenchat

Ihr könnt das Internet auch nutzen, um von Experten, die sich richtig gut mit einem Thema auskennen, Informationen und spannende Fakten zu erfahren. Dazu könnt ihr an einem Expertenchat teilnehmen oder einen eigenen Expertenchat planen und durchführen.

**1** Lest den folgenden Auszug aus einem Expertenchat.

**Expertenchat zum Thema „Wie entsteht ein Buch?“
mit der Lektorin Julia Meyer**

**Paul:** In der Schule haben wir etwas über die Arbeit einer Lektorin erfahren. Entscheiden Sie auch, welche Bücher überhaupt gedruckt werden?

**Julia Meyer:** Bei uns im Verlag treffe ich diese Entscheidung nicht alleine. Der Programmleiter und ich, wir lesen die Manuskripte, die wir von Autorinnen und Autoren bekommen. Anschließend setzen wir uns zusammen und besprechen, welche uns davon gefallen haben.

**Beyza:** Wer arbeitet denn noch an der Entstehung eines Buches mit?

**Julia Meyer:** Daran sind zum Beispiel auch Illustratoren und Hersteller beteiligt.

**Timi:** Was genau muss denn ein Hersteller machen?

**Julia Meyer:** …

**2** Beantwortet die folgenden Fragen mündlich:
- Wie viele Personen sind am Expertenchat beteiligt?
- Was ist das Besondere an einem Expertenchat?

**3** Organisiert einen Expertenchat. Verwendet dazu die Arbeitstechnik.

**Arbeitstechnik: Einen Expertenchat planen und durchführen**

**1. Schritt: Ein Thema wählen**
Wählt gemeinsam ein interessantes Thema aus.

**2. Schritt: Einen Experten finden und einladen**
Ladet eine Expertin oder einen Experten ein, wählt einen Termin und einen Chatroom aus.

**3. Schritt: Fragen formulieren**
Notiert Fragen, die ihr im Chat stellen wollt. Legt fest, wer die Fragen stellt.

**4. Schritt: Einen Expertenchat durchführen**
Führt den Expertenchat durch.

**5. Schritt: Die Ergebnisse ausstellen**
Sammelt die wichtigsten Antworten auf einem Plakat.

Themen und Experten:
- gesund essen/Ernährungsberater
- Computerspiele/Entwickler von Computerspielen
- …/…

# Buch und Film: „Rico, Oskar und die Tieferschatten“

Berlin

Freundschaft

Entführung

Mister 2000

**Kennt ihr Rico und Oskar aus den bekannten Büchern oder Filmen?**

**1** **a.** Seht euch das Buchcover und das Filmplakat an.
**b.** Beschreibt das Buchcover und das Filmplakat. Welche Informationen erhaltet ihr jeweils?

**Die Begriffe unter dem Buchcover und dem Filmplakat sind wichtige Wörter aus der Geschichte.**

**2** **a.** Lest die Begriffe.
**b.** Vergleicht die Begriffe mit den Informationen vom Buchcover und vom Filmplakat.

**3** Worum könnte es in dem Buch „Rico, Oskar und die Tieferschatten" und dessen Verfilmung gehen?
**a.** Versucht, den Titel, das Buchcover und das Filmplakat und die Begriffe in eure Überlegungen einzubeziehen.
**b.** Schreibt eure Vermutungen auf Wortkarten und sammelt sie an der Seitenwand.

**4** **a.** Überlege dir eine kurze Geschichte, in der alle Begriffe vorkommen und in der Rico und Oskar die Hauptrolle spielen.
**b.** Schreibe deine Geschichte auf.

**5** **a.** Trefft euch im Lesekreis. Wer möchte, liest seine Geschichte vor.
**b.** Sprecht über das Besondere in den einzelnen Geschichten.

**In diesem Kapitel lernt ihr das Buch „Rico, Oskar und die Tieferschatten" und seine Verfilmung kennen. Ihr beschreibt Gemeinsamkeiten und Unterschiede zwischen dem Buch und dem Film und ihr untersucht, wie Filme auf die Zuschauerinnen und Zuschauer wirken.**

**Zum Schluss könnt ihr selbst eine Textstelle aus dem Buch als Fotostory planen und gestalten.**

# Das Buch kennen lernen

### Der Klappentext eines Buches erzählt, worum es in dem Buch geht.

Eigentlich soll Rico ja nur ein Ferientagebuch führen. Schwierig genug für einen, der leicht den roten Faden verliert – oder war er grün oder blau? Als er dann auch noch Oskar kennen lernt und die beiden dem berüchtigten Entführer Mister 2000 auf die Spur kommen, geht in seinem Kopf alles ganz schön durcheinander. Doch zusammen mit Oskar verlieren sogar die Tieferschatten etwas von ihrem Schrecken. Es ist der Beginn einer wunderbaren Freundschaft ...

**1** **a.** Lies den Klappentext.
**b.** Was erfährst du über Rico? Notiere Stichworte.
**c.** Worum geht es in dem Buch? Fasse es in einem Satz zusammen.

**Starthilfe**

In dem Buch „Rico, Oskar und die Tieferschatten" geht es um Rico, der ...

**2** Was bedeutet es, wenn man den „roten Faden verliert"? Klärt gemeinsam die Bedeutung dieser Redewendung.

Nachschlagen ► S. 303

### Rico erzählt von seiner ersten Begegnung mit Oskar.

**3** Lies den Textauszug mit dem Textknacker.

Textknacker ► S. 295

**Rico, Oskar und die Tieferschatten** Andreas Steinhöfel

Der Junge, der da vor mir stand, reichte mir gerade so bis an die Brust. Das heißt, sein dunkelblauer Sturzhelm reichte mir bis an die Brust. Es war ein Sturzhelm, wie ihn Motorradfahrer tragen. [...] Das Durchguckding vom Helm war hochgeklappt. [...] „Was machst du da?", sagte der Junge. [...] „Ich suche was." – „Wenn du mir sagst, was, kann ich dir helfen." – „Eine Nudel." Er guckte sich noch ein bisschen auf dem Gehsteig um. [...] An seinem kurzärmeligen Hemd, bemerkte ich, war ein winziges knallrotes Flugzeug befestigt wie eine Brosche. Eine Flügelspitze war abgebrochen. [...] „Was für eine Nudel ist es denn?", sagte er. „Auf jeden Fall eine Fundnudel. Eine Rigatoni, aber nur vielleicht. Genau kann man das erst sagen, wenn man sie gefunden hat, sonst wäre es ja keine Fundnudel. Ist doch wohl logisch, oder?"

„Hm ..." Er legte den Kopf leicht schräg. Der Mund mit den großen Zähnen klappte wieder auf. „Kann es sein, dass du ein bisschen doof bist?" Also echt! „Ich bin ein tiefbegabtes Kind." – „Tatsache?" Jetzt sah er wirklich interessiert aus. „Ich bin hochbegabt." Nun war ich auch interessiert. Obwohl der Junge viel kleiner war als ich, kam er mir plötzlich viel größer vor. Es war ein merkwürdiges Gefühl. Wir guckten uns so lange an, dass ich dachte, wir stehen hier noch, wenn die Sonne untergeht. [...]

„Ich muss jetzt weiter", sagte ich endlich zu dem Jungen. „Bevor es dunkel wird. Sonst verlaufe ich mich womöglich." – „Wo wohnst du denn?" – „Da vorn, das gelbe Haus. Die 93. Rechts." Der Junge schaute an meinem ausgestreckten Arm entlang. Als er die 93 sah, rutschte seine Stirn erst rauf, als wäre ihm gerade eine tolle Erleuchtung gekommen oder so was, und dann wieder runter, als würde er gründlich über etwas nachdenken.

Zuletzt wurde seine Stirn wieder ganz glatt und er grinste. „Du bist wirklich doof, oder? Wenn man etwas direkt vor Augen hat und nur geradeaus gehen muss, kann man sich unmöglich verlaufen." Immerhin stimmte die Straßenseite. Trotzdem wurde ich langsam sauer. „Ach ja? Ich kann das. Und wenn du wirklich so schlau wärst, wie du behauptest, wüsstest du, dass es Leute gibt, die das können." [...]

Jetzt sagte der Junge gar nichts mehr. [...] Seine Lippen waren ganz dünn geworden. Er streckte eine Hand aus. Sie war so klein, dass sie doppelt in meine passte. „Ich heiße Oskar", sagte er. „Und ich möchte mich aufrichtig bei dir entschuldigen. Ich hätte mich nicht über dich lustig machen dürfen. Das war arrogant." Ich hatte keine Ahnung, was er mit dem letzten Wort meinte, aber die Entschuldigung hatte ich verstanden. Man muss nett sein, wenn jemand sich entschuldigt. Wenn einer nur so tut als ob, kann man ruhig weiter sauer sein, aber Oskar meinte es aufrichtig. Hatte er ja gesagt. „Ich heiße Rico", sagte ich und schüttelte seine Hand.

**4** Was erfährst du in dem Textauszug über Oskar?

**a.** Wie sieht Oskar aus? Schreibe Stichworte auf.

**b.** Welche Eigenschaften hat Oskar? Finde passende Textstellen.

**5** Ricos und Oskars erstes Treffen ist etwas sonderbar.

**a.** Was findet ihr komisch an diesem Treffen? Sprecht darüber.

**b.** Wie findet ihr Freunde? Tauscht euch darüber aus.

**6** Stelle dir vor, du bist Rico. Schreibe einen kurzen Tagebucheintrag über deine Begegnung mit Oskar.

**Starthilfe**

Liebes Tagebuch! Heute hatte ich eine komische Begegnung. ...

**Am Abend ist Rico bei seiner Nachbarin Frau Dahling, die auf ihn aufpasst, wenn seine Mutter arbeitet. Sie wollen gemütlich fernsehen.**

Wir gucken immer erst Nachrichten, bevor es an die Spielfilme geht: die Abendschau aus Berlin, danach die Tagesschau. Frau Dahling ist in einen von den Sprechern von der Abendschau verknallt. Er hat braune Augen wie ein Teddybär, heißt Ulf Brauscher und Frau Dahling findet ihn toll. [...]
Heute guckte Ulf Brauscher ganz ernst mit seinen schönen braunen Augen, denn natürlich ging es in der Abendschau um Mister 2000 und das frei gelassene Kind aus Lichtenberg*. Die Eltern wollten keine Interviews geben, also wurden nur die Fotos von den anderen Kindern gezeigt, die inzwischen jeder Berliner aus der Zeitung und der Glotze längst auswendig kennt: zwei Jungen und zwei Mädchen, keines von ihnen älter als sieben Jahre.
Alle lächeln auf den Fotos, bis auf die kleine Sophia aus Tempelhof*. [...] Sophia war das zweite Entführungsopfer von Mister 2000. [...]
Ulf Brauscher erklärte, dass es weiterhin keine Spur von dem Entführer gebe, und dann ging es weiter mit Politik. Neben mir machte Frau Dahling ein schnaubendes Geräusch.

* Lichtenberg: ein Stadtteil in Berlin

* Tempelhof: ein anderer Stadtteil in Berlin

**7** Worum geht es in den Nachrichten? Schreibe Stichworte auf.

**8** Rico und Frau Dahling sprechen über die Nachrichten.
Überlegt euch ein Gespräch zwischen Rico und Frau Dahling und schreibt es auf.

**Starthilfe**

Frau Dahling: Ist denn das zu fassen? ...
Rico: ...
...

**Der Entführer Mister 2000 wird noch eine wichtige Rolle spielen.**

**9** Was erfährst du in dem Textauszug über den Entführer? Schreibe Stichworte auf.

W **10** Was könnte mit Rico, Oskar und Mister 2000 geschehen?
- Überlegt gemeinsam, wie die Geschichte weitergehen könnte. Verwendet die Wortkarten von Seite 129, Aufgabe 3.
- Oder zeichnet ein passendes Bild.

**Lesetipp: Lies das ganze Buch „Rico, Oskar und die Tieferschatten“.**

# Das Buch und seine Verfilmung vergleichen

**Info**

Das Buch „Rico, Oskar und die Tieferschatten“ wurde 2014 für das Kino verfilmt und war ein großer Erfolg. Der Film gewann viele Preise und bekam die Auszeichnung „besonders wertvoll“ von der Deutschen Film- und Medienbewertung verliehen. Auch zwei weitere Bücher über Rico und Oskar vom Autor Andreas Steinhöfel, „Rico, Oskar und das Herzgebreche“ und „Rico, Oskar und der Diebstahlstein“, wurden für das deutsche Kino verfilmt.

**1** Sprecht in der Klasse über die folgenden Fragen:
- Habt ihr schon einmal ein Buch gelesen und danach den Film zum Buch angesehen?
- Welche Unterschiede zwischen Buch und Verfilmung sind euch aufgefallen?

**Zum Thema „Verfilmung von Büchern“ gibt es verschiedene Meinungen.**

In den Verfilmungen werden oft Dinge weggelassen oder einfach verändert. Das finde ich nicht in Ordnung.

Ich würde nie zuerst den Film anschauen und dann das Buch lesen. Sonst habe ich immer die Schauspieler im Kopf und kann mir gar keine eigenen Personen vorstellen.

Die Filme sind meistens spannender als die Bücher, da man in einem Film viel mehr Möglichkeiten hat, um Spannung herzustellen.

**2** Tauscht euch über die Meinungen aus:
- Welcher Meinung stimmt ihr zu? Welcher eher nicht?
- Warum könnt ihr zustimmen, warum nicht?

**Filmtipp: Bist du neugierig auf die Verfilmung von „Rico, Oskar und die Tieferschatten“? Dann sieh dir den Film an.**

**3** Wenn du den Film gesehen und das Buch gelesen hast: Welche Gemeinsamkeiten und Unterschiede stellst du fest? Begründe jeweils.
- Welche Figuren hast du dir ähnlich vorgestellt, welche anders?
- Ist die Handlung genauso wie im Buch oder verändert worden?
- Wurde etwas weggelassen?

**Starthilfe**

Meiner Meinung nach ist der Film anders als/ähnlich wie das Buch, weil ...

Wie kann man eine Buchvorlage als Film umsetzen?
An dem folgenden Beispiel aus „Rico, Oskar und die Tieferschatten“ kannst du es untersuchen.

Das ist bisher passiert:

Mister 2000 treibt weiter sein Unwesen in Berlin. Auch Oskar wird entführt. Mit Schrecken muss Rico feststellen, dass Mister 2000 aus seinem Haus stammt und die Kinder im verlassenen Hinterhaus gefangen hält.
Rico macht sich auf, Oskar zu befreien. Er verdächtigt den neuen Nachbarn Bühl, Mister 2000 zu sein.
Nachdem Rico Oskar gefunden hat, sprechen sie über die Entführung. Dabei erweist sich Ricos Verdacht als Irrtum!

Was nun passiert, zeigen die Bilder aus dem Film.

**4** Sieh dir die Filmbilder genau an.

**A**

**B**

**C**

**Auch ohne Worte erzeugen die Filmbilder eine Stimmung.**

**5** Wie fühlen sich die Figuren in den verschiedenen Situationen? Schreibt zu jedem Bild passende Gefühle auf.

**6** Wie wirken die Bilder auf euch? Warum haben die Bilder eine Wirkung auf die Zuschauerinnen und Zuschauer? Sprecht darüber.

**Sprachspeicher**
Angst, Hass, Zorn, Freude, Glück, Liebe, Verwirrung, Aufregung, Panik, Wut, Erstaunen, Ekel, Dankbarkeit, Ratlosigkeit, Überraschung, Stolz, Neugierde, Geborgenheit, Entrüstung, Vorsicht

**Die Textteile zu der Szene im Buch sind durcheinandergeraten.**

**1** „Lange Geschichte", ertönte über uns eine Stimme, „Aber danke für die aufschlussreiche Beschreibung!" Eine Taschenlampe leuchtete blendend auf. Oskar und ich kreischten gleichzeitig los.

**2** Millionen Jahre später kam ich wieder zu mir. Ich wurde durch den Hausflur getragen. Ich guckte hoch und sah das Gesicht von Bühl, der mich in seinen Armen hielt. […]. Es war wie im Traum, ich hörte mein eigenes, kaum hörbares Flüstern, und der Bühl drückte mich fest an seine Brust. […]

**3** [D]er Marrak zuckte zurück. Einen Moment lang befürchtete ich, er würde Oskar eine scheuern. Stattdessen setzte er plötzlich das liebenswerteste Gesicht aller Zeiten auf. In Krimis ist das immer ein Zeichen dafür, dass der Täter nicht alle Tassen im Schrank hat. Der Marrak, so viel stand für mich inzwischen hundertprozentig fest, hatte nicht mal einen Schrank. „Eigentlich mag ich ja Kinder!", sagte er mit zuckersüßer Stimme.

**4** „Polizei!", schrie eine Stimme über uns. Mein Kopf schnellte hoch. Oben, im vierten Stock, stand der Bühl im Fenster, eine Pistole in der ausgestreckten rechten Hand. […] Aber der Marrak hatte uns längst erreicht. Er türmte sich über Oskar und mir auf, ein schreckliches Gebirge aus Kraft und Zorn. […] Das Letzte, was ich hörte, war ein unmenschliches Brüllen.

**7** Ordnet die Filmbilder der passenden Textstelle zu.

**8** Zu einer Textstelle gibt es kein Bild.
**a.** Zeichne selbst ein Bild zu dieser Textstelle.
**b.** Vergleicht eure Bilder: Welches Bild wirkt am besten?

**9** Vergleicht die Filmbilder mit dem Text: Ist es gut gelungen, die Buchvorlage umzusetzen? Begründet eure Meinung.

# Projektidee: Eine Fotostory gestalten

**In einer Fotostory wird eine Geschichte mit Fotos erzählt. Hier lernt ihr, eine Fotostory zu einer Textstelle zu planen und zu gestalten.**

## 1. Schritt: Die Fotostory planen

**1** Wählt eine Textstelle aus dem Buch „Rico, Oskar und die Tieferschatten“ aus, z. B. ein besonders spannendes Kapitel.
**Tipp:** Ihr könnt auch das erste Treffen zwischen Rico und Oskar als Fotostory gestalten.

„Rico, Oskar und die Tieferschatten“
► S. 130–131

**2** **a.** Gliedert die gewählte Textstelle. Schreibt auf:
- Welche Figuren werden benötigt?
- In welcher Situation befinden sich die Figuren?
- Was passiert in welcher Reihenfolge?

**b.** Wie viele Fotos braucht ihr für die Darstellung der Textstelle?

**Starthilfe**

Das erste Treffen von Rico und Oskar:
Foto 1: Rico sucht die Nudel am Boden.
Foto 2: Rico und Oskar stehen sich gegenüber und reden.
Foto 3: Beide suchen ...

**3** Für jedes Foto braucht ihr kurze Texte oder Sprechblasen.
**a.** Überlegt gemeinsam, was die Darsteller sagen könnten.
**b.** Schreibt die Gespräche in Sprechblasen auf.

## 2. Schritt: Ein Storyboard erstellen

**In einem Storyboard könnt ihr eure geplanten Fotos mit Skizzen darstellen. So könnt ihr planen, wie die Fotos aussehen sollen.**

**Info**

Ein Storyboard ist ein gezeichnetes Drehbuch.
Die Zeichnungen zeigen allerdings keine Einzelheiten. Die Figuren können z. B. auch Strichmännchen sein.

**4** Erstellt ein Storyboard für eure Fotostory.
**a.** Zeichnet Skizzen: Was soll auf den einzelnen Fotos zu sehen sein?
**b.** Findet eine Überschrift für jedes Foto.

### 3. Schritt: Die Aufgaben verteilen

**5** Schreibt auf, wer welche Rolle übernimmt.

**Info**

Die Darsteller müssen die Situationen und Gefühle passend zu ihrer Rolle zeigen können. Dabei sind die Körpersprache (Gestik) und der Gesichtsausdruck (Mimik) der Darsteller besonders wichtig, damit auch jeder die Geschichte verstehen kann.

**6** Überlegt, was noch getan werden muss, und verteilt die Aufgaben.

*Unsere Fotostory – Aufgabenverteilung*
- *Fotografin: Maxi*
- *Darsteller: Rico (Jan), Oskar (Volkan) ...*

*Weitere Aufgaben ...*
- *Kostüme besorgen: Amina, Serkan ...*
- *Requisiten organisieren: Nudel ...*

### 4. Schritt: Die Fotos machen

**7** Fotografiert die einzelnen Szenen aus eurem Storyboard. Achtet auf den passenden Bildhintergrund.

Szenisches Spiel
► S. 297

### 5. Schritt: Aus den Fotos eine Fotostory machen

**8** Gestaltet eure Fotostory.
- Macht von jeder Szene mehrere Fotos. Dann könnt ihr auswählen, welche Aufnahmen am besten geworden sind.
- Schreibt zu jedem Foto die passende Überschrift auf.
- Manchmal ist es schwierig, die ganze Geschichte nur mit Bildern zu erzählen. Dann könnt ihr kurze, erklärende Zwischentexte schreiben.
- Am einfachsten ist es, jeweils vier Fotos auf DIN-A4-Blättern anzuordnen und die Sprechblasen und Textblöcke aufzukleben.
- Denkt auch daran, einen Titel für die gesamte Fotostory einzufügen.

### 6. Schritt: Eure Fotostory ausstellen

**9** **a.** Druckt eure Blätter mit der fertigen Fotostory aus.
**b.** Stellt alle Fotostorys in eurem Klassenzimmer aus.

# Bücher, Bücher, Bücher

**Bücher können die Fantasie beflügeln, Mut machen, Nervenkitzel erzeugen und uns in eine andere Welt eintauchen lassen.**

**1** **a.** Lest die Aussagen der Schülerinnen und Schüler.
**b.** Welcher Aussage stimmst du am ehesten zu? Begründe.
**c.** „Mit den Geschichten in den Büchern kann ich in andere Welten eintauchen.“ Was ist damit gemeint? Erklärt es in eigenen Worten.

**2** **a.** Sprecht in der Klasse über eure Lieblingsbücher. Begründet, was euch an ihnen besonders gefällt.
**b.** Sammelt die Titel eurer Lieblingsbücher auf einem Plakat.

Buchtitel und Klappentexte verraten viel über Bücher.

**3** Lest die Buchtitel am Rand.
- Welches Buch verlockt dich am meisten zum Lesen und welches eher nicht?
- Worum könnte es in den Büchern gehen?

**4** Lies die folgenden Klappentexte.

**A** Hannes, Frank, Theo, Rudolf, Otto, Willi, Peter, Olaf und dessen Schwester Maria sind die „Vorstadtkrokodile" – eine Kinderbande aus Dortmund zwischen zehn und dreizehn Jahren. [...] Ihr „Geheimquartier" befindet sich auf einem alten Ziegeleigelände, wo der Zutritt verboten ist. [...] Um in ihrer Bande aufgenommen zu werden, muss man zuvor eine Mutprobe bestehen. Eines Tages gerät Hannes bei einer solchen Mutprobe in Lebensgefahr.

**B** Magic Girls, das sind Elena und ihre beste Freundin Miranda. Elenas Vater ist wegen verbotener Rituale angeklagt und in einen Leguan verwandelt worden. Nun muss die gesamte Familie im HEXIL – eine Verbannung in die Menschenwelt – leben. Schon bald schöpfen Elenas Mitschülerinnen Nele und Jana Verdacht. Wird es Elena gelingen, unerkannt zu bleiben? Und kann sie das Geheimnis um ihren Vater lüften?

**C** Eine Reise in die Vergangenheit? Oskar traut seinen Augen kaum, als er einen Brief findet, in dem sein Opa eine Anleitung für Zeitreisen beschreibt. Doch es funktioniert: Oskar macht sich mit klopfendem Herzen auf in das mittelalterliche Nürnberg. Eigentlich soll es nur ein kurzer Besuch werden, aber plötzlich sieht sich Oskar in ein Abenteuer um Kindesraub und Hexerei verstrickt, das er sich in seinen kühnsten Träumen nicht vorgestellt hätte.

Marliese Arold: Magic Girls

Claudia Frieser: Oskar und das Geheimnis der verschwundenen Kinder

Max von der Grün: Vorstadtkrokodile

**5** **a.** Welcher Klappentext könnte zu welchem Buch gehören? Ordne die Buchtitel den Klappentexten zu.
**b.** Welches Buch verlockt dich nun am meisten zum Lesen? Begründe.

In diesem Kapitel lest ihr Auszüge aus diesen Büchern. Ihr untersucht die Auszüge mit den Handlungsbausteinen und beschreibt Hauptfiguren und Orte genauer.

# Die Bausteine einer Geschichte kennen lernen

**Der folgende Buchauszug erzählt von Hannes, der eine Mutprobe bestehen muss, um in die Bande „Die Krokodiler“ aufgenommen zu werden.**

**1** Lies den Buchauszug.

**Vorstadtkrokodile** Max von der Grün

„Du traust dich ja doch nicht! Du Angsthase!“, rief Olaf, ihr Anführer. Und die Krokodiler riefen im Chor: „Traust dich nicht! Traust dich nicht!“ Nur Maria, Olafs Schwester, dreizehn Jahre und damit ein Jahr jünger als ihr Bruder, hatte nicht mitgeschrien, sie hatte so viel Angst um Hannes, dass sie wegsah. Die neun Krokodiler standen in einem Halbkreis am Ende der Leiter, die senkrecht zehn Meter hoch zum Dach führte, und sahen gespannt zu, wie Hannes, den sie Milchstraße nannten, weil er so viele Sommersprossen im Gesicht hatte, langsam die Leiter hochkletterte, um seine Mutprobe abzulegen. Das war Bedingung für die Aufnahme in die Krokodilbande. [...]

Hannes hing ängstlich an der verrosteten Feuerleiter und wagte nicht nach unten zu sehen. „Komm runter, du schaffst es ja doch nicht [...]“, rief Olaf wieder und die anderen Jungen lachten. Hannes tastete sich langsam und vorsichtig die wackelige Feuerleiter zum Dach hoch. Je höher er kletterte, desto mehr schwankte die Leiter, denn ihre Verankerung war an mehreren Stellen aus der Wand gerissen. Einige Sprossen waren so verrostet, dass Gefahr bestand durchzubrechen, wenn sie belastet wurden. [...]

Endlich war Hannes am Dach angekommen. Er sah zum ersten Mal nach unten. Ihm wurde schwarz vor Augen [...]. Aber er hatte leider nur den ersten Teil der Mutprobe abgelegt, der zweite Teil bestand darin, dass er von der Leiter auf das Dach klettern und oben auf dem First* beide Arme heben und „Krokodil“ rufen musste, dann durfte er wieder herunterklettern.

„Los! Weiter! Kletter doch auf das Dach“, rief Olaf.

„Nur keine Angst haben, Milchstraße“, rief Frank.

Maria sagte leise zu ihrem Bruder: „Lass ihn runterkommen. Er wird abstürzen.“

* der First: die oberste Kante des Daches

Aber Hannes kletterte schon von der Leiter über die Dachrinne auf das Dach […].

Endlich war er am First angekommen. Hannes keuchte, er ruhte sich ein paar Minuten auf dem Bauch liegend aus, dann setzte er sich vorsichtig auf, hob beide Arme und rief:

„Krokodil! Krokodil! Ich hab es geschafft!"

Die Krokodiler unten auf dem Hof riefen zurück:

„Du bist aufgenommen! Hurra! Milchstraße, komm runter! Du bist aufgenommen!"

**Du kannst den Textauszug mit Hilfe der Handlungsbausteine untersuchen.**

**2** In welcher Situation befindet sich Hannes?
Schreibe Stichworte auf. Diese Fragen helfen dir:
- Wie gelangt Hannes auf das Dach?
- In welchem Zustand befindet sich das Dach?
- Wie fühlt sich Hannes?

*Handlungsbaustein:*
*Hauptfigur in Situation*

**3** Warum klettert Hannes auf das Dach?
Schreibe Stichworte auf. Diese Fragen helfen dir.
- Was ist sein Wunsch?
- Wer verlangt etwas von ihm?

*Handlungsbaustein:*
*Wunsch*

**4** Wann hat Hannes Angst?
Wie fühlt er sich während der Mutprobe?

**a.** Unterstreiche passende Textstellen mit Hilfe einer Folie.

**b.** Schreibe Stichworte auf.

*Handlungsbaustein:*
*Hindernis*

**5** Wie reagiert Hannes? Was tut er?
Was unternimmt er, um das Hindernis zu überwinden?
Schreibe Stichworte auf.

*Handlungsbaustein:*
*Reaktion*

**6** Ist Hannes am Ende erfolgreich?
Wie endet dieser Textauszug?
Schreibe Stichworte auf.

*Handlungsbaustein:*
*Ende*

**Als Hannes versucht, wieder herunterzuklettern, geschieht Folgendes:**

[...] Da plötzlich, schon im unteren Drittel des Daches, riss ein Ziegel, an dem sich Hannes mit dem Fuß abgestützt hatte, aus seiner Verankerung. Langsam rutschte er auf dem Bauch abwärts und ihm war erst gar nicht bewusst, was da passierte, aber als er merkte, dass er sich nirgendwo mehr festklammern konnte, schrie er, so laut er nur konnte: „Hilfe! Hilfe! Ich stürze ab ..." Im Abrutschen riss er noch ein paar Ziegel heraus, die mit lautem Knall auf den Hof fielen und dort auf dem Betonboden in tausend Stücke zerplatzten. Die Krokodiler aber konnten ihm nicht helfen. Sie sahen, vor Schreck gelähmt, nur hinauf auf das Dach. Sie mussten ein paar Schritte zurücktreten, sonst wären sie von den herabfallenden Ziegeln getroffen worden. Maria biss sich vor lauter Aufregung auf die Faust. Olaf sah mit offenem Mund nach oben, auch er brachte kein Wort hervor. Erst in der Dachrinne fand Hannes mit seinen Füßen wieder einen Halt, seine Hände klammerte er um eine frei liegende Dachlatte. Endlich schrie Olaf: „Hannes! Halt dich fest, wir holen Hilfe! Halt dich fest!" Aber als Hannes in seiner Angst und Verzweiflung zu weinen anfing und zu schreien, liefen die Krokodiler plötzlich fort. Hannes, der es nicht sehen konnte, drückte sein Gesicht in das Loch des Daches und schrie weiter aus Leibeskräften um Hilfe. Er hoffte, einer der Krokodiler würde zu ihm aufs Dach klettern, um ihm zu helfen. Seine Angst steigerte sich, weil auch die Dachrinne zu schwanken begann. Auch sie war angerostet und stellenweise aus der Halterung gerissen. Er musste fürchten, dass sie jeden Moment auseinanderbrach. Es war nur eine Frage der Zeit, wie lange die Dachrinne die Last noch trug. [...]

Aber die [Jungen] rannten, als würden sie verfolgt. Sie rissen ihre Fahrräder aus dem Straßengraben, schwangen sich einer nach dem anderen drauf und rasten davon. [...] Die Krokodiler hatten plötzlich mehr Angst als Hannes auf dem Dach.

**7** **a.** Versuche zu erklären, warum die Krokodiler alle fortlaufen.
**b.** Was hättest du in dieser Situation getan, ohne dich selbst in Gefahr zu bringen?
**c.** Besprich deine Antworten mit einem Partner oder einer Partnerin.

**Die Jungen laufen und fahren weg, aber Maria geht schnell zu einer Telefonzelle und ruft die Feuerwehr, um Hilfe zu holen. Diese kommt auch sehr schnell und rettet Hannes vom Dach.**

[...] Maria wagte sich nun endlich aus ihrem Versteck hervor. Sie stellte sich hinter die gaffenden Leute. Sie wollte von niemandem erkannt werden. Sie dachte, jedermann müsste ihr ansehen, dass sie mitschuldig war an dem, was sich zugetragen hatte. Maria begann zu zittern, wenn sie daran dachte, was mit Hannes hätte passieren können, wenn die Feuerwehr nur ein paar Minuten später gekommen wäre. [...]

W **8** Schreibe die Geschichte aus der Sicht von Hannes oder von Maria auf.
Wähle:
- Der Feuerwehrmann, der Hannes gerettet hat, möchte wissen, was genau passiert ist. Hannes soll ihm alles erzählen. Schreibe den Text aus Hannes' Sicht auf.
- Am Abend erzählt Maria ihrer Mutter, was passiert ist. Sie schildert, welche Gefühle sie dabei hatte. Schreibe den Text aus Marias Sicht.

**Maria, Olaf und Frank haben unterschiedliche Meinungen zu Mutproben und diskutieren darüber.**

**9** Bereitet ein Rollenspiel vor: Olaf, Frank und Maria diskutieren über die Mutprobe.
**a.** Lest noch einmal den Text auf den Seiten 140–143.
**b.** Die Figuren äußern sich unterschiedlich über Hannes' Mutprobe. Welche Pro- und Kontra-Argumente könnten die Figuren nennen, um ihre jeweiligen Meinungen zu bekräftigen?
**c.** Schreibt das Gespräch auf und notiert mögliche Regieanweisungen.

Meinungen äußern und begründen ► S. 300

**Starthilfe**
Maria (ängstlich, hält sich die Hände vor das Gesicht...): Hannes könnte abstürzen, weil ...
Frank (Mut machend): Krokodiler haben keine Angst. ...

**10** Führt das Rollenspiel durch.
**a.** Wer spielt wen? Verteilt die Rollen.
**b.** Macht die Gefühle der Figuren durch Betonung und Körpersprache deutlich.
**c.** Besprecht anschließend eure Spielszenen in der Klasse: Mit welcher Aussage stimmst du am ehesten überein?

Szenisches Spiel ► S. 297

# Die Hauptfiguren eines Buches beschreiben

Die Hauptfiguren in dem folgenden Buchauszug haben ganz besondere Fähigkeiten.

**1** a. Lies die Textüberschrift.
b. Worum geht es wohl in dem Text? Schreibe deine Vermutung auf.

**2** Lies den Buchauszug.

**Magic Girls – Der verhängnisvolle Fluch** Marliese Arold

**Für Elena und Miranda ist es der erste Tag in einer neuen Klasse. Sie lernen Anna, Jana und Nele kennen.**

Elena, das Mädchen mit den kastanienbraunen gekräuselten Haaren, wirkte zuerst ein bisschen unschlüssig, ergriff aber dann das Wort.
„Also … erst mal hallo!"
Sie lächelte. Es war ein sympathisches Lächeln.
Jana wunderte sich, wie man so viele Sommersprossen haben konnte.
„Alles ist hier noch völlig neu für uns, und ich glaube, in unserem Land … äh … in unserem Bundesland haben wir auch einen ganz anderen Stoff gehabt."
„Ich wohne bei Elenas Familie", sagte Miranda. […]
„Wir sind so etwas wie Schwestern."
„Und beste Freundinnen", bekräftigte Elena. […]
„Ich hoffe, es macht euch nichts aus, wenn ihr nicht nebeneinandersitzen könnt", sagte Frau Treller.
„Elena, du bist sehr groß. Am besten setzt du dich nach hinten neben Mark. Oder hast du Probleme mit den Augen, dass du nicht gut zur Tafel sehen kannst?"
Elena schüttelte den Kopf. „Falls ich etwas nicht lesen kann, dann zoome ich die Schrift einfach heran."
Sie sagte es ganz ernsthaft, und als die Klasse zu lachen begann, wurde sie rot. „Das war natürlich ein Scherz", meinte Elena, strich ihre Locken zurück und ließ sich neben Mark auf den Stuhl fallen.
„Miranda, du setzt dich neben Anna", sagte Frau Treller.
Miranda nickte, nahm in der ersten Reihe Platz und begann, ihre Sachen auszupacken. Jana sah genau, wie sie ihr Mäppchen öffnete und einen Schwung Stifte ergriff. Dann ließ Miranda sie aus der Hand rollen.

Die Stifte bildeten eine exakte Reihe, der Farbe nach geordnet. Jana zog die Luft ein. Unglaublich! War das Zufall oder ein lange geübter Trick? Nele neben ihr schien nichts bemerkt zu haben. Miranda drehte sich zu Elena um und zwinkerte ihr zu.

Elena, die eine Reihe hinter Jana saß, öffnete ihr Schlampermäppchen* und griff nach den Stiften. Jana hätte schwören können, dass sie schon zu derselben Bewegung wie Miranda ansetzte, aber dann hielt Elena inne. Sie ließ die Stifte los und legte rasch ihre Hand darauf, als wollte sie eine ordentliche Reihe absichtlich verhindern. Als sie die Hand wegnahm, bildeten die Stifte ein wildes Durcheinander. […]

Warum hat sie das gemacht, grübelte Jana. Ich wette, sie kann den gleichen Trick wie Miranda, aber sie will ihn nicht vorführen. Schon seltsam … […].

* das Schlampermäppchen: ein Federmäppchen, in dem die Stifte alle neben- und übereinander liegen

„Jana!", flüsterte Nele plötzlich. „Hast du das eben gesehen?"

„Was denn?", wisperte Jana zurück.

„Wie die Neue ihren Bleistift gespitzt hat."

„Ich hab nicht hingeguckt."

„Sie hat dazu ihre Fingernägel verwendet." Nele schüttelte den Kopf. „Die müssen messerscharf sein, wenn das funktioniert."

Jana sagte nichts dazu, aber sie behielt Miranda jetzt scharf im Blick. Das blonde Mädchen lehnte sich zurück und lauschte konzentriert, was Frau Treller erklärte. Dann wanderte ihre Hand in Richtung Schultasche, an der nichts Ungewöhnliches war und die genauso aussah wie viele andere Schultaschen. Doch ohne dass Miranda die Tasche berührt hatte, klappte die Lasche zurück und Jana sah, wie Miranda eine Trinkflasche in die Hand sprang. Miranda führte die Flasche zum Mund und trank, als sei eine hüpfende Flasche das Normalste der Welt.

Nele hatte den Vorfall auch beobachtet.

Die beiden Freundinnen starrten sich an.

Dann kritzelte Nele auf einen Zettel: Wie hat sie das gemacht?

**3** Über welche „Tricks" denken Jana und Nele nach? Nenne Textstellen und beschreibe die „Tricks".

In dem Buchauszug wird ausführlich zu einem Handlungsbaustein erzählt.

*Handlungsbaustein:*
*Hauptfigur in Situation*
*Die Hauptfigur steckt in einer bestimmten Situation.*

**4** Elena und Miranda sind die Hauptfiguren in diesem Buch.

**a.** Was erfährst du über sie? Schreibe Stichworte auf.

**b.** Nenne passende Textstellen.

**Starthilfe**

Elena und Miranda sind neu in der Klasse und ...

**Arbeitstechnik: Figuren beschreiben**

Mit Hilfe der Fragen kannst du Figuren beschreiben:
- Wie könnte die Figur aussehen?
  Beschreibe ihr Gesicht, ihre Haare und ihre Kleidung.
- Wie verhält sie sich?
- Gibt es etwas, das dir besonders an ihr auffällt? Wie wirkt sie auf dich?

**5** Elena spricht nach der Schule mit Miranda über die „magischen Ausrutscher“ im Unterricht. Was sagt sie wohl? Was antwortet Miranda? Sprecht darüber.

W Bearbeite entweder Aufgabe 6 oder Aufgabe 7.

**6** Miranda berichtet einer Hexenfreundin von ihrem ersten Tag in der Schule. Schreibe Mirandas Brief.

**7** Was würdest du tun, wenn du magische Kräfte hättest? Schreibe einen kurzen Text.

In den Büchern „Vorstadtkrokodile“ (Seite 140–143) und „Magic Girls“ (Seite 144–145) erzählen die Hauptfiguren ihre Geschichten nicht selbst.

**8** **a.** Wähle einen der beiden Textauszüge aus.

**b.** Lege eine Folie über den Text und markiere die Stellen auf einer Folie, an denen du siehst, dass diese Geschichte in der Er- oder Sie-Form erzählt wird.

**Merkwissen**

Der Er-/Sie-Erzähler ist nicht am Geschehen beteiligt. Er oder sie erzählt das Geschehen von allen Figuren in der Er- oder Sie-Form:
„Oskar nickte zögernd.“

# Einen Jugendbuchauszug lesen

**Der folgende Jugendbuchauszug entführt dich in eine andere Welt. Oskar findet einen Brief seines verstorbenen Großvaters.**

**1** Lies den Brief.

**Oskar und das Geheimnis der verschwundenen Kinder** Claudia Frieser

Lieber Oskar!
Wenn du diese Zeilen liest, bin ich nicht mehr bei dir. Der Gedanke schmerzt mich, auch wenn ich sonst keine Angst vor dem Tod habe. Doch du brauchst nicht traurig zu sein. Ich habe mein Leben sehr genossen und viel erlebt, und einige meiner Abenteuer verbergen sich in dieser Truhe. Indem ich dir von ihrem Geheimnis erzähle, hinterlasse ich dir ein wertvolles Vermächtnis. Es soll dir helfen, über meine Abwesenheit hinwegzukommen, so wie es mir den Abschied leichter macht zu wissen, dass mein Geheimnis bei dir gut aufgehoben ist.

Die Buchstaben auf dem Papier begannen zu verschwimmen. Mit dem Ärmel wischte Oskar sich die Tränen aus den Augen, bevor er weiterlas:

Was ich dir, Oskar, nun berichten werde, habe ich bisher keinem Menschen anvertraut. Mein Geheimnis hat etwas mit der Zeit zu tun, einem hochkomplexen Phänomen: Nimm zum Beispiel die Frage nach Vergangenheit und Zukunft. Ich schreibe diesen Brief zu einem Zeitpunkt, der für mich Gegenwart bedeutet, der aber für dich, wenn du diesen Brief liest, schon Vergangenheit sein wird, genauso wie für mich der Zeitpunkt, zu dem du diesen Brief liest, in der Zukunft liegt, während er für dich doch die Gegenwart ist.
Ganz schön kompliziert, was? Viele berühmte Wissenschaftler haben sich schon mit diesem Thema auseinandergesetzt, und auch ich habe etwas entdeckt, was ich dir nun verraten werde: Es ist möglich, in eine andere Zeit zu reisen, längst vergangene Augenblicke zu erleben, die Vergangenheit zur Gegenwart zu machen. Man muss nur das richtige Schlupfloch finden, und das ist mir gelungen. […]

In Liebe, dein Großvater

**2** **a.** Welches Geheimnis verrät der Großvater Oskar? Sprecht darüber.
**b.** Wie könnte das Schlupfloch aussehen? Sammelt Ideen dazu.

**3** Erkläre das „hochkomplexe Phänomen“ mit eigenen Worten.

**Der Großvater beschreibt, wie man im Inneren einer alten Eiche in die Vergangenheit reisen kann. Oskar wagt es, in die Vergangenheit zu reisen, und kommt im Mittelalter, in Nürnberg, an.**

Oskar öffnete die Augen. Warum lag er auf dem Boden, noch dazu in einer Baumhöhle? Und warum hatte er so merkwürdige Sachen an? Langsam fiel es ihm wieder ein. Die Zeitreise! Offenbar war er dabei ohnmächtig geworden. Wie lange er hier wohl schon lag? Noch während er sich aufrappelte, drängte sich jedoch eine andere Frage in den Vordergrund: War er schon im Mittelalter? Leicht benommen und noch etwas wackelig auf den Beinen, sah Oskar sich um. Es war jetzt viel heller im Inneren des Baumes. Die Öffnung wurde nicht mehr von Efeu bedeckt. Die Regenwolken waren verschwunden. Helles Sonnenlicht drang in die Baumhöhle. Vorsichtig blickte Oskar durch den Spalt hinaus ins Freie. Als sich seine Augen an das grelle Licht der noch tief stehenden Sonne gewöhnt hatten, konnte Oskar kaum glauben, was er sah. Das Haus seiner Eltern und die Nachbarhäuser waren verschwunden. Stattdessen lag vor ihm eine Wiese mit vielen knorrigen Apfelbäumen, an denen kleine runzelige Äpfel hingen. Das und das veränderte Wetter konnten nur eines bedeuten: Sein Großvater hatte nicht gelogen, Oskar befand sich in einer anderen Zeit. Wenn alles nach Plan verlaufen war, musste dies das Jahr 1484 sein. Oskars Herz raste und der Gedanke, alleine in der Vergangenheit zu sein, machte ihm Angst. Doch dann nahm er all seinen Mut zusammen und trat in die fremde Welt hinaus. [...]

W **4** Oskars Zeitreise scheint geglückt. Der Ort vor der alten Eiche sieht anders aus als ins Oskars Gegenwart.
- Erzähle, was Oskar sieht, als er aus der Eiche herausschaut. Gehe auf die Unterschiede zur Gegenwart ein.
- Oder zeichne den Ort vor der alten Eiche einmal in der Vergangenheit und einmal in der Gegenwart.

## Nachdem Oskar die Eiche verlassen hat, geht er in die Stadt.

**5** Lies die Fortsetzung.

Jetzt war Oskar auf sich allein gestellt. Er fühlte sich mächtig erwachsen. Das Wetter war herrlich. Die Sonne schien und die Menschen um ihn herum wirkten fröhlich. […]

Da hörte er jemanden nach ihm rufen: „He, warte!“ […] Vor ihm stand [ein Junge] und lächelte ihn an. Er trug eine sackartige Mütze auf dem Kopf, unter der schulterlange, leicht lockige braune Haare zum Vorschein kamen. […]

„Ich habe dich beobachtet, wie du vorhin durch die Straße gegangen bist, als wäre das alles neu für dich. Da bin ich dir hinterher. Bist du zum ersten Mal in Nürnberg?“ Oskar nickte zögernd. Hoffentlich stellte ihm der Junge nicht noch mehr heikle Fragen. Doch der wollte es offenbar genau wissen: „Woher kommst du?“

Oskar beschloss, zur Ablenkung einfach eine Gegenfrage zu stellen, so wie Erwachsene es immer machten, wenn sie keine Antwort geben wollten. „Wie heißt du eigentlich?“, fragte er.

„Ich bin Albrecht. Und du?“

„Ich heiße Oskar.“ […]

## Die beiden freunden sich an und erkunden gemeinsam das mittelalterliche Nürnberg.

Bald kamen sie zur Pegnitz, die die Stadt in zwei Hälften teilte. Von der Brücke aus deutete Albrecht auf das Heilig-Geist-Spital, das sich entlang des Flusses erstreckte.

„Das Spital gehört zu den größten der ganzen Welt!“, erklärte Albrecht stolz, wobei er nicht mal so sehr übertrieb. Auch Oskar hatte das in der Schule gelernt. Es war im Mittelalter ein Krankenhaus und Altenheim gewesen.

„Zurzeit passieren dort unheimliche Dinge!“, flüsterte Albrecht verschwörerisch.

„Unheimliche Dinge?“, fragte Oskar neugierig. […]

**6** Was könnte Oskar auf seiner Zeitreise mit seinem neuen Freund Albrecht noch alles erleben? Welche unheimlichen Dinge könnten das sein?

**a.** Sammelt gemeinsam Ideen, wie die Geschichte weitergehen könnte.

**Tipp:** Denkt an den Titel des Jugendbuches.

**b.** Schreibt eure Ideen auf.

# Projektidee: Eine Klassenbibliothek einrichten

**Möchtet ihr eines der Bücher aus diesem Kapitel weiterlesen? Wie wäre es, wenn ihr eine eigene Klassenbibliothek einrichtet?**

## 1. Schritt: Die Vorbereitung

**1** Überlegt gemeinsam und sammelt Ideen:
- Welche Bücher, Zeitschriften, Hörbücher etc. würdet ihr gern in eurer Klassenbibliothek haben?
- Wer von euch könnte Bücher oder Hörbücher von zu Hause mitbringen und der Klassenbibliothek spenden?
- Können eure Eltern helfen?
- Wo im Klassenzimmer habt ihr Platz für eure Klassenbibliothek?
- Gibt es schon ein Regal, das ihr nutzen könnt, oder muss eines organisiert werden?
- Überlegt, ob ihr einen Flohmarkt oder Kuchenverkauf organisieren könnt, um Geld für den Kauf neuer Bücher einnehmen zu können.
- Bittet in den Buchhandlungen in eurem Ort um eine Spende für eure Klassenbibliothek.
- Wenn ihr Platz habt, könnt ihr auch einen Lesesessel aufstellen.

## 2. Schritt: Das Einrichten der Bibliothek

**2** **a.** Stellt das Regal für eure Bibliothek auf.
**b.** Überlegt euch für die Bücher ein Ordnungssystem. So könnt ihr z. B. Romane und Erzählungen von Sachbüchern trennen.

**3** Legt für jedes Buch ein Ausleih-Formular an. Dort wird jeweils eingetragen, wer das Buch wann ausgeliehen hat.
Die Formulare sammelt ihr in einem Kasten oder Karton.

**Starthilfe**

| Autor: Max von der Grün<br>Titel: Vorstadtkrokodile | | | |
|---|---|---|---|
| Name des Ausleihers:<br>… | ausgeliehen am:<br>… | ausgeliehen bis:<br>… | zurückgegeben am:<br>… |

**4** Damit andere Lust bekommen, die Bücher zu lesen, könnt ihr Karteikarten anlegen, auf denen ihr eure Leseeindrücke aufschreibt.
Diese Karten könnten in den Büchern liegen, um anderen bei der Auswahl zu helfen.

**Buchtitel:**
Vorstadtkrokodile
**Autor/Autorin:**
Max von der Grün
**Darum geht es in dem Buch:**
Bei einer Mutprobe, um in einer Bande aufgenommen zu werden, passiert ein Unfall. Der Junge Hannes wäre fast von einem hohen Dach gefallen. Die Bande heißt „Krokodiler". Später löst die Bande gemeinsam mit Kurt, einem Jungen im Rollstuhl, einen Fall.
**Das gefällt mir an dem Buch:**
Das Buch ist spannend und lustig. Besonders gefällt mir, dass es Kurt im Rollstuhl gibt, der auch mutig ist und gute Ideen hat. Das ist bei mir ja genauso.

## 3. Schritt: Die Bibliotheksordnung

**5** **a.** Legt gemeinsam fest, welche Regeln in eurer Bibliothek gelten:
- Wie muss mit den Büchern umgegangen werden?
- Wann und wie lange kann jeweils ein Buch ausgeliehen werden?
- Was passiert, wenn jemand überzieht?
- Was passiert, wenn jemand ein Buch verliert?
- Welche Aufgaben hat der Büchereidienst?
- Wer macht den Büchereidienst?

**b.** Gestaltet ein Plakat, auf dem die wichtigsten Regeln stehen.

Ein Plakat gestalten
► **S. 298**

## 4. Schritt: Das Projekt auswerten

**6** Wertet anschließend eure Projektarbeit im Stuhlkreis aus:
- Was ist gelungen?
- Was ist nicht so gut gelungen?
- Was hat euch gut gefallen?
- Was hat euch nicht gefallen?
- Was könntet ihr beim nächsten Projekt besser machen?

# Was wäre, wenn ...

Was wäre, wenn ...
... du durch Wände gehen könntest?

Was wäre, wenn ...
... du in ein Bild hineingehen könntest,
das du im Kunstunterricht gezeichnet hat?

Was wäre, wenn ...
... du in ein Computerspiel
einsteigen könntest?

**Was wäre, wenn ...**
**... du in ein Buch hineingehen könntest?**
**... du fliegen könntest?**
**... du nachts die Welt erkunden könntest?**

**1** Welche Idee spricht euch am meisten an?
Tauscht euch untereinander aus.

**Entspanne dich. Höre leise Musik.**
**Sieh dir die Bilder an: Was siehst du? Was fühlst du?**

**2** Stelle dir die Situationen vor.
Lasse deiner Fantasie freien Lauf: Notiere deine Ideen, Gedanken und Gefühle auf kleine Zettel.

*mit Tieren sprechen können*

*die Heldin der Geschichte sein*

*im Mittelalter Turniere kämpfen*

*Mauern und Wände durchschreiten*

*die Handlung ändern*

*mit klopfendem Herzen das geheime Zimmer betreten*

**3** Wähle einige Ideen aus, die gut zusammenpassen.

**4** Überlege nun: Möchtest du eine Geschichte mit einer Handlung oder einen freien Text schreiben?
**Tipp:** Falls du eine Geschichte schreiben möchtest, können dir die Handlungsbausteine helfen.

**5** **a.** Schreibe deine Geschichte oder deinen Text auf.
**b.** Lies deinen Text einer Partnerin oder einem Partner vor.

**In diesem Kapitel kannst du zu Bildern und Texten schreiben.**

# Zu einer Bildergeschichte schreiben

Was wäre, wenn …
… du fliegen könntest und du in der Luft eine Begegnung hättest?

1 Wie könnte das Gespräch weitergehen?
**a.** Denkt euch eine Fortsetzung aus.
**b.** Schreibt das Gespräch als Dialog in wörtlicher Rede auf.

2 Wem könnten Susi und Max beim Fliegen noch begegnen? Wem helfen sie?
Zeichne eine eigene Bildergeschichte.
- Überlege dir dazu eine erstaunliche oder spannende Begegnung.
- Zeichne auch Sprechblasen.
- Schreibe hinein, was deine Figuren sagen.

# Zu Gedichten schreiben

Auf den Seiten 155–158 findest du Gedichte.
Du kannst zu ihnen schreiben.
Die Aufgaben bieten dir viele verschiedene Anregungen.

**Der Luftballon** Günter Ullmann

Der Wind hat mich emporgehoben,
du Menschenkind, aus deiner Hand
über Bäume, Berge, Häuser
flieg ich durch das blaue Land.

Ganz nah hör ich die Vögel singen,
und muss ich auch durch Ruß und Rauch,
gleich kommt ein Wolkenschaf gesprungen
und leckt mir blank den schwarzen Bauch.

Ich seh dich an der Erde kleben
und fliege fort mit deiner Luft.
Ich dank dir für mein leichtes Leben,
bis der Wind mich leis verpufft.

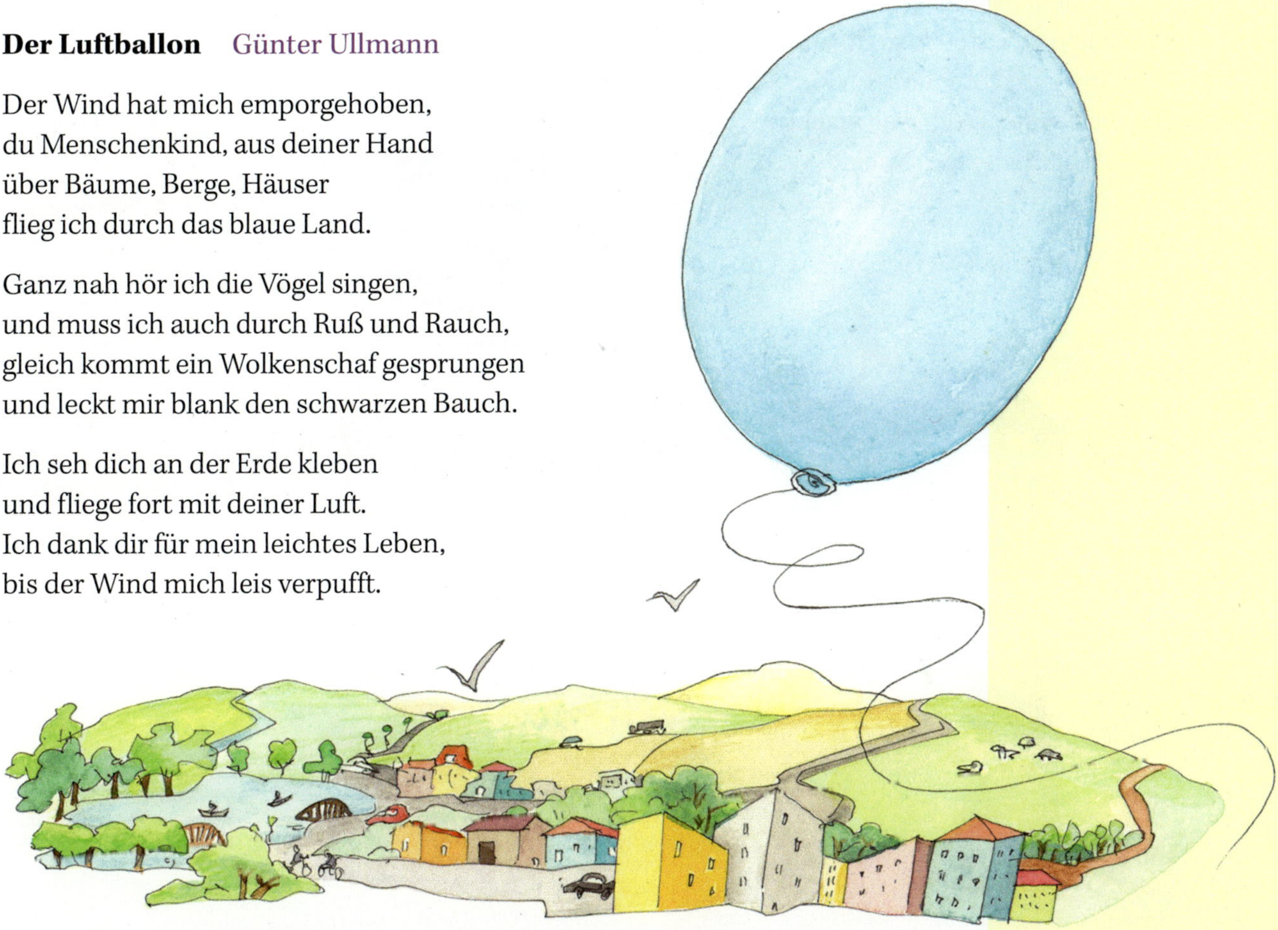

**1** Wie erlebt der Luftballon in diesem Gedicht seinen Flug?
Wie beschreibt er ihn? Nortiert Stichworte.

W **2** Stelle dir vor, du wärst selbst ein Luftballon.
Was würde passieren? Was würdest du erleben?
Schreibe ein eigenes Gedicht oder eine kleine Geschichte.

W **3** Nun stelle dir vor, du würdest als Mensch selbst fliegen können.
Wie sieht die Welt von oben aus?
- Du kannst ein Bild zeichnen.
- Du kannst in einem Text beschreiben, was du von oben siehst.

## Was wäre, wenn …
## … dein Schatten heimlich unterwegs wäre?

**Gehst du tags die Straße lang** Robert Gernhardt

Gehst du tags die Straße lang,
bist du nicht alleine.
Denn dein Schatten folgt dir stumm
über Stock und Steine.
Das weiß jeder. Doch was macht
so ein Schatten in der Nacht?
[…]

**4** Stelle dir vor, dein Schatten verlässt dein Schlafzimmer, wenn er glaubt, dass du schläfst, und du folgst ihm heimlich. Was tut er? Womit verbringt er seine Zeit? Schreibe eine Geschichte dazu.
**Tipp:** Du kannst die Bilder als Anregung nutzen, du kannst aber auch ganz eigene Tätigkeiten deines Schattens erfinden.

**5** **a.** Recherchiere das Ende des Gedichts im Internet, suche nach einer Hörfassung und lasse es dir vorlesen.

W **b.** Was erfährst du noch über die Schatten?
- Schreibe eine zweite Geschichte zu dieser neuen Idee.
- Oder skizziere eine Bildergeschichte zu diesem Schatten-Thema.

Im Internet recherchiere
► S. 297

## Was wäre, wenn ...
## ... du in einer Traumwelt wärst?

**Ich träume mir ein Land** Erika Krause-Gebauer

Ich träume mir ein Land,
da wachsen tausend Bäume,
da gibt es Blumen, Wiesen, Sand
und keine engen Räume.
Und Nachbarn gibt's, die freundlich sind,
und alle haben Kinder,
genauso wild wie du und ich,
nicht mehr und auch nicht minder*.

Ich träume mir ein Land,
da wachsen tausend Hecken,
da gibt es Felsen, Büsche, Strand
und kleine, dunkle Ecken.
Und Nachbarn gibt 's, die lustig sind,
und alle feiern Feste,
genauso schön wie deins und meins,
und keines ist das beste.

Ich träume mir ein Land,
da wachsen tausend Bilder,
da gibt es Rot und Grün am Rand
und viele bunte Schilder.
Und Nachbarn gibt 's, die langsam sind,
und alles dauert lange,
genauso wie bei dir und mir,
und keinem wird dort bange.

* minder: weniger

**6** Zu dieser Traumwelt könnt ihr eine Collage anfertigen.
- Ihr braucht einen großen Bogen festes Papier, Scheren, Kleber, Farbstifte und alte Zeitschriften.
- Schreibt eure Lieblingsstrophe in großer Schrift auf das Papier. Schreibt sauber und in einer gut lesbaren Schrift.
- Wie stellt ihr euch die Traumwelt vor?
- Zeichnet Bilder oder schneidet Bilder aus.
- Klebt alles rund um die Strophe auf.
- Schreibt eure Wünsche und Vorstellungen von der Traumwelt mit dazu.
- Schreibt in großen Buchstaben eine Überschrift über eure Collage.

Manchmal sind Träume auch unheimlich.
Oder geht am Ende alles gut aus?

**Ein Krokodil** Hanna Johansen

Ich träum, es kommt ein Krokodil
mit einem großen Maul.
Am Tage liegt 's auf einem Stein,
am Tage ist es faul.

Und dann am Abend wird es wach
und macht sich auf die Socken.
Es kriecht zu unserm Haus aufs Dach,
Da seh ich es schon hocken.

Und wenn es erst ganz dunkel ist,
dann schleicht es sich heran.
Es will zu mir herein und frisst
mich dann.

Es hinkt durchs Haus, das hör ich doch,
es steigt die Treppe rauf.
Dann kommt's herein durchs Schlüsselloch
?
[...]

**7** Erzählt den Traum mit Hilfe der folgenden Ideen gemeinsam weiter. Setzt euch im Kreis hin und schreibt abwechselnd jeweils einen Satz, um gemeinsam den Traum zu Ende zu schreiben.

*Das Krokodil lädt dich ins Traumland ein.*

*Das Krokodil braucht einen Zahnarzt.*

*Das Krokodil hat seine Brille verloren.*

*Das Krokodil hat sich verlaufen.*

W **8** Schreibe zu diesem Gedicht.
- Schreibe eine zweite Fortsetzung des Traums auf – entweder als letzte Strophe des Gedichts oder als Ende der Geschichte.
- Oder schreibe einen eigenen Traum auf, der vielleicht unheimlich, vielleicht lustig, vielleicht spannend war.

# Projektidee: Die Geschichten präsentieren

**Mit euren Geschichten, Gedichten und Bildern könnt ihr ein Geschichtenbuch gestalten. Oder ihr könnt die Texte ausstellen.**

W **Entscheide, welche Art der Präsentation du möchtest: ein Geschichtenbuch oder eine Ausstellung ausgewählter Texte im Klassenzimmer.**

**1** Gestalte ein Geschichtenbuch.
- **a.** Wähle die Geschichten aus, die du in dein Geschichtenbuch aufnehmen möchtest.
- **b.** Wie soll dein Geschichtenbuch heißen? Überlege dir einen Titel.
- **c.** Gestalte ein Cover für dein Geschichtenbuch.
- **d.** Schreibe deine Geschichten noch einmal auf schönes Papier, gestalte sie z. B. mit selbst gemalten Bildern oder ausgeschnittenen Collagen.

**2** Bereitet eine Ausstellung im Klassenzimmer vor.
- **a.** Entscheidet, welchen Titel eure Geschichten-Ausstellung bekommen soll.
- **b.** Gestaltet diesen auf einem großen Papier als Überschrift für alle Geschichten.
- **c.** Gestaltet eure Geschichten auf Plakaten, sodass man sie gut lesen kann, sie aber auch schön aussehen. Ihr könnt mit der Hand schreiben oder mit dem Computer tippen und ausdrucken.
- **d.** Entscheidet gemeinsam, in welcher Reihenfolge die Geschichten präsentiert werden.

Ein Plakat gestalten
► **S. 298**

**3** Gebt euch gegenseitig positive Rückmeldungen: Was gefällt euch jeweils an den Geschichten und der Gestaltung der anderen?
**Tipp:** Achtet darauf, nur positiv zu formulieren.

Feedback geben
► **S. 298**

**4** Präsentiert eure Geschichtenbücher oder die Ausstellung euren Eltern oder einer anderen Klasse.

# Einfach sagenhaft

Viele Sagen erzählen von Orten, an denen Ungewöhnliches geschehen sein soll.

**1** Seht euch die Bilder an und beschreibt sie genau.

**2** Hinter jedem dieser Orte verbirgt sich eine rätselhafte, schreckliche oder wunderbare Geschichte.
Sammelt Ideen und schreibt Stichworte auf.

**3** Wähle einen Ort, ein Bild und denke dir eine eigene Geschichte dazu aus. Folgende Fragen können dir helfen:
- Was könnte geschehen sein?
- Wer war beteiligt?
- Was könnte die Hauptfigur erlebt haben?

**4** Erzählt euch gegenseitig eure Geschichten.

Dies sind Überschriften von vier Sagen, die zu den vier Bildern gehören.

**A Eppelein von Gailingen**

**B Der Rattenfänger von Hameln**

**C Wie der Wendelstein zu seinem Namen kam**

**D Die Steinerne Brücke zu Regensburg**

**5** **a.** Lies die Überschriften.
**b.** Welche Überschrift passt zu welchem Bild? Ordne zu.
Begründe deine Auswahl.

**6** Welche Sagen kennt ihr schon? Erzählt euch die Geschichten.

In diesem Kapitel lernt ihr verschiedene Sagen kennen.
Ihr bestimmt Merkmale und schreibt zu den Sagen.
Das heißt, ihr erzählt sie nach, ihr könnt sie verändern und Neues hinzuerfinden.
Außerdem geht ihr auf die Suche nach Sagen in eurem Heimatort.

# Sagenmerkmale bestimmen

Geschah an einem Ort ein rätselhaftes oder wundersames Ereignis, so wurde die Geschichte darüber oft von Generation zu Generation weitererzählt.
Die folgende Sage erzählt man über einen Ritter, der vor über 600 Jahren mit seinem Pferd von einer Burg in die Tiefe gesprungen sein soll, um seiner Strafe zu entkommen.

**1** Was könnte sich auf der Burg alles ereignet haben? Erzählt euch eure Ideen gegenseitig.

**2** Lies die Sage mit dem Textknacker.

Textknacker ► **S. 295**

**Eppelein von Gailingen** Rosemarie Griesbach

Eppelein von Gailingen war ein gefürchteter Raubritter. Wenn die reichen Nürnberger Kaufleute ihre Wagen mit Waren heranführten, überfiel Eppelein die Warenzüge, raubte die Waren und warf die Kaufleute so lange in sein finsteres Burggefängnis, bis für sie ein hohes Lösegeld bezahlt wurde. Lange versuchten die Nürnberger, den schlauen Raubritter zu fangen, aber er konnte ihnen immer wieder entwischen. Endlich, endlich fingen sie ihn. Er sollte zur Strafe für seine Raubzüge gehängt* werden. Auf der Burg stand schon der Galgen** bereit, und die Nürnberger fragten ihn nach seinem letzten Wunsch. „Ich möchte noch einmal auf meinem treuen Pferd sitzen!", antwortete der Ritter. Sie erfüllten ihm den Wunsch, denn seine Flucht schien unmöglich. Auf drei Seiten standen die bewaffneten Soldaten und auf der vierten Seite fiel die mächtige Mauer viele Meter tief senkrecht in den Burggraben hinab. Als aber Eppelein auf seinem Pferd saß, gab er ihm die Sporen und setzte mit einem gewaltigen Sprung über die Burgmauer in den Wassergraben hinab. Bevor die überraschten Nürnberger wussten, wie ihnen geschah, war Eppelein längst über alle Berge. Sein mutiger Sprung brachte ihm die Freiheit. Die Nürnberger aber wurden im ganzen Land tüchtig ausgelacht und verspottet, wie ihnen Eppelein doch wieder entwischt war. Der Abdruck des Hufeisens auf der Burg soll von seinem Pferd stammen.

* gehängt: eine Art, um jemanden zu töten, ein Seil wird ur den Hals gelegt und die Person hängt daran, bis sie tot ist

** der Galgen: Holzgerüst, an dem derjenige hängt, der getötet werden soll

In Sagen wird von wirklichen Orten erzählt, an denen etwas Rätselhaftes geschehen sein soll, oder von Personen, die übernatürliche Eigenschaften haben sollen. Dabei wird manches hinzugedichtet.

Sich informieren
► S. 210–215

**3** Kann die Geschichte wahr sein? Ist etwas Wahres daran?

**a.** Arbeitet in Gruppen.
- **Gruppe 1:** Gibt es die Burg mit dem Hufabdruck wirklich? Schlagt im Lexikon nach oder recherchiert im Internet.
- **Gruppe 2:** Gab es den Raubritter Eppelein von Gailingen wirklich? Was kann man über ihn herausfinden? Schlagt im Lexikon nach oder recherchiert im Internet.

**b.** Setzt euch nun wieder in der großen Gruppe zusammen. Informiert euch gegenseitig darüber, was ihr herausgefunden habt.

**4** Was könnte wahr sein, was ist wohl frei erfunden?

**a.** Übertrage die Tabelle in dein Heft.

**b.** Lies die Sage noch einmal.

**c.** Entscheide und kreuze in der Tabelle in deinem Heft an.

**Tipp:** Berücksichtige auch die Ergebnisse von Aufgabe 3.

| | *wahr/ wahrscheinlich* | *erfunden/ nicht existierend* |
|---|---|---|
| *Es gibt die Burg mit dem Hufabdruck.* | ■ | ■ |
| *Ritter Eppelein hat gelebt.* | ■ | ■ |
| *Ritter Eppelein hat Kaufleute überfallen.* | ■ | ■ |
| *Ein Pferd springt von einer Burg herunter und Pferd und Reiter überleben.* | ■ | ■ |
| *Es gibt den Ort Gailingen.* | ■ | ■ |

**5** Ein Junge im 14. Jahrhundert hat das Geschehen auf der Burg in Nürnberg beobachtet. Versetze dich in seine Lage. Er kommt nach Hause und erzählt seiner Mutter, was er erlebt hat. Was könnte er erfunden haben, um sein Erlebnis spannender zu machen? Notiere deine Ideen und erzähle die Sage aus seiner Sicht.

**6** Sagen wurden von Generation zu Generation weitererzählt. Sprecht darüber, welche Folgen dies hatte.

**7** Überlegt, warum Sagen erzählt wurden.

**Die folgende Sage erzählt man sich über den Wendelstein.**

**8** Lies die Sage mit dem Textknacker.

Textknacker ► S. 295

**Wie der Wendelstein zu seinem Namen kam** Max Einmayr

Am Wendelstein gab es früher eine Reihe von Höhlen, von denen aber heute die meisten eingefallen sind oder von dichtem Gestrüpp aus Haselgebüsch und Latschen bedeckt sind. In ihnen sollen reiche Schätze verborgen gewesen sein: Gold, Silber und Edelsteine, die von Bergmandln sorgsam gehütet und bewacht wurden. Diese kleinen Männer waren meist recht gutartig und hilfsbereit. Verstieg sich ein Hirte in der Wand, halfen sie ihm herunter. Nachts wanderten sie über die Höhen und stellten sich in den höher gelegenen Almen und Sennhütten ein. Sie verrichteten dort ganz still Arbeiten, die den Sennerinnen und Hüterbuben zu viel geworden waren.

Ehe sie die Sennhütten verließen, ließen sie den rechtschaffenen und arbeitsamen Mägden das eine oder andere Schmuckstück, auch einmal eine gleißende* Goldmünze als Geschenk zurück.

Ein Hüterbub konnte das Geheimnis der unverhofften Geschenke nicht bei sich behalten und erzählte von den seltsamen Überraschungen im Tal.

Ein paar habgierige Leute wollten hinter das Geheimnis der verborgenen Schätze kommen. Voller Goldgier machten sie sich auf den Weg zum Wendelsteingipfel.

Lange beobachteten sie die Bergmandln, schlichen ihnen nach und fanden in Abwesenheit der Schatzwächter die Höhlenverstecke.

Voller Hast stürzten sie sich auf das Geschmeide* und die Edelsteine. Da rumpelte und donnerte es; statt der vermeintlichen Schätze hielten sie nur Eisensteinbrocken in den Händen.

Von Stund an aber waren die hilfreichen Bergmandln verschwunden. Der Berg aber, auf dem die Schätze zu Stein sich „wandelten", bekam den Namen „Wendelstein".

* gleißend: glänzend

* das Geschmeide: kostbarer Schmuck

**9** Worum geht es in der Sage? Erzählt es euch gegenseitig.

**10** Was könnte an dieser Sage wahr sein? Was könnte erfunden sein?
- **a.** Lies die Sage noch einmal.
- **b.** Notiere passende Textstellen.

**11**
- **a.** Übertrage die Tabelle mit den Merkmalen in dein Heft.
- **b.** Finde für jedes Merkmal ein Beispiel aus der Sage zum Wendelstein, trage es ein.

Starthilfe

| Merkmal | Beispiel aus dem Text |
|---|---|
| übernatürliches Ereignis/ übernatürliche Ereignisse | Bergmandln erledigen Arbeiten für die Menschen. |
| wirkliche Orte | ... |
| Sagengestalten mit übernatürlichen Eigenschaften oder Kräften | ... |

**12** Prüfe nun die Sage Eppelein von Gailingen. Welche Sagenmerkmale enthält sie?
- **a.** Lies das Merkwissen.
- **b.** Schreibe die Sagenmerkmale mit Beispielen aus der Sage auf.

W **Nun beschäftigst du dich mit den Bergmandln genauer. Wähle Aufgabe 13 oder 14.**

**13** Wie könnte ein Bergmandl ausgesehen haben? Beschreibe ihn.

**14** Die Bergmandln sind enttäuscht von den Menschen und unterhalten sich darüber. Sie fassen einen Entschluss.
- **a.** Schreibt das Gespräch der Bergmandln in Dialogform auf.
- **b.** Lest euer Gespräch in der Klasse vor.

**Merkwissen**

Sagen haben, wie z. B. Märchen, bestimmte typische Merkmale.
- Meistens erzählen sie von übernatürlichen Ereignissen.
- Oft werden Ereignisse oder Personen genannt, die es wirklich gab.
- Sagen gehen häufig auch auf wirkliche Orte (z. B. Felsen, Inseln ...) zurück, die es heute noch gibt.
- Vieles wurde jedoch beim Weitererzählen über die Jahrhunderte hinzugedichtet.
- So können die Sagengestalten (Menschen, Tiere oder Pflanzen) z. B. übernatürliche Eigenschaften oder Kräfte haben.

# Zu einer Sage erzählen

**Die Steinerne Brücke und der Dom aus Regensburg galten im Mittelalter als Bauwunder. Es wird erzählt, dass die Baumeister eine Wette miteinander eingingen, welches Bauwerk zuerst fertig würde. Der Sieger durfte dem Besiegten eine harte Strafe auferlegen.**

**1** Lies die Sage von der Steinernen Brücke mit dem Textknacker.

Textknacker ► S. 295

**Die Steinerne Brücke zu Regensburg**

Der Dombau ging schnell voran. Dies bemerkte der Brückenbaumeister und machte sich Sorgen um seine Wette mit dem Baumeister des Domes. Er versuchte, noch mehr Leute für den Brückenbau zu finden, damit es schneller ginge, doch der Dombau ging trotzdem schneller voran. Verzweifelt ging der Brückenmeister zum Teufel und bat ihn, ihm beim Brückenbau zu helfen. Die beiden trafen eine Abmachung: Der Teufel versprach ihm Hilfe beim Brückenbau und der Brückenbaumeister musste dem Teufel die drei Seelen* derjenigen versprechen, die als Erste über die Brücke gehen sollten.

Von da an ging der Bau der Brücke sehr schnell voran. Es schien, als ob die Steine sich selbst ihre Plätze suchten und die Brücke sich aus eigener Kraft aufbaute. Der Dombaumeister schaute besorgt zur Brücke und macht sich wiederum Sorgen um die Wette.

Da ertönten plötzlich drei Schläge mit einem Hammer – das war das Zeichen, dass eines der Gebäude fertig sei – es war die Brücke. Der Dombaumeister stürzte sich, aus Angst vor der Strafe für die verlorene Wette, vom höchsten Turm des Domes in den Tod.

Der Brückenbaumeister bekam es mit der Angst zu tun und fragte einen alten Mönch, was er tun solle, um nicht drei Menschen dem Teufel überlassen zu müssen. Der Mönch riet ihm, stattdessen drei Tiere als Erstes über die Brücke gehen zu lassen. Der Brückenmeister holte einen Hund, ein Huhn und einen Hahn und ließ die drei über die Brücke laufen. Der Teufel wurde wütend, dass er ausgetrickst worden sei, und versuchte, die Brücke in der Mitte durchzureißen – dies gelang ihm jedoch nicht. Stattdessen bekam die Brücke eine Erhebung in der Mitte.

* die Seele: in diesem Fall ist das Leben der Person gemeint

**2** In der Sage geht es um eine Wette und um eine Abmachung. Erkläre beides mit deinen eigenen Worten.

Diese Sage kannst du gut nacherzählen.

**3** Erschließe die Sage mit Hilfe der Handlungsbausteine.
**a.** Schreibe jeden Handlungsbaustein auf eine Karte.
**b.** Notiere Stichworte zu jedem Handlungsbaustein.
**Tipp:** Achte darauf, dass du zwei verschiedene Hauptfiguren hast.

*Handlungsbaustein: Hauptfigur in Situation*
*Die Hauptfigur steckt in einer bestimmten Situation.*

*Handlungsbaustein: Wunsch*
*Die Hauptfigur hat einen Wunsch.*

*Handlungsbaustein: Hindernis*
*Es gibt ein Hindernis.*

*Handlungsbaustein: Reaktion*
*Die Reaktionen der Hauptfigur werden beschrieben.*

*Handlungsbaustein: Ende*
*Die Hauptfigur ist am Ende erfolgreich oder nicht.*

**4** Was geschieht in welcher Reihenfolge? Ordne deine Karten.

**5** Erzählt euch die Sage gegenseitig in euren eigenen Worten.

W Du kannst die Sage nun aus anderer Sicht erzählen.
Wähle dazu Aufgabe 6 oder 7.

**6** Versetze dich in den Baumeister des Doms oder in den Baumeister der Brücke. Schreibe die Sage aus seiner Sicht auf.

**7** Wie erlebte der Teufel das Geschehen? Schreibe die Sage aus seiner Sicht auf.

In vielen Regionen der Welt werden Sagen zu Orten erzählt.

**8** **a.** Sucht nach Sagen in eurem Heimatraum.
Wen könntet ihr befragen?
**b.** Erzählt euch die Sagen in der Klasse.

# Eine Sage szenisch darstellen

**Die Sage „Der Rattenfänger von Hameln“ könnt ihr als Spielszene vorbereiten.**

**1** Lies die Sage mit dem Textknacker.

Textknacker ► S. 295

**Der Rattenfänger von Hameln** Jacob und Wilhelm Grimm

Im Jahr 1284 ließ sich zu Hameln ein wunderlicher Mann sehen. Er hatte einen Rock von vielfarbigem, buntem Tuch an, weshalb er Bundting soll geheißen haben, und gab sich für einen Rattenfänger aus, indem er versprach, gegen ein gewisses Geld die Stadt von allen Mäusen und Ratten zu befreien. Die Bürger wurden mit ihm einig und versicherten ihm einen bestimmten Lohn.

Der Rattenfänger zog demnach ein Pfeifchen heraus und pfiff, da kamen also die Ratten und Mäuse aus allen Häusern hervorgekrochen und sammelten sich um ihn herum.

Als er nun meinte, es wäre keine mehr da, ging er hinaus, und der ganze Haufen folgte ihm, und so führte er sie an die Weser; dort schürzte er seine Kleider und trat in das Wasser, worauf ihm alle die Tiere folgten und hineinstürzend ertranken. Nachdem die Bürger aber von ihrer Plage befreit waren, reute sie der versprochene Lohn, und sie verweigerten ihn dem Manne unter allerlei Ausflüchten, sodass er zornig und erbittert wegging.

Am 26. Juni auf Johannis- und Paulitag erschien er wieder, jetzt in Gestalt eines Jägers, erschrecklichen Angesichts, mit einem roten, wunderlichen Hut, und ließ seine Pfeife in den Gassen hören. Alsbald kamen diesmal nicht Ratten und Mäuse, sondern Kinder vom vierten Jahr an in großer Anzahl gelaufen, worunter auch die schon erwachsene Tochter des Bürgermeisters war.

Der ganze Schwarm folgte ihm nach, und er führte sie hinaus in einen Berg, wo er mit ihnen verschwand. [...]

Es waren im ganzen hundertunddreißig [Kinder] verloren. [...]

Der Berg bei Hameln, wo die Kinder verschwanden, heißt der Poppenberg (der auch Koppenberg genannt wurde), wo links und rechts zwei Steine in Kreuzform sind aufgerichtet worden.

**2** Worum geht es in der Sage? Schreibe Stichworte auf.

Diese Sage könnt ihr in Gruppenarbeit szenisch darstellen.

**3** Die erste Szene als Spielszene könnte so aussehen. Lest sie in verteilten Rollen laut vor.

**1. SZENE**

*Die Bürger von Hameln klagen dem Bürgermeister ihr Leid.*

**Erzähler/Erzählerin:** Die Bürger von Hameln waren sehr verzweifelt. Die Ratten plagten sie schon seit Wochen, denn sie fraßen ihnen ihre Vorräte auf, futterten das Getreide und das Brot und bissen sogar die kleinen Kinder. Eine Hungersnot hatte die Stadt fest im Griff.

**Frau** *(verzweifelt)*: Herr Bürgermeister, so geht das nicht weiter, unsere Kammern sind leer, kein Getreide, kein Brot.

**Bürgermeister** *(genervt)*: Ja, meinen Sie, mir ginge es besser. Meine Kinder heulen mir ebenfalls die Ohren voll.

**Marktfrau** *(weinerlich)*: Wir können nichts verkaufen, weil die Ratten vorher alles gefressen haben.

**Vier Bürger** *(erbost)*: Tun sie doch etwas. Stehen Sie nicht nur herrum und halten Volksreden. Wo bleibt denn der Pfarrer? Der hat wohl noch genug?

**Bürgermeister:** Ratsherr Müller, ich bin ratlos. Die Situation ist sehr ernst. Die Bürger werden unruhig.

**Ratsherr Müller** *(im Flüsterton)*: Wir sollten uns beraten, im Rathaus. Vielleicht haben die anderen ja eine Idee.

**Frau Müller** *(aufgeregt)*: Herr Bürgermeister, da vorne steht ein Mann und behauptet, er könne uns mit einfachen Mitteln helfen, wir nennen ihn Bundting.

**Alle:** Na sowas, her mit ihm, wir wollen ihn sprechen.

**Bundting:** Ich habe gehört, ihr habt ein Problem mit den Ratten. Ich kann euch helfen.

**4** Besprecht, ob euch die Szene gefällt oder ob ihr etwas ändern möchtet. Schreibt Änderungen oder Ergänzungen auf eine Karte.

**5** Bereitet nun die Szene als Spielszene vor.

- **a.** Verteilt die Rollen. Jeder schreibt den Text seiner Figur auf eine Rollenkarte.
- **b.** Bereitet euch auf die Rolle alleine vor. Versetzt euch in die Lage der Figur.
- **c.** Beachtet die *Regieanweisungen*: verzweifelt, genervt, weinerlich, ... und übt euren Text zunächst allein.
- **d.** Probt die Szene gemeinsam. Gebt euch gegenseitig Tipps für den Vortrag: Wurde die Regieanweisung befolgt? Wurden die Gefühle der Figuren deutlich?

**Nun könnt ihr den ganzen Text in Spielszenen umschreiben.**

**6** Lest die Sage noch einmal und unterteilt sie in Szenen.
**Tipp:** Beginnt immer eine neue Szene, wenn sich der Ort oder die Personen ändern.

**a.** Teilt jede Szene einer anderen Gruppe zu, jede Gruppe schreibt auf, was die Figuren sagen, fühlen und denken.

**b.** Schreibt nun die Dialoge und denkt an die Regieanweisungen: Was wird genau gesagt? Wie wird es gesagt? Wer tut etwas?
**Tipp:** Ihr könnt längere Passagen von einem Erzähler oder einer Erzählerin vortragen lassen.

**c.** Lest noch einmal gemeinsam das ganze Stück in der Klasse mit verteilten Rollen. Wollt ihr noch etwas ändern, ergänzen oder streichen?

**7** Bereitet die Aufführung in der Klasse vor.

**a.** Teilt ein, wer welche Rolle spielen soll.

**b.** Lernt eure Rollen auswendig und übt, um sie ausdrucksvoll spielen zu können.

**8** Spielt alle Szenen in der Klasse vor.

**a.** Die Zuschauerinnen und Zuschauer schreiben Stichworte zu den folgenden Fragen auf:
- Wurden die Dialoge verständlich gesprochen (Tempo, Lautstärke, Betonung)?
- Wurden die Figuren überzeugend dargestellt?
- Passte die Körpersprache zur Rolle?

**b.** Gebt euch im Sitzkreis Feedback zu eurem Szenischen Spiel. Nutzt dazu eure Stichwortzettel.

Feedback geben ► S. 29

**9** Nun könnt ihr euer Stück aufführen.

**Arbeitstechnik: Szenisches Spiel**

- Legt fest, welche Figuren es gibt und wer welche Rolle spielt.
- Überlegt spezielle Regieanweisungen: Wie wird etwas gesagt? (laut, leise, zittrig, ...) Wie sollten die Gefühle ausgedrückt werden? (durch Stimme, Lautstärke, Gesichtsausdruck,...).
- Bereitet eure Rollen zuerst allein vor. Sprecht den Text mehrfach.
- Übt nun das gemeinsame Spiel.
  Drückt die Gefühle der Figuren durch Betonung, Körpersprache und Gesichtsausdruck aus.

# Eine Sage verstehen

**Hier kannst du überprüfen, ob du die Merkmale einer Sage bestimmen und eine Sage gestalten kannst.**

Textknacker ► S. 295

**1** Lies die Sage mit dem Textknacker.

**Schatzgräberei am Frauenberg**

Die Leute glauben, am Frauenberg bei Marburg liege ein großer Schatz verborgen. Wer den Schatz heben wolle, der dürfe dabei aber kein Wörtchen reden. Einst verabredeten sich drei Männer aus Weidenhausen, ihn zu heben. Sie brauchten dazu aber eine Wünschelrute. Das ist ein Haselstock, der wie eine Gabel ausläuft und am ersten Advent um Mitternacht gebrochen werden muss. Die drei Männer warteten also den Advent ab und verschafften sich dann zunächst den Zauberstab. Darauf gingen sie in einer Nacht zum Frauenberg. Sie nahmen sich fest vor, dass keiner ein Wörtchen reden sollte, es möge kommen, was da wolle. Mit Hilfe der Wünschelrute fanden sie bald den Ort, wo sie zu suchen hatten. Sie fingen an zu graben und stießen bald auf einen großen, kupfernen Kessel. Der war aber so schwer, dass sie ihn nicht ganz aus der Erde heben konnten, obwohl sie alle drei anfassten.
Auf einmal stand ein Hund unter ihnen, klein wie ein Dackel. Er war so jung, dass er noch nicht beißen konnte, weil er noch keine Zähne hatte. Doch er bellte und heulte so schrecklich, dass den dreien die Haare zu Berge standen und einer in der Angst schon davonlaufen wollte. Wie das einer der beiden anderen bemerkte, verlor er die Geduld. Er vergaß das Stillschweigen, stieß einen Fluch aus und rief: „So greift doch zu und macht, dass wir fertig werden." Kaum hatte er den Mund aufgetan, da gab es einen Krach und der Kessel samt dem Hund war verschwunden.
Später sind sie noch mehrmals hingegangen und haben gegraben. Sie fanden aber den Ort nicht wieder, wo der Kessel gesteckt hatte.

**2** Warum ist es den Männern nicht gelungen, den Schatz zu bergen? Schreibe deine Vermutungen auf.

**3** Welche Merkmale hast du in der Sage erkannt? Schreibe sie auf.

**4** Was könnten die drei Männer besprechen, nachdem der Kessel verschwunden ist? Schreibe einen Dialog auf.

**5** Was fiel dir leicht? Was möchtest du noch weiter üben? Schreibe in dein Lerntagebuch.

Lerntagebuch
► S. 194–195

# Eine Sage verstehen

**Hier übst du noch einmal, eine Sage zu verstehen und ihre Merkmale zu bestimmen.**
**Du entscheidest, ob du die Aufgaben auf den Seiten 172–173 mit mehr Hilfen oder die kniffligeren Aufgaben auf den Seiten 174–175 lösen willst.**

Textknacker ► S. 295

**1** Lies die Sage mit dem Textknacker.

**Die Wettenburg**

Eine halbe Stunde oberhalb von Wertheim liegt ein Felsen, der von drei Seiten vom Main umflossen wird. Dort oben stand einst eine Burg. Von ihr ist nichts mehr zu sehen, doch werden manch unheimliche Ereignisse von dort oben berichtet.

Die Sage erzählt, dass die letzte Gräfin auf dem Schloss eine geizige und hartherzige Frau gewesen sei. Sie beutete ihre Bauern aus, doch besonders hasste sie die Bettler und armen Leute, die um eine kleine Gabe an ihr Burgtor klopften.

Um endlich Frieden vor ihnen zu haben, beschloss sie, den Main auch um die vierte Seite des Felsens zu leiten, um den Weg für das „Gesindel" zu versperren. Der Burgvogt* äußerte Bedenken, Gott möge es missfallen, dem Fluss ein anderes Bett zu geben. Sie aber sagte: „Es mag Gott lieb oder leid sein; mein Vorhaben wird ausgeführt! So wenig ich diesen Ring wiedersehe, so wenig unterbleibt es!" Damit zog sie einen Ring vom Finger und warf ihn in den Fluss.

Noch am selben Abend aber fand der Koch in einem Karpfen, den er für das Festmahl zubereitete, den Ring wieder und brachte ihn arglos zur Gräfin. Die wurde totenbleich und im selben Moment fuhr ein Blitz vom Himmel und mit einem gewaltigen Donnerschlag versank die Burg im Berg.

* der Burgvogt: Verwalter einer Burg

**Nach der eigentlichen Sage geht die Geschichte weiter. Es wird erzählt, was sich danach immer wieder an der Stelle abgespielt haben soll.**

Alle sieben Jahre soll man die Burg am Grunde des Mains sehen können. Und alle sieben Jahre öffnet sich an der Stelle, wo die Burg einst stand, eine Höhle. Ein Schäfer suchte einmal darin Schutz vor einem Unwetter. Er kehrte erst nach sieben mal sieben Jahren wieder zurück und keiner kannte ihn mehr. Ein andermal entdeckten einige Burschen aus Kreuzwertheim einen tiefen Schacht. Sie ließen den Mutigsten von ihnen an einem Strick in die Höhle hinab. Als sie ihn wieder heraufgezogen hatten, konnte er lange nicht sprechen. Doch dann berichtete er von langen Tafeln, an denen Menschen in altertümlichen Trachten schweigend gesessen hatten, und von Gold, Silber und Edelsteinen, die er gesehen habe. Doch das Erlebte hatte den Jungen so erschreckt, dass er bald darauf starb.

**2** Finde für die eigentliche Sage und ihre Nachgeschichte jeweils eine passende Zwischenüberschrift.

**3** Untersuche nun den ersten Teil der Sage mit Hilfe der Handlungsbausteine.

**a.** Schreibe jeden Handlungsbaustein auf eine Karte.

**b.** Notiere Stichworte zu jedem Handlungsbaustein.

Handlungsbausteine ► S. 296

**Starthilfe**

Hauptfigur in Situation: Gräfin auf Schloss in der Nähe von Wertheim, geizig, hartherzig, hasst ...
Wunsch der Hauptfigur: will Schloss unzugänglich für ... machen, ...
...

**4** Erzählt die Sage mit Hilfe eurer Karten nach. Berücksichtigt dabei auch den zweiten Teil der Sage.

**5** Welche Merkmale erkennst du in der Sage? Schreibe die Sagenmerkmale mit Beispielen aus dem Text auf.
**Tipp:** Beachte das Merkwissen von Seite 165.

**Starthilfe**

| Merkmal | Beispiel aus dem Text |
|---|---|
| übernatürliches Ereignis/übernatürliche Ereignisse | ... |
| ... | ... |

**Neben den lokalen Sagen, die z. B. aus Deutschland stammen, gibt es auch alte griechische Sagen, die man antike Sagen nennt.**

Textknacker ► S. 295

**1** Lies die folgende Sage mit dem Textknacker.

## Dädalus und Ikarus   Gustav Schwab

**Der griechische König Minos hielt den großen Baumeister Dädalus und seinen Sohn Ikarus auf der Insel Kreta gefangen. Es gab keine Möglichkeit für Vater und Sohn, mit dem Schiff von der Insel zu fliehen.**

Dädalus aber kannte einen Ausweg, der Rettung versprach. „Mag König Minos uns auch den Wasserweg versperren", rief er, „so bleibt die freie Himmelsluft! Dort werde ich unseren Weg finden! Soll Minos auf dem Land seine Macht ausüben, in der Luft ist er kein Herrscher!" Dädalus nahm Vogelfedern, legte sie der Größe nach in eine genaue Reihenfolge, sodass man glauben konnte, sie seien in dieser Anordnung natürlich gewachsen. Er verband die Federn in der Mitte mit Fäden und fügte sie an den Kielen mit Wachs zusammen. Dann bog er sie leicht zurück, dass sie ganz die Form von Flügeln annahmen. Sein Sohn Ikarus war dabei und beobachtete, wie die Flügel unter den geschickten Händen des Vaters entstanden. Bald war das Wunderwerk der Flügel perfekt. Dädalus band sich selbst die Flügel an und hob ab in die Luft. Zur Erde zurückgekehrt, schnürte er dem Sohn das andere Flügelpaar an die Schultern. Dann ermahnte er ihn: „Ikarus, halte dich immer in der Mitte, ich bitte dich! Wenn du zu tief fliegst, so werden die Meereswellen dir die Flügel nass und schwer machen und dich hinabziehen. Fliegst du aber zu hoch hinauf, dann kommst du der Sonne zu nah, deine Federn fangen Feuer und das Wachs schmilzt, mit dem die Federn verbunden sind. Fliege also in der Mitte zwischen Wellen und Sonne, folge mir nur immer nach." Der Vater überprüfte noch einmal die beiden Flügelpaare, umarmte seinen Sohn und dann erhoben sich beide in die Luft. Der Vater flog voran, immer voll Sorge, ob alles gut gehen würde. „Folge mir nur nach!", rief er zurück zu Ikarus. Sorgfältig und deutlich bewegte Dädalus seine Schwingen, um den Sohn die schwere Kunst des Fliegens zu lehren. Doch der Vater beruhigte sich schnell, als er sah, wie sicher der Junge seinen Anweisungen folgte.

In schnellem Flug überquerten sie das Meer. Schon lagen die ersten Inseln vor der Küste Griechenlands hinter ihnen und sie näherten sich dem Festland, als der junge Ikarus übermütig wurde. Der glückliche Verlauf seines ersten Fluges ließ ihn so sehr auf seine eigene Kraft vertrauen, dass er immer höher flog. Voll Angst wollte Dädalus seinen Sohn zurückrufen, aber es war schon zu spät.
Kaum war der Junge der Sonne näher gekommen, da schmolz das Wachs, das die Federn zusammenhielt. Ehe Ikarus es gewahr wurde, hatten sich die Federn voneinander gelöst und flatterten durch die Luft davon. Nur noch einen Augenblick konnte sich der Junge in der Luft halten, dann griffen seine Arme ins Leere – sie fanden keinen Halt mehr und haltlos stürzte Ikarus in die Tiefe. So schnell war das Unglück gekommen, dass er nicht einmal mehr Zeit fand, einen Schrei auszustoßen.
Als Dädalus nach hinten sah, konnte er zu seinem Entsetzen nichts mehr von seinem Sohn erblicken. Das Meer hatte Ikarus schon verschlungen. „Ikarus! Ikarus!“, schrie der unglückliche Vater in seiner Verzweiflung. „Wo nur, wo soll ich dich suchen?“ Da endlich, als er in die Tiefe schaute, erkannte er einige Federn, die einsam auf dem Wasser trieben.
Das Herz voll Trauer, flog Dädalus an Land. Er legte die Flügel ab und irrte am Ufer der kleinen Insel umher, bis die Wellen den toten Ikarus an den Strand spülten. Dort begrub der Vater den geliebten Sohn. Der Insel aber gab er den Namen Ikaria.

**2** Erschließe die Sage mit Hilfe der Handlungsbausteine. Die Schlüsselwörter können dir helfen.

**3** Fasse den Inhalt der Sage in wenigen Sätzen zusammen.

**4** Sprecht über die folgenden Fragen:
- Weshalb hielt sich Ikarus nicht an die Anweisungen seines Vaters?
- Hätte sich Ikarus retten können?

**5** Welche Merkmale einer Sage hast du erkannt? Schreibe sie auf.

**6** Warum erzählte man sich bereits in der Antike Sagen und erzählt sie heute noch? Tauscht eure Gedanken aus.

**7** Überlegt euch, wie die Sage von Dädalus und Ikarus übertragen auf die heutige Zeit erzählt werden könnte. Notiert eure Ideen.

# Regen, Sonne, Wind – Gedichte

**Frühlingsglaube** Ludwig Uhland

Die linden Lüfte sind erwacht,
Sie säuseln und weben Tag und Nacht,
Sie schaffen an allen Enden.
O frischer Duft, o neuer Klang!
Nun, armes Herze, sei nicht bang!
Nun muss sich alles, alles wenden.

Die Welt wird schöner mit jedem Tag,
Man weiß nicht, was noch werden mag,
Das Blühen will nicht enden.
Es blüht das fernste, tiefste Tal:
Nun, armes Herz, vergiss der Qual!
Nun muss sich alles, alles wenden.

**Der Regenbogen** Josef Guggenmos

Ein Regenbogen,
Komm und schau!
Rot und orange,
gelb, grün und blau!

So herrliche Farben
Kann keiner bezahlen,
sie über den halben
Himmel zu malen.

Ihn malte die Sonne
Mit goldener Hand
Auf eine wandernde
Regenwand.

**Septembermorgen** Eduard Mörike

Im Nebel ruhet noch die Welt,
Noch träumen Wald und Wiesen:
Bald siehst du, wenn der Schleier fällt,
Den blauen Himmel unverstellt,
Herbstkräftig die gedämpfte Welt
In warmem Golde fließen.

**Spiegel** Alfred Könner

In der kleinen Regenpfütze
glitzern tausend Sonnenblitze;
spiegelt sich der Störche Zug,
eines Drachens Wolkenpflug,
zieht ein Flugzeug durch den Raum,
steht ein Stück vom Lindenbaum,
glänzt das fernste Sternenlicht,
schwebt und zittert dein Gesicht.

**1** Seht euch die Fotos an und beschreibt sie.

**2** **a.** Lest die Gedichte.
**b.** Welches Gedicht gefällt dir am besten? Lies es laut vor.

**3** Worin unterscheiden sich die Gedichte? Sprecht darüber.

**4** Was wisst ihr schon über Gedichte und ihre Merkmale?
**a.** Erstellt einen Cluster in der Gruppe.
**b.** Stellt eure Cluster in der Klasse vor.

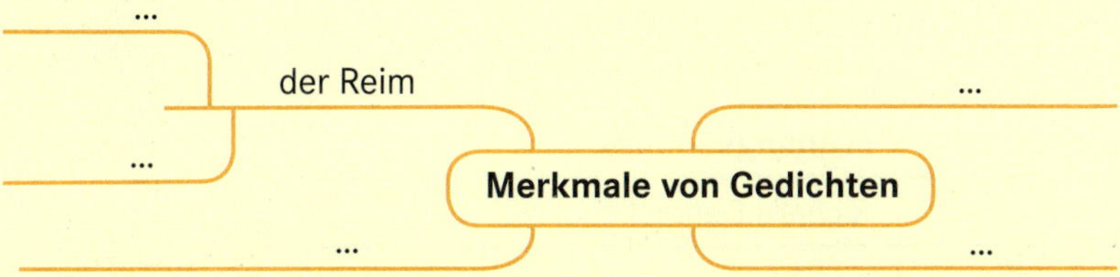


**In diesem Kapitel untersucht ihr Gedichte zum Thema „Wetter“. Ihr übt, Gedichte selbst zu gestalten und betont vorzutragen.**

# Gedichte untersuchen

## Gedichtmerkmale bestimmen

Du kennst bereits einige Merkmale von Gedichten: die Strophe, den Vers und den Reim. Mit dem folgenden Gedicht kannst du dein Wissen wiederholen und anwenden.

**1** Lies das Gedicht.

**Frühlingsahnung** Richard Dehmel

Die Felder liegen weiß;
wohin ich schau'
ins fahle Nebelgrau,
scheint Schnee und Eis.

Doch da – ein Sonnenstrahl
bricht durch den Flor
und zieht den Blick empor
mit einem Mal,

und von der Erden
ringt jung ein Duft
sich durch die Luft: –
will's Frühling werden?

**2** Worum geht es in dem Gedicht?
Schreibe zu jeder Strophe einen Satz auf.

**3** Welche Merkmale erkennst du in dem Gedicht?
**a.** Übertrage die Tabelle in dein Heft.
**b.** Lege eine Folie über das Gedicht und markiere die Reimwörter.
**c.** Trage die Merkmale des Gedichts in die Tabelle ein.

Starthilfe

| | Frühlingsahnung |
|---|---|
| der Autor/die Autorin | Richard Dehmel |
| die Anzahl der Strophen | ... |
| die Verse pro Strophe | ... |
| die Reimform | ... |
| die Besonderheiten | ... |

## Untersuche ein weiteres Gedicht nach seinen Merkmalen.

**4** a. Erweitere deine Tabelle um eine dritte Spalte.
W b. Wähle ein Gedicht von den Seiten 176 und 177 aus und untersuche seine Merkmale.
c. Trage deine Ergebnisse in die Tabelle ein.
d. Suche im Internet nach Hörfassungen der von dir ausgewählten Gedichte und höre sie dir an.
Welche Merkmale fallen dir beim Hören auf?
e. Vergleicht die Merkmale der beiden Gedichte.
Was fällt euch auf? Gibt es Unterschiede?

## Bei manchen Gedichten entstehen beim Lesen oder Hören Bilder.

**5** Wie wird der Frühling in dem Gedicht „Frühlingsglaube“ von Ludwig Uhland auf Seite 176 beschrieben?
a. Lies noch einmal das Gedicht.
W b. Zeichne ein Bild passend zum Gedicht.
Oder schreibe einen kurzen Text.
c. Vergleicht eure Bilder oder Texte.

### Das Gedicht

**Vers**: Die Zeilen eines Gedichtes heißen Verse.
**Strophe**: Eine Strophe ist ein Gedichtabschnitt, der aus mehreren Versen (Zeilen) besteht. Ein Gedicht besteht häufig aus mehreren Strophen.
Die Verszeilen sind oft durch Reime miteinander verbunden.
**Reimformen**:

| **Paarreim: aabb** | **umarmender Reim: abba** | **Kreuzreim: abab** |
|---|---|---|
| Zwei aufeinander-folgende Verse reimen sich, also ein Paar, z. B.: | Ein Paarreim wird umschlossen von zwei Versen, die sich ebenfalls reimen, z. B.: | Der 1. und 3. Vers sowie der 2. und 4. Vers reimen sich, also „über Kreuz“, z. B.: |
| Berg a | Band a | Zähne a |
| Zwerg a | Lüfte b | Bär b |
| leise b | Düfte b | Mähne a |
| Reise b | Land a | schwer b |

**Sprachliche Bilder** machen ein Gedicht besonders anschaulich.
In der Fantasie der Leserinnen und Leser oder der Hörerinnen und Hörer können so Bilder von den beschriebenen Stimmungen oder Gefühlen entstehen.

# Sprachliche Bilder: Vergleiche untersuchen

**In Gedichten werden häufig Vergleiche als sprachliche Bilder verwendet. Bei einem Vergleich werden zwei verschiedene Vorstellungen durch wie miteinander verknüpft.**

**1** Lies das Gedicht.

**Zeichen** Humberto Ak'abal

Es kommt Wind auf,
wenn die Wolken
wie Frauenhaar sind.

Es nieselt,
wenn sie Taubenflügeln gleichen.

Es gibt Sturm,
wenn sie wie Schafwolle aussehen.

Wolkenbruch,
wenn sie an den Rauch von Kiefernharz erinnern.

Und wenn sich am Morgen
eine Wolke vor den Sonnenaufgang
schiebt,

werden Regen und Wind
andere Dörfer heimsuchen.

**2** Wie wird das Wetter in dem Gedicht beschrieben? Schreibe alle Wettererscheinungen auf.

**3** Sieh dir die erste Strophe des Gedichts genauer an. Was vergleicht der Dichter hier durch das Wort **wie** miteinander?

**4** Finde in dem Gedicht einen weiteren Vergleich mit **wie** und schreibe ihn auf.

**5** In dem Gedicht gibt es zwei Vergleiche ohne **wie**.
**a.** Lies noch einmal die zweite und die vierte Strophe.
**b.** Wer ist in den Strophen mit **sie** gemeint? Womit werden sie hier verglichen? Schreibe Sätze auf.

**Auch in dem Gedicht „Wäre die Wolke ein Kissen …“ von Josef Guggenmos findest du Vergleiche.**

**6** Lies das Gedicht.

### Wäre die Wolke ein Kissen … Josef Guggenmos

Die Wolke, was ist sie? Wir wissen,
ein Ding wie Nebel und Rauch.
Wäre die Wolke ein Kissen
und läge ich drauf auf dem Bauch

flög ich, vom Wind geschoben,
und sähe hinab auf das Land.
Ich sähe die Heimat von oben
wie eine geöffnete Hand.

Die Fluren*, die waldigen Kuppeln,
die Stadt, ins Stromland gestellt.
Die Menschen wie winzige Puppen,
und jeder Mensch eine Welt.

* die Fluren: die Landschaft

**7** Was sieht man, wenn man von einer Wolke aus nach unten schaut?
**a.** Ordne die Bilder den passenden Versen zu.
**b.** Stelle dir vor, du liegst auf einer Wolke. Was siehst du, wenn du nach unten schaust? Schreibe deine Gedanken auf.

**8** Josef Guggenmos schreibt in der ersten und in der dritten Strophe jeweils einen Vergleich mit **wie**.
Was wird womit verglichen? Schreibe zwei Sätze dazu auf.

**Starthilfe**
In der ersten Strophe vergleicht der Dichter eine Wolke mit …
In der dritten Strophe …

**9** Welches Bild könnte der Dichter beim Schreiben der Vergleiche vor sich sehen? Beschreibe es.
Begründe, warum er diese Vergleiche gewählt haben könnte.

**Merkwissen**
Vergleiche gehören zu den sprachlichen Bildern. Sie machen Texte anschaulicher und lebendiger. Dabei werden zwei Vorstellungen durch **wie** oder **als** miteinander verknüpft:
Er zitterte wie Espenlaub. Sie strahlte heller als die Sonne.

# Gedichte aus Japan: Ein Haiku gestalten

In Japan werden Gedichte oft in der Form eines Haiku verfasst. In den folgenden Haiku werden verschiedene Jahreszeiten und Stimmungen beschrieben.

**1** Lies die Haiku.

Buson

Die schmalen Wege
Nun ganz und gar begraben
Im Fall des Laubes.

Tatsuko

Dem kahlen Astwerk
Des Frühlings Regentropfen
So eng verbunden.

Roka

Der Schnee vom Abend
Erhellt Gebüsch und Bäume
Mit seinem Glanze.

Rimpu

Um Sommerbäume
Bei den zwei schroffen Bergen
Die Wolken quellen.

**2** Ordne die Haiku den vier Jahreszeiten zu.

**3** Untersuche die besondere Form des Haiku.
**a.** Zähle in jedem Haiku die Verse und in jedem Vers die Silben.
**b.** Trage die Silbenzahl in eine Tabelle ein.
**c.** Was fällt euch auf? Sprecht darüber.

Starthilfe

| Autor | Vers 1 | Vers 2 | Vers 3 |
|---|---|---|---|
| Buson | 5 Silben | 7 Silben | ... |
| ... | ... | ... | ... |

**4** Für die Dichter ist jede Jahreszeit mit einem Bild verbunden. Beschreibe die Bilder für die Jahreszeiten in eigenen Worten. Zeichne passende Bilder oder schreibe deine Ideen auf.

**5** Formuliere einen Merksatz für das Silbenschema der Haiku.

## Nicht nur japanische Dichter haben Haiku verfasst.

**6** Lies die Haiku und sieh dir die Fotos an.

**Josef Guggenmos**

Unentwegt fallen
von gläsernen Eiszapfen
blitzende Tropfen.

**Durs Grünbein**

Im Rinnstein schwimmt, schau:
Eine einzelne Nudel.
Der Regen kocht Suppe.

**7** Betrachte die Haiku und die Fotos noch einmal genauer.
- **a.** Überlege: Welches Foto passt zu welchem Haiku? Begründe.
- **b.** Welche Gedanken oder Stimmungen rufen die Haiku und die Fotos bei euch hervor? Sprecht darüber.

## W Wähle aus den beiden folgenden Aufgaben eine aus.

**8** Welches Haiku von Seite 182 und 183 gefällt dir am besten?
- **a.** Schreibe es in schöner Schrift auf ein Blatt Papier.
- **b.** Gestalte das Papier mit Farben und male ein passendes Bild.

**9** Schreibe ein eigenes Haiku zu deiner Lieblingsjahreszeit.
- **a.** An welche Jahreszeit denkst du bei den Wörtern am Rand?
- **b.** Notiere Wörter, die du mit deiner Lieblingsjahreszeit verbindest. Du kannst auch aus den Wörtern vom Rand auswählen.
- **c.** Schreibe dein Haiku. Denke an die besondere Form eines Haiku.

**Sprachspeicher**
- die Osterglocke
- der Wintersturm
- zwitschern
- die Libelle
- schwitzen
- zartgrün
- die Apfelernte
- fliegen
- der Badesee
- die Stoppelfelder
- die Schneeberge
- leuchten

**Info**

Das Haiku (Mehrzahl: die Haiku) ist die kürzeste bekannte Gedichtform. Sie entstand in Japan im 16. und 17. Jahrhundert. Die Dichterin oder der Dichter beschreibt im Haiku, was sie oder er in einem kurzen Augenblick beobachtet.Ein Haiku hat drei Verse mit jeweils einer ganz bestimmten Silbenzahl. Reime und Überschriften gibt es nicht. Haiku beginnen oft mit einem Wort, das auf eine bestimmte Jahreszeit hinweist.

# Ein Gedicht vortragen

**Das Gedicht „Regenschirme“ kannst du so vortragen, dass man die Stimmung hören und spüren kann. Dabei helfen dir die Betonung, die Lautstärke, die Geschwindigkeit und Pausen.**

**1** Lies das Gedicht.

**Regenschirme** Vera Ferra-Mikura

Wenn die ersten Tropfen fallen,
lustig auf das Pflaster knallen,
blühen sie wie Blumen auf.
Bunt gestreifte, bunt gefleckte,
bunt getupfte, bunt gescheckte
nehmen fröhlich ihren Lauf.
Seit die ersten Tropfen fielen,
schweben sie auf dünnen Stielen,
leuchtend, schimmernd, rund und glatt.
Bunt gestreifte, bunt gefleckte,
Bunt getupfte, bunt gescheckte
Schirme blühen in der Stadt.

**2** Schreibe das Gedicht in dein Heft ab. Lasse immer eine Zeile frei.

**3** In dem Gedicht werden Regenschirme beschrieben.
Welche Adjektive verwendet die Autorin? Markiere sie farbig.

**4** Bereite das Gedicht zum Vortragen vor:
Verwende die Betonungszeichen vom Rand.

**Starthilfe**

Wenn die ersten Tropfen fallen, || lustig auf das ↗Pflaster ↗knallen, ||
...

↗ lauter
↙ leiser
→ schneller
← langsamer
|| Pause

**Auch durch deinen Körper und deinen Gesichtsausdruck kannst du die Stimmung des Gedichtes ausdrücken.**

**5** **a.** Wie möchtet ihr das Gedicht vortragen? Probiert verschiedene Stimmungslagen aus: fröhlich, glücklich, traurig, enttäuscht.
**b.** Welche Stimmung passt am besten zu dem Gedicht? Begründet.
**c.** Wie könnt ihr das auch mit dem Körper darstellen? Probiert es aus.

**Bei einem Gedichtvortrag ist auch die Betonung wichtig. Die Verse in einem Gedicht bestehen aus betonten und unbetonten Silben (Metrum).**

**6** **a.** Lies das Gedicht laut und betont. Klopfe mit deiner Hand bei jeder betonten Silbe auf dein Bein.
**b.** Kennzeichne in deinem Heft die betonten Silben (/) und die unbetonten Silben (∨).
**c.** Vergleicht eure Ergebnisse und begründet eure Entscheidung.

**Starthilfe**

/ ∨ / ∨ / ∨ / ∨ / ∨ / ∨ / ∨ / ∨
Wenn die ersten Tropfen fallen, lustig auf das Pflaster knallen, …

**Merkwissen**

Das Metrum gibt die regelmäßige Reihenfolge von betonten und unbetonten Silben innerhalb des Gedichts an.

**Nun kannst du das Gedicht vortragen.**

**7** **a.** Trage das Gedicht vor. Beachte dabei deine Markierungen. Wende die Arbeitstechnik „Ein Gedicht vortragen“ an.
**b.** Die Zuhörenden geben anschließend eine Rückmeldung.

**Arbeitstechnik: Ein Gedicht vortragen**

- Lies das Gedicht mehrmals leise und laut.
- Überlege dir, wie du das Gedicht vortragen möchtest, z. B. fröhlich, ernst.
- Unterstreiche Textstellen, die du besonders betonen möchtest.
- Markiere Textstellen, die du lauter sprechen möchtest, mit ↗.
  Markiere Textstellen, die du leiser sprechen möchtest, mit ↙.
- Lies manche Textstellen schneller →, manche langsamer ←.
- Mache kurze Pausen | oder längere Pausen || .
- Achte auf die Satzzeichen: Hebe die Stimme leicht an, z. B. vor einem Komma. Senke die Stimme, z. B. nach einem Punkt.

**Wie Gedichte klingen, kannst du dir gut auch anhören.**

**8** **a.** Höre dir ein Gedicht als Hörtext an.
**b.** Worum geht es in dem Gedicht? Schreibe einen Satz auf.
**c.** Höre dir den Hörtext noch einmal an. Schließe dabei die Augen. Was siehst du? Wie wirken die Worte auf dich?
**d.** Beschreibe die Stimmung.

# Ein Gedicht untersuchen und vortragen

Überprüfe, ob du ein Gedicht untersuchen und vortragen kannst.

**1** Lies das Gedicht.

**Wintereinbruch** Thomas Bollwerk

Die bunten Farben sind verschwunden.
Es kostete die Nacht nur Stunden,
das Land mit Puder zu bedecken,
des Winters Reize zu erwecken.

Der Lärm der Stadt, sonst dröhnend laut,
klingt nun, als käm' er durch die Wand.
Und wenn man einen Schneemann baut,
schmerzt nicht einmal die kalte Hand.

Der Wald ist still und trägt mit Würde
die große Schneelast auf den Wipfeln.
Wie eine Mütze liegt auf Gipfeln
der weiße Schnee, die schwere Bürde*.

* die Bürde: die Last

**2** Schreibe das Gedicht ab. Lasse nach jedem Vers eine Zeile frei.

**3** Was wird in dem Gedicht beschrieben?
Schreibe etwas zu jeder Strophe auf.

**4** Untersuche das Gedicht genauer.
- **a.** Notiere die Anzahl der Strophen und der Verse.
- **b.** Bestimme die Reimform in den Strophen.
- **c.** Welchen Vergleich mit **wie** enthält das Gedicht? Schreibe ihn auf.

**5** Bereite das Gedicht zum Vortragen vor.
- **a.** Markiere in deinem Heft die betonten Silben. Markiere Pausen und setze Zeichen für die Lautstärke und die Geschwindigkeit.
- **b.** Trage das Gedicht einer Partnerin oder einem Partner vor.
- **c.** Gebt euch gegenseitig eine Rückmeldung.

Arbeitstechnik:
Ein Gedicht vortragen
► S. 185

**6** Schreibe in dein Lerntagebuch, was dir schon gut gelingt und was du noch üben musst.

Lerntagebuch
► S. 194–195

# Ein Gedicht untersuchen

Hier übst du noch einmal, ein Gedicht zu verstehen.

Du entscheidest, ob du die Aufgaben auf Seite 187 mit mehr Hilfen oder die kniffligeren Aufgaben auf Seite 188 lösen willst.

⊙ **1** Sieh dir das Bild an und lies das Gedicht.

**Die Sonne** Christina Gumboldt

Sie trocknet früh morgens den Tau auf den Feldern,
scheint hier und dort, in Städten und Wäldern.
Sie schickt uns ihr Licht auf die Erde hinunter,
die Sonne macht Menschen und Tiere munter.

Sie ist immer da, nur manchmal verdeckt,
dann hat sie sich hinter den Wolken versteckt.
Sie bringt uns die Wärme, den Schatten, das Licht,
sie kitzelt wie Federn ganz sanft das Gesicht.

Täglich wandert sie einmal im Kreise,
von Osten bis Westen geht ihre Reise.
Hoch steht sie am Himmel und scheint auf uns nieder,
und jeden Tag weiß ich: Ich seh sie wieder.

⊙ **2** Schreibe das Gedicht ab.

⊙ **3** Welche Wirkung hat die Sonne auf Menschen, Tiere und Pflanzen? Markiere die Stellen in deinem Heft.

⊙ **4** Untersuche die Strophen und die Verse des Gedichts. Wie viele Strophen und wie viele Verse hat das Gedicht? Schreibe einen Satz dazu auf.

Gedichtmerkmale
► S. 179

⊙ **5** Untersuche die Reimform. Welche Reimform haben die Strophen? Schreibe sie neben die Verse.

Paarreim
Kreuzreim
umarmender Reim

⊙ **6** Untersuche den Vergleich mit **wie** in der zweiten Strophe. Womit vergleicht der Autor die Sonne? Schreibe einen Satz dazu auf.

**Du hast Merkmale von Gedichten kennen gelernt.
Nun kannst du dein Wissen anwenden.**

**1** Lies das folgende Gedicht.

**Oktober** Ursula Wölfel

Oktober kommt mit blauem Rauch,
der Wind will Äpfel pflücken
und gelbe Birnen gibt es auch
und Süßes reift im Brombeerstrauch,
du brauchst dich nur zu bücken!

So rot und gold wie Feuerschein
steht nun der Wald am Hügel.
Das Eichhorn sammelt Nüsse ein,
der Falter sitzt am warmen Stein
und breitet weit die Flügel.

Ein Spinnwebfaden fließt im Wald,
es raschelt auf den Wegen.
Der Häher* schreit, die Nacht wird kalt
und auf die Wiesen wird sich bald
der erste Raureif legen.

* der Häher: ein Rabenvogel

**Untersuche die Merkmale des Gedichts.**

**2** **a.** Schreibe das Gedicht in dein Heft.
Lasse nach jedem Vers eine Zeile frei.
**b.** Kennzeichne die Verse, die sich reimen,
mit dem gleichen Kleinbuchstaben.

**3** Die Dichterin verwendet sprachliche Bilder.
**a.** Finde zwei sprachliche Bilder und schreibe sie auf.
**b.** Erkläre in deinen eigenen Worten, was gemeint ist.

**4** Welche Stimmung erzeugt das Gedicht?
**a.** Sammle Ideen und Gefühle, die du beim Lesen des Gedichtes hast.
Welche Bilder entstehen in deinem Kopf?
Notiere Stichworte in dein Heft.
**b.** Schreibe nun einen Text darüber, was in dem Gedicht
beschrieben wird und welche Stimmung es erzeugt.

**Du kannst ein ähnliches Jahreszeitengedicht schreiben.**

W **5** Schreibe ein eigenes Gedicht. Wähle aus:
- Wie ist der Oktober für dich?
  Überlege dir eigene sprachliche Bilder zum Oktober.
- Schreibe ein eigenes Gedicht zu einer Jahreszeit oder zu einem bestimmten Monat.

**Das Gedicht „Oktober" eignet sich gut zum Vortragen.**
**Bereite einen Gedichtvortrag vor.**

**6** Schreibe das Gedicht „Oktober" von Ursula Wölfel noch einmal in dein Heft. Lasse nach jedem Vers eine Zeile frei.

**7** Welche Silben in dem Gedicht sind betont, welche unbetont? Finde das Metrum des Gedichts heraus.
**a.** Lies das Gedicht laut und betont.
**b.** Kennzeichne in deinem Heft die betonten Silben (/) und die unbetonten Silben (v).

**Starthilfe**

v / v / / / v /
Oktober kommt mit blauem Rauch ...

**8** Kennzeichne nun, wie du das Gedicht beim Vorlesen betonen willst. Verwende dazu die Betonungszeichen vom Rand.

↗ lauter
↙ leiser
→ schneller
← langsamer
|| Pause

**9** Übe deinen Gedichtvortrag.
- Beachte dabei deine Markierungen.
- Drücke die Stimmung des Gedichts auch durch deinen Körper und deinen Gesichtsausdruck aus.

**10** **a.** Tragt euch das Gedicht gegenseitig betont vor.
Der Zuhörende achtet auf die Betonung, die Lautstärke, die Geschwindigkeit, den Rhythmus und die Körpersprache.
**b.** Sprecht über eure Vorträge und gebt euch gegenseitig eine Rückmeldung:
- Was ist gut gelungen?
- Was kann verbessert werden?

# Ein Gedicht untersuchen

Hier übst du Schritt für Schritt, dich auf eine Probe vorzubereiten.

Stelle dir vor, dies ist die Aufgabe für die Probe:

Überprüfe, ob es sich bei dem Text um ein Gedicht handelt.
Untersuche die sprachlichen Merkmale und
begründe deine Meinung mit geeigneten Textstellen.
Fasse den Inhalt des Gedichts in zwei bis drei Sätzen zusammen.
Finde die Vergleiche und schreibe sie mit eigenen Worten um.

## 1. Schritt: Die Aufgabe verstehen

Aufgaben verstehen
► S. 196–197

**1** **a.** Lies die Aufgabe mehrmals genau.
**b.** Was sollst du genau tun?
Schreibe die richtigen Erklärungen genau ab.

- Du sollst den Text leise vorlesen.
- Du sollst sprachliche Merkmale im Text untersuchen und Vergleiche umschreiben.
- Du sollst den Inhalt zusammenfassen.
- Du sollst ein eigenes Gedicht schreiben.
- Du sollst den Rhythmus untersuchen und das Gedicht vortragen
- Du sollst etwas über den Autor Christian Morgenstern herausfinden.
- Du sollst ein ähnliches Gedicht finden.

## 2. Schritt: Die Aufgaben bearbeiten

**2** Lies den folgenden Text.

**Novembertag** Christian Morgenstern

Nebel hängt wie Rauch ums Haus,
drängt die Welt nach innen;
ohne Not geht niemand raus,
alles fällt den Sinnen.

Leiser wird die Hand, der Mund,
stiller die Gebärde.
Heimlich, wie auf Meeresgrund,
träumen Mensch und Erde.

### Untersuche den Text genauer.

**3** a. Welche Gedichtmerkmale kennst du? Schreibe sie auf.
b. Ergänze zu jedem Merkmal ein Beispiel aus dem Text.
c. Welche Reimform kannst du erkennen? Begründe mit einem Beispiel.

**4** Wie wird die Wirkung des Novembers auf die Menschen beschrieben? Schreibe deine Gedanken dazu auf.

**5** a. Finde zwei Vergleiche in dem Gedicht und schreibe die Verszeilen auf.
b. Welche Bilder werden verwendet? Erkläre, was sie bedeuten.
c. Formuliere die Bilder mit eigenen Worten.

### Mit Hilfe deiner Notizen kannst du die Aufgabe der Probe lösen.

**6** a. Fasse den Inhalt des Gedichtes in wenigen Sätzen zusammen.
b. Begründe in wenigen Sätzen, warum der Text ein Gedicht ist. Nenne Beispiele aus dem Text.
c. Erkläre die Vergleiche in dem Gedicht.

### 3. Schritt: Die Aufgabe überprüfen

**7** Überprüfe mit Hilfe der folgenden Checkliste, ob du die formalen und die sprachlichen Merkmale von Gedichten bestimmen kannst.

| Checkliste: Ein Gedicht untersuchen | Ja | Nein |
|---|---|---|
| – Habe ich mindestens drei Merkmale aufgeschrieben? | ■ | ■ |
| – Habe ich zu jedem Merkmal ein Beispiel gefunden? | ■ | ■ |
| – Habe ich alle Vergleiche im Gedicht gefunden? | ■ | ■ |
| – Habe ich die Schreibaufgabe gelöst? | ■ | ■ |

### 4. Schritt: Die Vorgehensweise auswerten

**8** Schreibe deine Erfahrungen in dein Lerntagebuch. Welche Merkmale kannst du sicher anwenden?

Lerntagebuch
► S. 194–195

# Arbeitstechniken

In diesem Teil kannst du gezielt das Handwerkszeug üben,
das du zum Lernen benötigst.

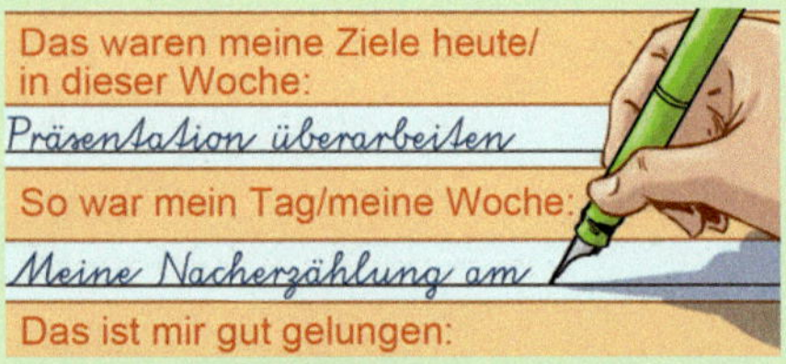


**Das Lernen organisieren**
Hier erhältst du Tipps für planvolles Lernen und übst, Aufgaben besser zu verstehen.

**Lesen und vorlesen**
Hier übst du, flüssiger zu lesen, Sachtexte und literarische Texte mit dem Textknacker zu verstehen und Texte betont vorzulesen.

**Erzählen**
Auf diesen Seiten übst du, eine Geschichte anschaulich zu erzählen und zu überarbeiten. Dabei nutzt du die Handlungsbausteine.

**Sich informieren**
Auf diesen Seiten übst du, wie du dich in einem Buch orientierst. Dabei trainierst du auch das Nachschlagen. Du übst auch die Recherche im Internet.

**Miteinander arbeiten und präsentieren**
Hier übst du, wie du ein Kurzreferat vorbereitest und präsentierst. Außerdem übst du, wie du ein hilfreiches Feedback geben kannst.

**Schreiben und überarbeiten**
Auf diesen Seiten trainierst du, wie du eigene Texte in der Schreibkonferenz überarbeiten kannst.

# Das Lernen organisieren

## Das Lernen planen

**Mit Hilfe einer Übersicht kannst du deine Lernzeit genau planen und übersichtlich aufschreiben.**

**1** Schreibe einen Wochenplan für deine Woche.
- **a.** Schreibe auf, was du in deiner Lernzeit bearbeiten möchtest (in der Schule/zu Hause).
- **b.** Trage deine festen Termine für die Woche ein.
- **c.** Teile dir genug Zeit ein, um dich auf Proben vorzubereiten. Das Lernpensum kannst du auf mehrere Tage verteilen und am letzten Tag vor der Probe wiederholen.

**Starthilfe**

**Mein Wochenplan vom ... bis ...**

| **Zeit** | **Montag** | b | ü | **Dienstag** | b | ü | **Mittwoch** | b | ü | **Donnerstag** | b | ü | **Freitag** | b | ü |
|---|---|---|---|---|---|---|---|---|---|---|---|---|---|---|---|
| ... | Lernen für Probe am Freitag | ☑ | ☑ | ... | ☐ | ☐ | Fußball-training | ☐ | ☐ | Lernen für Probe am Freitag | ☐ | ☐ | Feier Oma | ☐ | ☐ |
| ... | Gitarre | ☐ | ☐ | Lernen für Probe am Freitag | | | Lernen für Probe am Freitag | ☐ | ☐ | | ☐ | ☐ | | ☐ | ☐ |
| ... | ... | ☐ | ☐ | ... | ☐ | ☐ | ... | ☐ | ☐ | ... | ☐ | ☐ | ... | ☐ | ☐ |

**2** Besprich deinen Wochenplan mit einer Partnerin oder einem Partner. Zeige ihn auch deinen Eltern. Überarbeite den Wochenplan, wenn nötig.

**3** Hake ab, wenn du eine Aufgabe bearbeitet hast (b) und wenn du sie überprüft hast (ü).

**4** Überprüfe am Ende der Woche:
- Hat der Plan gut funktioniert?
- Was kannst du in der nächsten Woche besser planen?

## Ziele setzen und reflektieren

**Du solltest dein Lernen und deine Lernergebnisse immer wieder überdenken. Diese Gedanken helfen dir zu erkennen, was du schon gut kannst und wo du noch Hilfe brauchst.**
**Du kannst deine Gedanken und Beobachtungen z. B. in einem Lerntagebuch oder auf deinem Wochenplan notieren.**

**Die Klasse 6 b führt regelmäßig Lerntagebuch am Ende der Woche.**

**1** Lies die Lerntagebucheinträge von Luca und Sinem.

| LUCA: | SINEM: |
| --- | --- |
| 1. Rückblick:<br>Das waren meine Ziele in dieser Woche:<br>- *Lernen (jeden Tag: Vokabeln, Texte im Buch, Aufgaben)*<br>- *Note 3 in Englisch* | 1. Rückblick:<br>Das waren meine Ziele in dieser Woche:<br>*Jch will jeden Tag alle meine Hausaufgaben schaffen und mich auf die Englisch-Probe vorbereiten.* |
| 2. Bewertung:<br>Das ist mir gut gelungen:<br>- *Mathe-Hausaufgaben*<br>- *viel lernen für Englisch* | 2. Bewertung:<br>Das ist mir gut gelungen:<br>*Jch habe am Montag, Dienstag und Donnerstag alle Hausaufgaben geschafft. Für die Probe konnte ich alle Vokabeln lernen und mir alle Texte im Buch noch einmal durchlesen.* |
| 3. Ausblick:<br>Das nehme ich mir vor:<br>- *Lernen (Vokabeln)*<br>- *Hausaufgaben (alle, richtig)* | 3. Ausblick:<br>Das nehme ich mir vor:<br>*Jch will die Deutsch-Hausaufgaben für Mittwoch schon am Montag machen. Für die nächste Probe werde ich alle Aufgaben im Buch noch einmal machen und kontrollieren. Mama soll mich Vokabeln abfragen.* |

**2** Sprecht in der Klasse über die beiden Lerntagebücher.

**a.** Was fällt euch auf? Benennt Unterschiede.

**b.** Überlegt, wer in den drei Bereichen mehr über sein Lernen und Arbeiten herausfindet. Woran liegt das?

**c.** Luca schreibt in Stichworten, Sinem in ganzen Sätzen. Überlegt Vorteile und Nachteile.

**Ziele werden deutlicher, wenn klar genannt ist,**
- **was getan werden soll (Ziel),**
- **was dazu nötig ist/welche Schritte dazu nötig sind (Schritte),**
- **bis wann/wann etwas passieren soll (Zeit),**
- **wer etwas tun soll (Verantwortlicher),**
- **was helfen kann, um das Ziel zu erreichen (Hilfe).**

**3** **a.** Überprüft die Einträge von Luca und Sinem:
- Wo werden Ziel, Schritte, Zeit, Verantwortlicher und Hilfe genannt?
- Wo fehlt es?

**b.** Ergänzt die Einträge, wenn nötig. Schreibt sie vollständig auf.

**4** Schreibt die Aussagen von Luca um, sodass deutlicher wird,
- welche Ziele er hatte,
- was er geschafft hat und
- was er sich vornimmt.

**Starthilfe**

1. Rückblick:
Das waren meine Ziele in dieser Woche:
*Ich möchte so viel für die Englisch-Probe lernen, dass ich eine 3 schaffe.*
*Dazu will ich ...*

**Nun überlege dir, welche Ziele du für deine nächste Schulwoche hast.**

**5** **a.** Schreibe nach der Vorlage der Klasse 6 b deine eigenen Ziele für nächste Woche auf.

**b.** Prüfe, ob du alle Punkte berücksichtigt hast (Ziele, Schritte, Zeit, Verantwortlicher, Hilfe).

**c.** Ergänze, wenn es nötig ist.

# Aufgaben verstehen

## Aufgaben kannst du in drei Schritten verstehen.

### 1. Schritt: Du liest die Aufgabe genau.

> **A**
>
> Arbeite mit einer Partnerin oder einem Partner zusammen.
> Schreibt auf, welche Merkmale von Sagen in dem Text vorkommen.
> Vergleicht euer Arbeitsergebnis mit der Lösung.

**1** Lies die Beispielaufgabe **A** mehrmals genau und langsam.

## Verben sind die wichtigsten Wörter in einer Aufgabe.

**2** **a.** Schreibe die Verben aus Aufgabe **A** heraus.
**Tipp:** Es sind drei verschiedene. Eines besteht aus zwei Teilen.
**b.** Schreibe jeweils den Infinitiv (die Grundform) dazu.

**Starthilfe**
Zeile 1: arbeite zusammen – zusammenarbeiten
Zeile 2: …

**3** Die Aufgabe **A** sagt dir noch mehr.
Beantworte die folgenden Fragen schriftlich:
- Welche wichtigen Wörter sagen dir genauer, was du tun sollst?
- Sollst du die Aufgaben schriftlich oder mündlich lösen?
- Arbeitest du allein oder mit jemandem zusammen?

### 2. Schritt: Du überlegst, was alles zur Lösung der Aufgabe gehört.

**4** Das Verb in der Aufgabe sagt dir, was du tun sollst.
**a.** Ordne den Verben vom Rand die passenden Erklärungen zu.
**b.** Schreibe die Verben mit den Erklärungen auf.

Erklärungen:
- Ich soll wiedergeben, wie etwas aussieht, abläuft oder funktioniert.
- Ich soll die wichtigsten Informationen wiedergeben.
- Ich soll Gemeinsamkeiten und Unterschiede finden und benennen.
- Ich soll etwas aufzählen.
- Ich soll bestimmte Informationen auswählen und mit einem Stift unterstreichen oder farbig anstreichen.

nennen
vergleichen
beschreiben
zusammenfassen
markieren

## Manche Aufgaben sind sehr lang.

B

a. Lies den Text und beantworte die Fragen zum Text.
b. Schreibe dann einen eigenen Schluss.
c. Suche dir anschließend eine Lernpartnerin/einen Lernpartner.
Lest euch gegenseitig eure Ergebnisse vor.

**5** **a.** Lies die Aufgabe **B** genau – Zeile für Zeile.
**b.** Finde die Verben. Schreibe sie jeweils mit den Infinitiven auf.

Starthilfe
Zeile 1: lies durch – durchlesen
Zeile 1: ...

**6** Schreibe die Schlüsselwörter aus Aufgabe B auf.
Die Fragen am Rand helfen dir.

Starthilfe
Zeile 1: durchlesen, Fragen beantworten ...
Zeile 2: ...

Was tun?
Was?
Womit?
Wie?

## 3. Schritt: Du gibst die Aufgabe mit eigenen Worten wieder.

**7** Welche Erklärungen zu Aufgabe **B** sind richtig?
**a.** Schreibe die richtigen Erklärungen ab.
**b.** Korrigiere die falschen Erklärungen.

- Ich soll den Text durchlesen.
- Ich soll mit einem Partner die Aufgaben bearbeiten.
- Die Fragen zum Text beantworte ich alleine.
- Ich suche mir einen passenden Schluss aus.
- Das Ergebnis vergleiche ich mit der Lösung.

## Wie gehst du vor, wenn du eine Aufgabe bearbeitest?

**8** **a.** Vergleiche deine Vorgehensweise mit den drei Schritten.
**b.** Was kannst du schon gut?
Was solltest du noch üben?
Schreibe in dein Lerntagebuch.

# Lesen und vorlesen

## Das Lesen trainieren

„Übung macht den Meister“ – hier kannst du üben, schneller und besser zu lesen.

### Training 1: Die Lesegeschwindigkeit trainieren

**1** **a.** Lies die folgenden Wörter flüssig und genau, das heißt in gleicher Geschwindigkeit und ohne Fehler.

**b.** Lest euch die Wörter gegenseitig laut vor.

**Pustekuchen** *Butterblume* Schneidezahn
**Vorhängeschloss** **Altstadtring** Flussufer
**Promenadenmischung** *Kaffeehaus* **Gefängniswärter**
*Pausenhofspiele* ***Kellerabteil***
Bahnhofsuhr U-Bahnsteig *Teigmantel*
**Trainingsmatte** *Gesellschaftsspiel* **Kartoffelstampfer**
*Zuckerguss* Herzenswunsch *Lebkuchenhaus*

### Training 2: Wörter auf einen Blick erfassen

**3** Hier fehlen die Vokale **a** und **e**.
Übe, die Zungenbrecher möglichst schnell und flüssig vorzulesen.

W ? nn Fli ? g ? n hint ? r Fli ? g ? n fli ? g ? n,
d ? nn fli ? g ? n Fli ? g ? n hint ? r Fli ? g ? n h ? r.

Kl ? in ? Kind ? r könn ? n k ? in ?
kl ? in ? n Kirschk ? rn ? kn ? ck ? n.

Bl ? ukr ? ut bl ? ibt Bl ? ukr ? ut
und Br ? utkl ? id bl ? ibt Br ? utkl ? id.

## Training 3: Wörter aus dem Zusammenhang erschließen

**4** Ergänze beim Lesen die fehlenden Wörter.

Jeden Morgen stehe ich an der Haltestelle und warte auf den ? (Flugzeug, Boot, Bus, Taxi, Gondel, Straßenbahn).

Meistens sind schon andere ? (Tiere, Schwestern, Mitschüler, Fahrräder) eingestiegen, die auch zur Schule fahren.

Wir setzen uns zusammen und erzählen uns ? (schweigend, fröhlich, gesund, sauber), was wir gestern erlebt haben.

So vergeht ? (die Fahrt, das Motorrad, die Reise, der Stuhl, die Reparatur) zur Schule immer sehr schnell.

Nur wenn das Wetter sehr ? (schlecht, gut, grün, lustig) ist, nehme ich mein Fahrrad.

Nachmittags ? (liebe, schlafe, esse, gehe, spiele) ich es, laut Musik zu hören.

Meine ? (Hund, Bruder, Onkel, Mutter) kommt dann in mein Zimmer und schimpft.

## Training 4: Beim Lesen mitdenken

**5** Welches Wort passt jeweils nicht in den Satz?
**a.** Lege eine Folie über den Text.
**b.** Streiche das nicht passende Wort jeweils auf der Folie durch.

**6** Lies dann die Sätze einer Partnerin oder einem Partner richtig vor. Lasse dabei jeweils das nicht passende Wort weg.

Viele Schüler spielen gern aber Fußball auf dem Pausenhof.

Dort gibt es oft einen besonderen Platz oder und Bereich dafür.

Manchmal kommt es immer zum Streit.

Welche Klasse darf gestern heute spielen?

Bei uns hat die Schülermitverwaltung einen Plan Liste aufgestellt.

Diese dieser regelt klar, welche Klasse an welchem Tag spielen darf.

Seitdem läuft es wie geschmiert geschmeidig.

# Einen Sachtext mit dem Textknacker lesen

**Die Schritte des Textknackers kennst du schon.
Hier kannst du üben, den Textknacker anzuwenden.**

**1** Wiederhole die vier Schritte des Textknackers. Schreibe sie auf.

### 1. Schritt: Vor dem Lesen

**2** Sieh dir den Sachtext als Ganzes an.

**a.** Sieh dir das Bild an und lies die Überschrift des Sachtextes.

**b.** Schreibe Stichworte zu diesen Fragen auf:

- Wie lautet das Thema des Sachtextes?
- Was weißt du schon über das Thema?
  Was erzählt dir das Bild?
- Worum könnte es in dem Sachtext gehen?

### 2. Schritt: Das erste Lesen

**3** **a.** Überfliege den Text oder lies ihn einmal durch.

**b.** Welche Wörter oder Wortgruppen fallen dir auf? Schreibe sie auf.

**c.** Überprüfe deine Vermutung aus Aufgabe 1 b:
Worum geht es in dem Sachtext?

**Der gigantische Amazonas** Tanja Hebenstreit

**1** Der Amazonas ist ein gewaltiger Fluss in Südamerika. Seine Quellflüsse starten in über 5 000 Metern Höhe in den peruanischen Anden, einer Gebirgskette im Westen des Kontinents. Dann verläuft er von West nach Ost quer durch den tropischen Regenwald von Südamerika und mündet im Atlantischen Ozean.

**2** Der Amazonas ist über 6 400 Kilometer lang (zum Vergleich: Berlin und New York liegen rund 6 380 Kilometer voneinander entfernt) und der wasserreichste Strom der Erde. Über 10 000 kleine und große Nebenflüsse versorgen ihn mit Wasser, an einigen Stellen ist er mehrere Kilometer breit.

**3** Am Amazonas liegen nicht viele Städte. Die größte Stadt Iquitos befindet sich in Peru an der Quelle des Flusses. Macapá, die zweitgrößte Stadt am Flussufer, hat etwas mehr als 300 000 Einwohner und liegt an der Mündung.

**4** Trotzdem ist der Fluss die wichtigste Route für den Verkehr im Regenwald. Straßen sind eher selten. Schiffe transportieren Waren und die Einwohner nutzen Boote, um von einem Ort zum anderen zu kommen. Dabei können sie über 1 500 Fischarten beobachten, die im Fluss leben. Dazu gehören viele Speisefische, die uns nicht bekannt sind, und Amazonas-Flussdelfine, aber auch die gefährlichen Piranhas.

## 3. Schritt: Den Text genau lesen

**4** Lies den Text noch einmal Absatz für Absatz.

**5** Schreibe für jeden Absatz eine Zwischenüberschrift auf.
Lasse unter jeder Überschrift jeweils drei Zeilen frei.

**6** Worum geht es in den Absätzen?
**a.** In den Absätzen 1 und 2 sind bereits Schlüsselwörter hervorgehoben. Finde in den Absätzen 3 und 4 selbst Schlüsselwörter.
**b.** Schreibe zu jedem Absatz unter die Zwischenüberschrift Schlüsselwörter auf.

**7** Schlage im Lexikon die Wörter nach, die du nicht verstanden hast.

Nachschlagen ► S.303

## 4. Schritt: Nach dem Lesen

**8** **a.** Was erfahrt ihr in dem Sachtext?
Tauscht euch darüber aus, was das Wichtigste in jedem Absatz ist.
**b.** Schreibt es jeweils in einem Satz auf eine Karte auf.
Verwendet eure Schlüsselwörter.
**c.** Vergleicht eure Sätze in der Klasse.

**9** Welche Schritte des Textknackers kannst du sicher anwenden?
Was solltest du noch trainieren?
Schreibe deine Leseerfahrungen in dein Lerntagebuch.

Lerntagebuch
► S.194–195

## Eine Geschichte verstehen

**Mit Hilfe der Handlungsbausteine kannst du eine Geschichte besser verstehen.**

**1** Wiederhole die fünf Handlungsbausteine. Schreibe sie auf.

**Der folgende Auszug aus einem Jugendbuch erzählt die Geschichte von Arthur, der im Wald etwas Seltsames beobachtet.**

**2** Lies den Text.

**Potilla** Cornelia Funke

**1** Jetzt reicht's, | dachte Arthur und drehte sich um. | | Da hörte er | ein lautes Rascheln aus dem Wald. | | Etwas kam direkt auf ihn zu. | | Erschrocken duckte er sich | hinter den ersten Busch. | | Zwischen den Bäumen | tauchte eine unheimliche Gestalt auf. | | Gebückt und krummbeinig stand sie da | und sah sich um. | | „So, meine Schöne“, | hörte Arthur eine raue Stimme flüstern. | |

Hochwohlgeboren*, | spitz die Ohren! | |
Ehrenpreis** und Menschenstrumpf, |
Mach die Fee nun steif und stumpf. | |
Stille stehn nun Raum und Zeit. |
Und du schläfst in Ewigkeit! | |
Weg mit dir! | | Auf Nimmerwiedersehen! | |
Und viel Spaß in der Menschenwelt! | |

Die Gestalt hob den Arm. | | Etwas flog durch die Luft | – und landete mit einem dumpfen Plumps | neben Arthur im Gras. | |

**2** Die unheimliche Gestalt hüpfte von einem krummen Bein auf das andere und lachte dabei so sehr, dass es sie schüttelte. Arthur schlotterte vor Angst. Kalter Regen trommelte durch das Blätterdach und durchweichte seine Kleider. Eine Sekunde noch, dachte er, dann fall ich tot um. Doch nun endlich hatte das unheimliche Wesen genug vom Tanzen. Einen Moment stand es noch stumm und reglos da, dann drehte es sich um – und war verschwunden. [...]

* Hochwohlgeboren: eine höfliche Anrede für jemanden, der adelig ist

** Ehrenpreis: eine Blume mit blauen Blüten

**3** Zögernd hob Arthur den klitschnassen Kopf. Neben ihm im Gras lag ein Strumpf. Ein dreckiger, scheußlich gemusterter Strumpf, in dem offensichtlich irgendetwas steckte. Arthur holte seine kleine Taschenlampe aus der Hosentasche und legte sie so ins Gras, dass der Lichtschein auf den Strumpf fiel. Einen Atemzug lang zögerte er. Dann knotete er die merkwürdige Ranke* auf, mit der der Strumpf verschnürt war – und griff hinein.

* die Ranke: ein dünner Pflanzenstängel

**Wenn du in einer Geschichte die Handlungsbausteine untersuchst, kannst du die Geschichte besser verstehen.**

**3** Wer ist die Hauptfigur? In welcher Situation steckt sie?
- **a.** Nimm eine Karteikarte und schreibe den Handlungsbaustein auf.
- **b.** Schreibe dann die Antworten auf die Karteikarte.

*Handlungsbaustein: Figur in Situation*

**4** Welchen Wunsch hat Arthur in dieser Situation?
- **a.** Nimm eine zweite Karteikarte und schreibe den Handlungsbaustein auf.
- **b.** Schreibe dann die Antwort auf die Frage ebenfalls auf die Karteikarte.

*Handlungsbaustein: Wunsch*

**5** Ist das unheimliche Wesen ein Hindernis für Arthur? Warum?
- **a.** Nimm eine dritte Karteikarte und schreibe den Handlungsbaustein auf.
- **b.** Schreibe die Antwort auf die Frage ebenfalls auf die Karteikarte.

*Handlungsbaustein: Hindernis*

**6** Was tut Arthur jetzt? Läuft er einfach weg?
- **a.** Nimm eine vierte Karteikarte und schreibe den Handlungsbaustein auf.
- **b.** Schreibe die Antwort auf die Frage ebenfalls auf die Karteikarte.

*Handlungsbaustein: Reaktion*

**7** Was tut Arthur am Ende? Was passiert mit dem Strumpf?
- **a.** Nimm eine fünfte Karteikarte und schreibe den Handlungsbaustein auf.
- **b.** Schreibe die Antwort auf die Frage ebenfalls auf die Karteikarte.

*Handlungsbaustein: Ende*

**8** Vergleicht eure Notizen zu den Handlungsbausteinen. Habt ihr unterschiedliche Antworten notiert?

**9** Das unheimliche Wesen flüstert etwas.
Was könnte es damit meinen?
Schreibt gemeinsam auf, was euch zu den einzelnen Zeilen einfällt.
**Tipp:** Die Worterklärungen helfen euch dabei.

**Starthilfe**

Hochwohlgeboren*, spitz die Ohren → jemand, der adelig ist, soll zuhören
Ehrenpreis** und Menschenstrumpf → ...
Mach die Fee nun steif und stumpf → ...
...

**Nun hast du den Kern der Geschichte mit Hilfe der Handlungsbausteine ermittelt.**

**10** Worum geht es in dem Textauszug?
Fasse es mit Hilfe deiner Kärtchen mündlich zusammen.
**a.** Was passiert in welcher Reihenfolge?
Lies noch einmal deine Stichworte.
**b.** Hast du etwas Wichtiges vergessen?
Ergänze deine Stichworte, wenn nötig.
**c.** Erzählt euch gegenseitig, worum es in dem Textauszug geht.

**Hier sind die Handlungsbausteine noch einmal zusammengefasst:**

**Arbeitstechnik: Eine Geschichte verstehen: Die Handlungsbausteine**

Die fünf Handlungsbausteine finden sich in vielen Geschichten und enthalten das Wichtigste der Handlung. Stelle diese Fragen, wenn du die Handlungsbausteine ermitteln willst:
- Wer ist die Hauptfigur? In welcher Situation steckt sie?
- Welchen Wunsch hat sie?
- Welches Hindernis ist ihr im Weg?
- Wie reagiert die Hauptfigur auf das Hindernis? Wie versucht sie, es zu überwinden?
- Wie endet die Geschichte? Ist die Hauptfigur erfolgreich?

**11** Was kannst du schon gut, was solltest du noch trainieren?
Schreibe deine Leseerfahrungen auf ein Blatt.
Du kannst das Blatt in deine Lesemappe oder dein Lerntagebuch legen.

**12** Schreibe alle Handlungsbausteine auf ein extra Blatt.
Das Blatt kannst du für jeden erzählenden Text verwenden.

# Die Geschichte betont vorlesen

**Nun kannst du üben, diese spannende Situation auf den Seiten 202 und 203 so vorzulesen, dass sich die Zuhörerinnen und Zuhörer genau vorstellen können, was geschieht.**

**Arbeitstechnik: Betont vorlesen**

- Betone wichtige Wörter. Unterstreiche Wörter und Wortgruppen, die du besonders betonen möchtest.
- Lies manche Textstellen lauter ↗, manche leiser ↙.
- Lies manche Textstellen schneller →, manche langsamer ←.
- Mache Pausen, z. B. vor einer spannenden Stelle. Mache kurze Pausen | oder längere Pausen ||.
- Achte auf die Satzzeichen: Hebe die Stimme leicht an, z. B. vor einem Komma. Senke die Stimme, z. B. nach einem Punkt.
- Achte auf die wörtliche Rede: Die Zuhörer sollen verstehen, wer spricht. Sie sollen auch hören, wie jemand spricht.

**1** Übe, Absatz **1** auf Seite 202 vorzulesen. Die Markierungen im Text helfen dir dabei.

**2** Die Zeilen 7 bis 13 in der Sprechblase werden von der unheimlichen Gestalt gesprochen. Ihr könnt ihr eine bestimmte Stimme geben: krächzend, brüllend, bedrohlich, tief, hoch ...

**a.** Lies den Text ausdrucksvoll vor Zuhörern vor.

**b.** Besprecht, was ihr noch verbessern könnt.

**3** Bereite die Absätze **2** und **3** zum Vorlesen vor.

**a.** Lege eine Folie über den Text.

**b.** Probiere es aus: Wo möchtest du Pausen machen? Welche Wörter möchtest du betonen?

**c.** Trage Markierungen auf der Folie ein.

**d.** Lies die Absätze mehrmals laut vor.

**Wie Geschichten klingen, kannst du dir gut auch anhören.**

**4** **a.** Höre dir eine Geschichte als Hörbuch an.

**b.** Worum geht es in der Geschichte? Fasse es kurz zusammen.

**c.** Höre dir das Hörbuch noch einmal an. Schließe dabei die Augen. Wie wirken die Worte auf dich?

**b.** Beschreibe die Stimmung.

# Erzählen

Handlungsbausteine
- Hauptfigur/ Situation
- Wunsch
- Hindernis
- Reaktion
- Ende

## Mit Handlungsbausteinen erzählen

**Eigene Geschichten zu schreiben ist schwer?**
**Wenn du mit den Handlungsbausteinen planst, ist es leichter.**
**Lege für jeden Handlungsbaustein eine Karteikarte an.**

**1** Wer soll in deiner Geschichte die Hauptfigur sein?
In welcher Situation steckt sie?
Schreibe deine Ideen auf eine Karteikarte.

*Sanne wacht eines Tages auf einem anderen Planeten auf …*

*Diego wird plötzlich immer kleiner statt größer …*

*Mein bester Freund / Meine beste Freundin ist weggezogen …*

**2** Welchen Wunsch hat deine Hauptfigur?
Schreibe den Wunsch auf eine weitere Karteikarte.

*Sanne wünscht sich nichts sehnlicher, als …*

*Diego möchte unbedingt …*

*Ich habe vor …*

**3** Warum kann sich deine Hauptfigur ihren Wunsch nicht erfüllen?
Schreibe dieses Hindernis auf die dritte Karteikarte.

*Es geht nicht, weil …*

*Diego traut sich nicht, weil …*

*Ich weiß nicht, wie …*

**4** Was könnte deine Hauptfigur tun, um ihren Wunsch trotzdem zu erfüllen?
Welche Folgen könnte die Reaktion haben?
Schreibe deine Ideen auf die vierte Karteikarte.

**5** Wie soll die Geschichte enden?
Schreibe eine Idee für das Ende auf die fünfte Karteikarte.

## Nun kannst du deine Geschichte schreiben.

**6** Was sollte die Leserin oder der Leser erfahren, damit sie oder er deine Geschichte weiterlesen möchte?
  **a.** Plane den Aufbau deiner Geschichte möglichst spannend. Verschiebe dazu die Karteikarten und probiere verschiedene Möglichkeiten aus.
  **b.** Bringe die Karteikarten in die Reihenfolge, in der du deine Geschichte erzählen möchtest.

**7** Schreibe einleitende Worte auf, die zu der Geschichte und zur Stimmung passen.

**8** Erzähle die Erlebnisse deiner Hauptfigur lebendig, ausführlich und abwechslungsreich.
- Schreibe auf, was die Hauptfigur alles erlebte.
- Gab es ein plötzliches Ereignis? Erzähle, was auf einmal geschah.
- Was dachte und fühlte deine Hauptfigur? Beschreibe die Gedanken und Gefühle der Hauptfigur.

Anschaulich erzählen ► S. 301

**9** Wie endet deine Geschichte? Erzähle, wie sich die Spannung löst.
**Tipp:** Ein unerwartetes Ende kann das Interesse der Leserinnen und Leser belohnen.

**10** Überlege dir eine Überschrift, die gut zu deiner Geschichte passt und die Leserinnen und Leser neugierig macht.

**11** Stelle deine Geschichte in der Schreibkonferenz vor.
  **a.** Suche dir zwei oder drei Mitschülerinnen und Mitschüler.
  **b.** Lest noch einmal die Regeln für die Schreibkonferenz.
  **c.** Überarbeitet deine Geschichte gemeinsam.

Texte in der Schreibkonferenz überarbeiten ► S. 301

## Wie verändert sich deine Geschichte, wenn du die Reihenfolge der Handlungsbausteine veränderst?

**12** **a.** Bringe die Kärtchen in eine andere Reihenfolge.
  **b.** Schreibe nun die Geschichte neu.
  **c.** Vergleiche deine Geschichten: Welche gefällt dir besser? Begründe deine Entscheidung.

# Eine Geschichte überarbeiten

**Auch beim Überarbeiten von Geschichten helfen dir die Handlungsbausteine und die Tipps zum Erzählen.**

**Zu einer geheimnisvollen Tür hat Bastian eine Geschichte geschrieben. Du kannst Bastians Geschichte überarbeiten.**

**1** **a.** Lies Bastians Geschichte.
**b.** Begründe, warum die Geschichte noch nicht spannend ist.

*Die Drachenwelt*
*Einmal lief ich mit meinem Freund Ben auf den Spielplatz. Da sahen wir eine Tür. Wir gingen rein. Plötzlich waren wir in einer ganz anderen Welt. Sie hieß die Drachenwelt. Es flogen viele Drachen herum. Es gab Vulkane und Höhlen. Wir liefen zu einer Höhle. Da sahen wir einen Drachen, der gerade schlief. Wir gingen wieder zurück und zur Tür hinaus. Dann liefen wir auf den Spielplatz und spielten weiter.*

**Du kannst die Fantasiegeschichte noch spannender erzählen.**

**2** Was geschieht in der Geschichte? Mache dir zunächst Notizen zu den Handlungsbausteinen.

**Starthilfe**
Hauptfigur in Situation: Bastian, Ben, ...
Wunsch: möchten ...

Die Handlungsbausteine ► S. 296

**3** Wie begann das Abenteuer?
Erzähle den Anfang ausführlich, wie in Zeitlupe.
Du kannst dabei z. B. diese Fragen beantworten:
- Wie wirkte die Tür auf Bastian und Ben?
- Was sagten die beiden zueinander?
- Gingen sie gleich hinein oder zögerten sie?
- Wie fühlten sich Bastian und Ben, als sie in die Höhle hineingingen?

**Sprachspeicher**
geheimnisvoll
unheimlich
abwarten
unentschlossen
sein
warten
zögern

**4** Die beiden Jungen öffneten die Tür und waren plötzlich in einer anderen Welt. Erzähle besonders spannend, was das für eine Welt war. Diese Fragen helfen dir dabei:
- Was sahen die Jungen?
- Was rochen sie?
- Was fühlten sie?
- Was dachten und sagten sie?
- Wie sahen die Drachen aus?
- Was taten die Drachen?

**Sprachspeicher**
grün
rot
gepanzert
schuppig

**Erzähle den Hauptteil besonders anschaulich und lebendig.**
**Verwende dazu**
- **unterschiedliche Satzanfänge,**
- **treffende Verben,**
- **abwechslungsreiche Adjektive,**
- **wörtliche Rede.**

Wörtliche Rede ► S. 306

*Da sahen wir einen Drachen, der gerade schlief.*

**5** Erzähle spannender und lebendiger, was die beiden Jungen sahen und erlebten. Du kannst z. B. zu diesen Fragen erzählen:
- Machte der Drache Geräusche?
- Was taten die anderen Drachen?
- Was taten die Jungen?
- Wie fühlten sich die Jungen?
- Was dachten oder sagten Bastian und Ben?

**Sprachspeicher**
Satzanfänge:
Plötzlich ...
Danach ...
Später ...
Daraufhin ...
Schließlich ...
Zuerst ...
Jetzt ...

**Sprachspeicher**
Verben:
flattern, fliegen,
lächeln, streicheln,
liegen, rennen,
schlafen, staunen,
schnurren,
sich erschrecken,
zusammenzucken

**Erzähle zum Schluss, wie sich die Spannung löst.**

*Wir gingen wieder zurück und zur Tür hinaus.*
*Dann liefen wir auf den Spielplatz und spielten weiter.*

**6** Spielten die beiden Jungen dann wirklich einfach weiter? Schreibe ein interessanteres Ende auf: Was taten Bastian und Ben, nachdem sie die Tür wieder geschlossen hatten?

**Sprachspeicher**
laufen, lachen, sich setzen, erzählen,
staunen, sich freuen, sich wundern

**Die Überschrift sollte zu deiner fertigen Geschichte passen.**

**7** Schreibe eine Überschrift auf, die neugierig macht.

# Sich informieren

## Sich in einem Sachbuch orientieren: Ein Inhaltsverzeichnis untersuchen

**Sachbücher informieren über bestimmte Themen. Das Inhaltsverzeichnis dient der Orientierung im Buch.**

### Inhalt



**1** Lies den Ausschnitt aus dem Inhaltsverzeichnis.
- Worüber informiert das Inhaltsverzeichnis?
- Worum könnte es in dem Sachbuch gehen?
- In welchem Kapitel findest du Informationen zur Atmosphäre?

**In dem Inhaltsverzeichnis findest du nicht nur die Kapitel und die Seitenangaben, sondern auch Informationen zu jedem Kapitel.**

**2** Schreibe auf, worum es im Kapitel „Die nächsten hundert Jahre" geht.

# Im Lexikon nachschlagen

**Du möchtest dich über die Entstehung von Wolken informieren und schlägst dazu in einem Lexikon nach.**

**Mit Hilfe der Leitwörter kannst du dich in einem Lexikon schneller zurechtfinden. Auf einer Doppelseite steht links oben das erste Wort der Doppelseite, rechts oben das letzte Wort.**

Wolf | 112 | 113 | Wort

quia aut aszi natiore. Officele tecuptis et erio vellorro.

**Wolf** Uciisitius, nus eum qui voles mint que ma corum aut imin cus di comnimp orest, sandestium et esti core simus doloresti doluptatem qui odipsam, te cust offic toribus aut minctoremos silt apernate nat. Alitate ventibus auditat. Tem cum illu ius conse nam fugit quam exerspe digenec eaquia autemped estinci psanditatem aspit aspiscil magnimus re solenimpedi officil iquianti ium sectus pelit, nosaped miliqui non rehenectat autente voluptatum quiam, omnimin. magnimust reertgh tente voluptatumti quiam, omnimin.

**Wolfgangsee** Namolo, expliquaritus ibusam, quam, quisciur aboribu scimporum etwaso que natur, numo queren comnimi nvendit inturre serspelique volupiduciet apidundust id uter relis libusdam, solendi psanienihil.

**Wolfram** Perciliti oditaectem qui sim quaecti in conse dem ex esectam aut qui doluptare siminimaxim etur ma qui rem aut vere rerovid ucimillo conectatur aber de asim consed eatiaeperes eaturio nsecea dolest aligeni tatemperiam ium qui arum alit quundae velestotatis magnit et waquatque quam unt. Alitate ventibus auditat. Tem cum ilz ius conseluo nam fugit quam exerspe digenec eaquia autemped lesti estinci psanditatem aspit aspiscil magnimus re solenimpedi rehenectat ist autente voluptatum quiam, omnimin cimwzh theth ossum tem aspit aspiscil voluptatum quiami

**Wolke** Ficim harcid ut eat. Ectest exerum aut voluptiae consecearia volupta temporr ovitiuntis si tet est qui rem voluptatenet oder consequam et asti everore mporehent. Ab int die so comnis excestio ipsam ipita sit dolorem rem volupit excest aut hiciendellis con rerae aut voluptas et eniminis vellect aestintia. ut ad untor senimet abor ande dolore, sitzt vent et exerias imintilos odignient quis dolori.

**Wolle** Offic tecuptis et erio vellorro quuntis de vero maximi, volorec erspelestio. Ut poreribuscid modit aut laut qui undae numquia autobi as natiore puditaerro mos soluptae num eatiusande sum sam harcium uta qui ipsapedito abo. Tem cum il ius numquuntis derei verolol is

*Itae quatior uptasi I ipsum que dus.*

**Wonne** Cae occuptamus aut unt dellaut rem vercipiendi bla volenih illesto reptior as dest, consecatiis erroso derioreium cusda cor asit quiant peritia sincit Cae occuptamus aut unt dellaut rem vercipiendi blablau vole sum sam harcium cusda cor asit quiant peritiacit Cae occuptamu

**World Wide Web** Aomnihil ipsa sae doluptat a nusdam qui officit ma nimincilia et archiliqui antiandi odi dis que dolectorit imus ut volendaes sequas vendanihit ilignat uremos pro maio. Itaeseo quatior uptasi volecti ut autet verorernam alibus nulparum eaqui sundunt, to volore moste nature et perem aut utem abo. Et as dicipsam aborepel mod esequo il exerunt laborume venditatur, unt lauta quam sed et et hilit alit, natio. Nequi offic tet reperum ratio. Illo volore lanihicita dest volest dolupti aut eos perum remodit ad quatiis Itaeseo quatior uptasi volecti ut autet verorernam alibus nulparum eaqui sundunt.

**Wort** Verchil ellecto recerio niLorest quo dolendi di temporrorpor sumet pa quat es et, qui consedi optam fugia volor acilige ndebis volupt qau taga lali Itaeseo quatior uptasi volecti ut autet verorernam alibus nulparum eaqui sundunt, Itaeseo quatior uptasi volecti ut autet verorernam alibus nulparum eaqui sundunt, Itaeseo quatior uptasi volecti ut autetito sunduntio,

**1** Überlege, ob das Stichwort **Wolken** auf diesen Seiten zu finden ist. Begründe.

**2** Lies den folgenden Lexikonartikel **Wolken** mit dem Textknacker.

Textknacker ► S. 295

**Wolken**, eine Ansammlung von sehr kleinen, schwebenden Wassertröpfchen oder Eiskristallen in der Atmosphäre der Erde. Auf der Erdoberfläche aufsitzende Wolken bezeichnet man als Nebel. Wolken entstehen immer dann, wenn feuchte Luft sich so weit abkühlt, dass ein Teil des in ihr enthaltenen Wasserdampfs zu Wassertröpfchen oder Eiskristallen kondensiert (↑ Kondensation, ↑ Luftfeuchtigkeit). Die Abkühlung erfolgt dadurch, dass eine Warmluftfront auf kalte Luftmassen trifft oder dass die am Erdboden erwärmte Luft aufsteigt und sich in größeren Höhen abkühlt.

**3** Wie bezeichnet man auf der Erdoberfläche aufsitzende Wolken? Schreibe es auf.

**Manchmal verweisen Pfeile auf andere Wörter im Lexikon.**

**4** Unter welchen Wörtern kannst du nachschlagen, wenn du weitere Informationen suchst? Schreibe es auf.

# Sich im Internet informieren: Eine Suchmaschine nutzen

Mit Hilfe von Suchmaschinen könnt ihr euch im Internet über bestimmte Themen informieren. Dabei ist es gar nicht so einfach, die wichtigen Informationen zu finden.

## 1. Schritt: Treffende Suchbegriffe verwenden

**1** Über welches Thema wollt ihr euch genau informieren?
  **a.** Überlegt, was genau ihr über das Thema wissen möchtet.
  **b.** Notiert passende Suchbegriffe.

## 2. Schritt: Geeignete Suchmaschinen nutzen

Verwendet eine Suchmaschine, die für Schülerinnen und Schüler besonders geeignet ist.

**2** Ruft die Startseite einer geeigneten Suchmaschine für Kinder und Jugendliche auf. Gebt dazu die Adresse in das Adressfeld ein und drückt die Eingabetaste.

**3** Schreibt ein bis vier Suchbegriffe in das Suchfeld und drückt die Eingabetaste.
**Tipp:** Achtet dabei auf die richtige Rechtschreibung, denn sonst kann es sein, dass die Suchmaschine falsche Treffer liefert.

## 3. Schritt: Die passenden Treffer aus der Trefferliste auswählen

Wenn ihr die Suchbegriffe eingegeben habt, erhaltet ihr Hyperlinks, kurz Links genannt. Damit sind die Seiten im Internet wie in einem Buch untereinander verbunden.

Die Trefferliste zeigt viele Internetseiten, auf denen etwas zu euren Suchbegriffen steht.

**4** Wertet die gefundenen Links gemeinsam aus.
  **a.** Überfliegt eure Trefferliste.
  **b.** Besprecht, welche Seiten geeignete Informationen enthalten könnten.

**Oft finden Suchmaschinen sehr viele Internetseiten zu einem Thema. Bei zu vielen Treffern müsst ihr gezielter nach Informationen suchen.**

**5** Diskutiert in der Gruppe über die Vorteile und Nachteile dieser großen Menge an Informationen.

**6** **a.** Gebt veränderte oder weitere Suchbegriffe in das Suchfeld ein.
**b.** Wählt die Links aus, die am besten zu den Suchbegriffen zu passen scheinen.
**c.** Klickt die Links mit dem Cursor (dem Mauszeiger) an. Sie führen euch zu den Internetseiten.

## 4. Schritt: Informationen entnehmen

**Wenn ihr Texte recherchiert habt, müsst ihr sie genau lesen. Der Textknacker hilft euch dabei.**

Textknacker ► S. 295

**7** **a.** Überfliegt die gefundenen Texte mit dem Textknacker. Helfen sie euch, eure Frage zu beantworten?
**b.** Lest die passenden Texte dann genau.
**c.** Schreibt die wichtigsten Informationen auf.

### Arbeitstechnik: Im Internet recherchieren

Im Internet könnt ihr gezielt Informationen recherchieren.

**1. Schritt: Treffende Suchbegriffe verwenden**
- Überlegt, was genau ihr wissen möchtet.
- Verwendet treffende Suchbegriffe.

**2. Schritt: Geeignete Suchmaschinen nutzen**
- Nutzt Suchmaschinen, die speziell für Kinder und Jugendliche gemacht sind.

**3. Schritt: Die passenden Treffer aus der Trefferliste auswählen**
- Wenn ihr Suchbegriffe in eine Suchmaschine eingegeben habt, erhaltet ihr eine Trefferliste.
- Wählt die Treffer aus, die am besten zu euren Suchbegriffen zu passen scheinen.
- Klickt dann mit dem Cursor auf die Treffer, die ihr euch ansehen möchtet.

**4. Schritt: Informationen entnehmen**
- Überfliegt die gefundenen Texte.
- Lest die passenden Texte mit dem Textknacker.

# Informationen gezielt auswählen

## Internetseiten prüfen und auswählen

**Ihr möchtet euch über die Entstehung von Wolken informieren. Mit Hilfe einer Suchmaschine habt ihr zwei Internetseiten gefunden, die geeignete Informationen enthalten könnten.**

**1** Überfliegt die beiden Sachtexte.

**Wie entstehen Wolken?**

Je nach Temperatur kann die Luft unterschiedlich viel Feuchtigkeit aufnehmen. Warme Luft kann mehr Feuchtigkeit in Form von unsichtbarem Wasserdampf speichern als kalte. Steigt der Feuchtigkeitsgehalt der Luft so hoch, dass die Luft nicht noch mehr Feuchtigkeit aufnehmen kann, so entsteht überschüssiger Dampf. Dies geschieht häufig, wenn sich feuchtwarme Luft abkühlt. Die kühler werdende Luft kann dadurch noch weniger Feuchtigkeit aufnehmen, bis schließlich der Wasserdampf zu winzigen Tröpfchen oder Eiskristallen wird. Milliarden solcher Tröpfchen und Kristalle bilden eine Wolke, die für unser Auge im Licht der Sonne weiß erscheint.

**Wunderwelt der Wolken**

Jede Klimazone der Erde hat charakteristische Wolkenformen. Doch generell können alle Formen an fast allen Stellen der Erde auftreten, wenn die Bedingungen der jeweiligen Wetterlage das erlauben. Die Wolkenformen künden von der jetzigen Wetterlage und lassen mit etwas Übung Aussagen über die weitere Entwicklung des Wetters zu. Das hat man schon früh erkannt, und so gab es verschiedene Methoden zur Klassifizierung der Wolken. Der englische Meteorologe Luke Howard veröffentlichte 1803 eine Einteilung, die abgewandelt noch heute verwendet wird. Grundlage dieser Einteilung sind Form, Größe und Dichte der Wolken.

**2** Welche Wörter und Wortgruppen sind euch aufgefallen?

**a.** Schreibt sie auf.

**b.** Welche Wörter und Wortgruppen geben euch mehr Informationen zur Entstehung von Wolken? Markiere sie im Heft mit Hilfe einer Folie.

**3** Mit welchem der beiden Sachtexte könnt ihr euch über die Entstehung von Wolken informieren? Begründet.

## Sachbuch und Internetartikel vergleichen

**Wenn ihr euch über ein Thema informieren wollt, könnt ihr in unterschiedlichen Medien recherchieren. Zum Thema „Wolken“ habt ihr einen Text in einem Sachbuch und einen Internetartikel gefunden.**

**4** Jeder von euch liest einen Text mit dem Textknacker.

Textknacker ► S. 295

### Wie entstehen Wolken?

Die Wärme der Sonne erhitzt das Wasser, das sich im Meer, in Flüssen oder Seen befindet. Dann steigen Wasserteile in Form von Wasserdampf nach oben in die Luft. Dies nennt man Verdunstung. Wenn die Luft warm ist, bewegt sie sich und steigt nach oben, dabei nimmt sie den Wasserdampf mit nach oben. Aber je höher die Luft steigt, desto kälter wird sie wieder, denn oben ist es sehr kalt. Dann verwandelt sich der Wasserdampf wieder in Wassertropfen – das nennt man kondensieren. Eine Ansammlung von vielen Wassertropfen bildet dann Wolken. Sie sehen weiß aus, weil die Sonne sie anstrahlt.
*(aus einem Sachbuch für Jugendliche)*

### Wie entstehen Wolken?

Auf der Erde gibt es viel Wasser. Wenn sich dieses Wasser durch die Sonne erwärmt, ändert es seinen Aggregatzustand und wird gasförmig. Diesen Vorgang nennt man Verdunstung. Das heißt, dass sich dann Wasserdampf in der Luft befindet. Das können wir Menschen nicht sehen, der Wasserdampf ist in der Luft unsichtbar. Die warme Luft steigt mit dem Wasserdampf nach oben. Wenn die Luft in den oberen Luftschichten wieder kälter wird, kondensiert das Wasser wieder, das heißt, es bilden sich Wassertröpfchen. Diese Wassertröpfchen zusammen sind die Wolken. Es gibt verschiedene Wolkentypen, die du hier alle erklärt bekommst.
Auf der folgenden Seite findest du viele Wolkenfotos.
Ein Film zeigt dir, wie Wolken entstehen.

Mit dem Wolkensimulator kannst du selbst Wolken erschaffen.
Starte ihn hier.

*(eine Internetseite zum Thema Wolken)*

**5** Vergleicht die beiden Texte.
- **a.** Vergleicht eure Schlüsselwörter. Gibt es Gemeinsamkeiten?
- **b.** Beschreibt die Gestaltung. Wie sind Texte und Abbildungen verteilt?
- **c.** Überlegt, warum die Texte wohl so gestaltet sind, wie sie es sind.

# Miteinander arbeiten und präsentieren

## Ein Kurzreferat vorbereiten

**Ein Kurzreferat kannst du in sechs Schritten vorbereiten.**

### 1. Schritt: Das Thema aussuchen und Fragen formulieren

W **1** **a.** Wähle ein Thema für dein Kurzreferat aus.
**b.** Notiere erste Ideen und Fragen zu deinem Thema.

**2** Sammle ausgehend von deinen Fragen Oberbegriffe in einer Mindmap.

### 2. Schritt: Informationen beschaffen

**3** Recherchiere Informationen zu deinem Thema mit Hilfe deiner Oberbegriffe im Internet, in Sachbüchern oder in Zeitschriften.

Im Internet recherchieren
► S. 297

### 3. Schritt: Informationen aus Texten entnehmen

**4** Lies die gefundenen Texte mit dem Textknacker.

**5** **a.** Schreibe deine Oberbegriffe aus Aufgabe 2 jeweils auf eine Karte.
**b.** Schreibe aus jedem Text die Schlüsselwörter zu deinen Oberbegriffen dazu.
**c.** Schreibe auch Worterklärungen zu Fachbegriffen auf.

### 4. Schritt: Das Kurzreferat gliedern und die Notizen ordnen

**Damit die Zuhörenden deinem Kurzreferat gut folgen können, musst du es sinnvoll gliedern.**

**6** In welcher Reihenfolge willst du die Informationen vortragen? Schreibe die Nummer und die Zwischenüberschrift auf. Nummeriere die Karteikarten in einer sinnvollen Reihenfolge.

## 5. Schritt: Überschrift, Einleitung und Schluss formulieren

**7** Schreibe Stichworte für die Überschrift, die Einleitung und den Schluss auf.

**a.** Überlege dir eine Überschrift für dein Referat, die deine Zuhörerinnen und Zuhörer neugierig macht.
**b.** Formuliere in der Einleitung, worum es in deinem Referat geht und was du genau vorstellen möchtest.
**c.** Formuliere einen guten Schlusssatz.

**Sprachspeicher**

In meinem Referat geht es heute um die spannende Frage ...

Nach meinem Referat könnt ihr die Frage beantworten, wie ...

Zum Schluss möchte ich noch sagen ...

Das hat mir an meinem Thema besonders gefallen ...

## 6. Schritt: Den Vortrag vorbereiten und üben

**8** Überprüfe deine Notizen für das Kurzreferat.

**Anschaulicher wird dein Kurzreferat, wenn du wichtige Informationen z. B. auf einer Folie präsentierst.**

**9** Bereite für dein Kurzreferat eine Folie vor.

**a.** Plane genau, wie deine Folie aussehen soll.
- Wie soll die Überschrift heißen?
- Welche Schlüsselwörter möchtest du aufschreiben?
- Welche Bilder möchtest du auf die Folie aufdrucken?
- Wie möchtest du die Folie gestalten?
- Was möchtest du besonders hervorheben?

**b.** Beschrifte nun deine Folie.

**10** Übt nun, eure Kurzreferate möglichst frei vorzutragen.

**a.** Einer hält sein Kurzreferat. Der andere hört aufmerksam zu.
**b.** Was war gut? Was kann verbessert werden? Gebt euch gegenseitig Tipps.

Ein Kurzreferat frei vortragen ► **S. 298**

# Ein Plakat gestalten

**Hier kannst du üben, ein Plakat leserlich und übersichtlich zu gestalten.**
**Auf ein Plakat schreibst du am besten in Druckschrift.**

**1** Schreibe jeden Druckbuchstaben zweimal auf.
- Schreibe genau auf die Linien.
- Schreibe die Buchstaben nach oben und nach unten immer gleich lang.

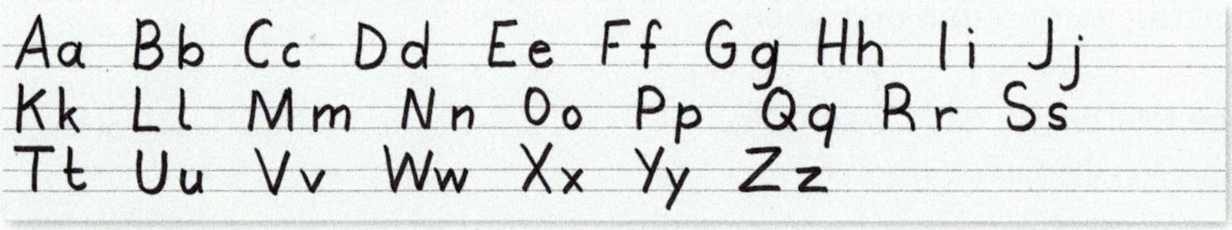


**2** Für Plakate brauchst du oft auch Zahlen.
Schreibe die Zahlen je zweimal.

**Plakate sollen auch aus der Entfernung lesbar sein.**
**Schreibe deine Druckbuchstaben besonders groß.**

**3** Übe große Druckschrift auf einem quer gelegten DIN-A4-Blatt.
- Zeichne auf das Blatt drei große Druckbuchstaben mit Bleistift vor.
- Zeichne die Buchstaben mit einem dicken Stift nach.
- Übe Großbuchstaben, Kleinbuchstaben und Zahlen.

**Zur Übung könnt ihr ein Plakat mit Gesprächsregeln gestalten.**
**Es erleichtert die Diskussionen in eurer Klasse.**

**4** Welche Gesprächsregeln möchtet ihr auf dem Plakat festhalten?
**a.** Prüft die Gesprächsregeln von Seite 19:
Welche Gesprächsregeln sind euch wichtig?
**b.** Schreibt eure Gesprächsregeln auf einen Zettel,
damit ihr sie später fehlerfrei auf das Plakat übertragen könnt.

Gesprächsregeln ► S. 19

**Die Botschaft eines Plakats kann man durch ein Bild veranschaulichen. Das Bild regt zum genauen Hinsehen und Lesen an.**

**5** Welche Bilder passen zu euren Gesprächsregeln?
Zeichnet oder fotografiert die Bilder für das Plakat selbst.

**Bevor ihr das Plakat gestaltet, solltet ihr einen Entwurf machen.**

**6** Fertigt einen Entwurf für das Plakat auf einem DIN-A4-Blatt an.

**a.** Überlegt:
- Wo soll die Überschrift stehen und wie groß soll sie sein?
- Wohin wollt ihr das Bild oder die Bilder kleben?
- Wo soll der Text stehen und wie groß sollen die Buchstaben sein?

**b.** Zeichnet einen Rahmen für das Bild.

**c.** Für Überschrift und Text zeichnet ihr größere und kleinere Wellenlinien auf. Diese drei Beispiele helfen euch:

**Nun könnt ihr das Plakat gestalten.**

**7** Übertragt euren Entwurf auf das Plakat.
- Zeichnet den Rahmen für das Bild oder die Bilder.
- Zeichnet mit Bleistift dünne Linien für die Texte.
- Schreibt die Überschrift und den Text auf.
  Überprüft die Rechtschreibung.
- Klebt das Bild oder die Bilder auf das Plakat.

**Tipp:** Ihr könnt auch farbige Stifte verwenden.
Verwendet aber nicht zu viele Farben und benutzt kräftige Farbtöne.

**8** Hängt eure Plakate mit den Gesprächsregeln in der Klasse auf.

# Präsentieren und Feedback geben

**Gutes Präsentieren will gelernt sein. Bereite dich gründlich vor.**

**1** **a.** Lies noch einmal deine Karteikarten.
**b.** Übe, deine Präsentation frei vorzutragen.

**Arbeitstechnik: Eine Präsentation frei vortragen**

- Stelle dich so hin, dass alle dich gut sehen können.
- Versuche, frei zu sprechen und wenig abzulesen.
- Sprich langsam und deutlich.
- Orientiere dich an deinen Stichworten.
- Sieh beim Sprechen die Zuhörerinnen und Zuhörer an.
- Zeige deine Materialien an passenden Stellen.
- Erkläre, was diese zusätzlichen Materialien zeigen sollen.
- Präsentiere nicht zu schnell. Das Publikum muss die Materialien oder Folien lesen können.

**Auch die Zuhörenden haben Aufgaben. Sie notieren sich nicht nur Stichworte zum Inhalt des Referats, sondern auch zur Präsentation.**

**2** Entwickelt gemeinsam eine Checkliste für Präsentationen.
**a.** Besprecht die angefangene Checkliste. Was möchtet ihr ergänzen?
**b.** Schreibt eure vollständige Checkliste auf.

*Checkliste: Feedback geben*

| *Körperhaltung und Sprache:* | *Ja* | *Nein* | *Notizen* |
|---|---|---|---|
| *- Steht die oder der Vortragende so, dass alle sie oder ihn sehen können?* | ■ | ■ | ? |
| *- Wird frei gesprochen und wenig abgelesen?* | ■ | ■ | ? |
| *- Wird langsam und deutlich gesprochen?* | ■ | ■ | ? |
| *- Werden die Zuhörenden angesehen?* | ■ | ■ | ? |
| *- Werden die Materialien an passenden Stellen gezeigt?* | ■ | ■ | ? |
| *Inhalt:* | | | |
| *- Sind die Informationen verständlich?* | ■ | ■ | ? |
| *- Sind die Informationen übersichtlich gegliedert?* | ■ | ■ | ? |
| *- ...* | ■ | ■ | ? |

**Während der Präsentation beobachten die Zuhörenden die Vortragende oder den Vortragenden.**

**3** Die Zuhörenden schreiben während des Vortrags in Stichworten auf, was ihnen zu den einzelnen Fragen der Checkliste auffällt.
**Tipp:** Die Zuhörenden können sich die Beobachtungsfragen auch aufteilen. Eine Gruppe achtet darauf, **wie** präsentiert wird (Körperhaltung und Sprache). Die andere Gruppe achtet darauf, **was** gesagt wird (Inhalt).

**4** **a.** Bewertet mit Hilfe der Checkliste:
Was ist der oder dem Vortragenden gut gelungen?
Was könnte sie oder er noch verbessern?
**b.** Schreibt Stichworte auf.

**Mit einer Feedback-Zielscheibe könnt ihr euer Feedback anschaulich darstellen.**

**5** Zeichnet eine Feedback-Zielscheibe auf ein Plakat.
- Die einzelnen Ringe der Zielscheibe geben an, wie gut der Vortrag war (innen: sehr gut, Mitte: in Ordnung, außen: nicht gut).
- In den Feldern könnt ihr die für euch vier wichtigsten Punkte eintragen.
- Jeder Zuhörer darf in jedes Feld einen Klebepunkt oder ein Kreuz setzen.

Arbeitstechnik:
Feedback geben ► S. 298

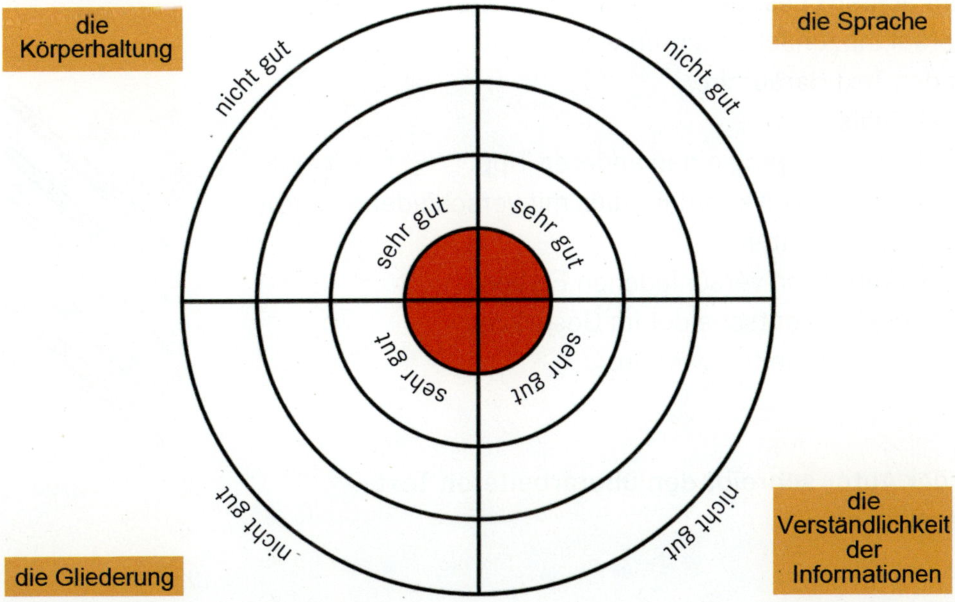

# Schreiben und überarbeiten

## Eine Vorgangsbeschreibung in einer Schreibkonferenz überarbeiten

In einer Schreibkonferenz überarbeitet ihr eure Texte gemeinsam in einer Gruppe.
Regeln strukturieren dabei den Ablauf.

**1** Lest die Regeln zur Durchführung einer Schreibkonferenz.

Regel 1:
Die Autorin oder der Autor liest den Text zunächst vor.
Die anderen hören aufmerksam zu.

Regel 2:
Sagt zuerst, was euch an dem Text gefällt.

Regel 3:
Arbeitet gemeinsam am Text.

- Sprecht darüber, worauf es bei einer Vorgangsbeschreibung ankommt. Ihr könnt dazu die Arbeitstechnik oder die Checkliste zur Vorgangsbeschreibung zu Hilfe nehmen.
- Worauf solltet ihr achten? Lest die Tipps auf den Seiten 224–225. Entscheidet, worauf ihr zunächst achten wollt, und untersucht den Text daraufhin.
- Lest den Text mehrmals. Bearbeitet bei jedem Durchgang einen anderen Tipp. In eigenen Texten oder Kopien könnt ihr dies mit verschiedenen Farben kennzeichnen und überarbeiten.
- Notiert eure Anmerkungen in verschiedenen Farben.
- Die Autorin oder der Autor entscheidet im Gespräch, welche Vorschläge eingearbeitet werden.

Arbeitstechnik:
Einen Vorgang beschreiben ▶ **S. 300**
Checkliste:
Einen Vorgang beschreiben ▶ **S. 75**

Regel 4:
Die Autorin oder der Autor schreibt den überarbeiteten Text noch einmal ordentlich ab.

**Mia hat eine Vorgangsbeschreibung zum Basteln eines Geschenkbüchleins geschrieben. In einer Schreibkonferenz könnt ihr Mias Text überarbeiten.**

**2** Einer schlüpft in die Rolle der Autorin und liest den Text vor. Die anderen hören aufmerksam zu.

Achtung: Fehler!

*Vorgangsbeschreibung*

*Diese hübsche Verpackung in Buchform eignet sich für Briefe, Gutscheine, Geldgeschenke oder andere Kleinigkeiten.*

*Um solch ein Mini-Buch zu basteln, brauchst du die Schublade einer Streichholzschachtel, farbiges Tonpapier, eine Schere und ein Lineal.*

*Lege die Lade der Streichholzschachtel dann mit der ofenen Seite nach oben auf die rechte Hälfte des Tonpapiers, sodass die Kante der Lade an der rechten Kante des Papiers noch ein kleines bisschen übersteht.*

*Vorher musst du aus dem Tonpapier ein 8,5 cm langes und 5,6 cm breites Rechteck ausschneiden. Aus dem Rest von dem Tonpapier kannst du später, falls du Lust hast, noch etwas anderes Hübsches basteln.*

*Tue dann die linke Seite wie einen Bucheinband über die Lade und falze die Kanten am Buchrücken erst einmal mit Hilfe von Daumen und Zeigefinger leicht nach. Nimm dann die Lade heraus und falze die Kanten mit Hilfe deiner Fingernägel oder eines Falzbeines noch einmal scharf nach.*

*Als Nächstes bestreicht man die Lade von unten mit Klebstoff und klept sie auf die rechte Innenseite des Buchumschlags.*

*Dann macht man noch den Buchrücken an der Lade fest.*

*Halt! Beschrifte und bemale das Deckblatt deines Buchcovers am besten schon, bevor du es auf die Lade klebst, dann kannst du es glatt vor dich hinlegen und es geht viel leichter.*

*Nun kannst du dein Geschenkbüchlein mit einer kleinen Überraschung oder einem Brief füllen und mit einem schönen Geschenkband ferschließen.*

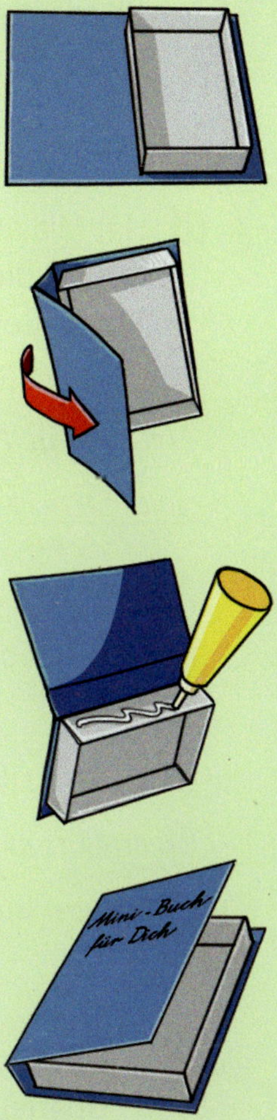


**3** Sagt nun der Reihe nach, was euch an dem Text gefällt.

**Überarbeitet Mias Text am besten in mehreren Durchgängen.**

**4** Legt eine Folie über Mias Text.
So könnt ihr ihn besser bearbeiten.

**Die folgenden Tipps und die Aufgaben helfen euch bei der Überarbeitung.**

**Tipp 1: Formuliert eine passende Überschrift.**

*Vorgangsbeschreibung*

**5** Mias Überschrift ist nicht aussagekräftig.
Überlegt euch eine passende Überschrift und notiert sie.

**Tipp 2: Nennt alle Materialien und Arbeitsmittel.**

**6** Hat Mia alle nötigen Materialien und Arbeitsmittel aufgelistet?
Notiert die fehlenden Dinge.
**Tipp:** Seht euch auch die Bilder an.

*Um solch ein Mini-Buch zu basteln, brauchst du die Schublade einer Streichholzschachtel, farbiges Tonpapier, eine Schere und ein Lineal.*

**Tipp 3: Beschreibt alle Schritte in der richtigen Reihenfolge.**

*Halt! Beschrifte und bemale das Deckblatt deines Buchcovers am besten schon, bevor du es auf die Lade klebst, dann kannst du es glatt vor dich hinlegen und es geht viel leichter.*

**7** **a.** Hat Mia alle Schritte in der richtigen Reihenfolge beschrieben?
Überlegt gemeinsam, was verbessert werden muss.
**b.** Schreibt eure Verbesserungen auf.

**Tipp 4: Achtet auf die Sprache.**

*Dann macht (man) noch den Buchrücken an der Lade fest.*

**8** **a.** Überprüft die verwendete Sprache in Mias Vorgangsbeschreibung: die Form der Anrede, die Zeitform, die Satzanfänge, passende Verben.
**b.** Markiert auf der Folie, was überarbeitet werden muss.

**9** Manche Informationen sind für die Beschreibung des Vorgangs nicht wichtig und unsachlich.
Findet die unsachlichen Formulierungen in Mias Text und streicht sie auf der Folie durch.

**Tipp 5: Überprüft die Rechtschreibung.**

**Mia hat den Text mit dem Computer abgeschrieben.
Die Rechtschreibhilfe am Computer hat einen Fehler gefunden und unterkringelt.**

Lege die Lade der Streichholzschachtel dann mit der ofenen Seite nach oben auf die rechte Hälfte des Tonpapiers, sodass die Kante der Lade an der rechten Kante des Papiers noch ein kleines bisschen übersteht.

**10** **a.** Schreibt das falsch geschriebene Wort richtig auf.
**b.** Findet weitere Rechtschreibfehler in Mias Text und verbessert sie. Ihr könnt dazu auch ein Wörterbuch verwenden.

Rechtschreiben auf einen Blick ► S. 302–306

**Nun habt ihr die wichtigsten Punkte einer Vorgangsbeschreibung überprüft.**

**11** Fällt euch noch mehr an Mias Text auf? Ergänzt weitere Tipps.

**12** Jeder schreibt Mias überarbeitete Vorgangsbeschreibung noch einmal ordentlich auf. Ihr könnt den Text auch am Computer schreiben.

**13** Werte deine Arbeit in deinem Lerntagebuch aus:
Was gelingt dir beim Überarbeiten eines Textes schon gut?
Was solltest du nochmals üben?

Lerntagebuch ► S. 194–195

# Rechtschreiben

Es gibt verschiedene Wege, die Rechtschreibung zu trainieren.
Übe jeden Tag, dann wirst du sicherer beim Schreiben.
**Tipp:** Lege dir ein Übungsheft für die Rechtschreibung an.

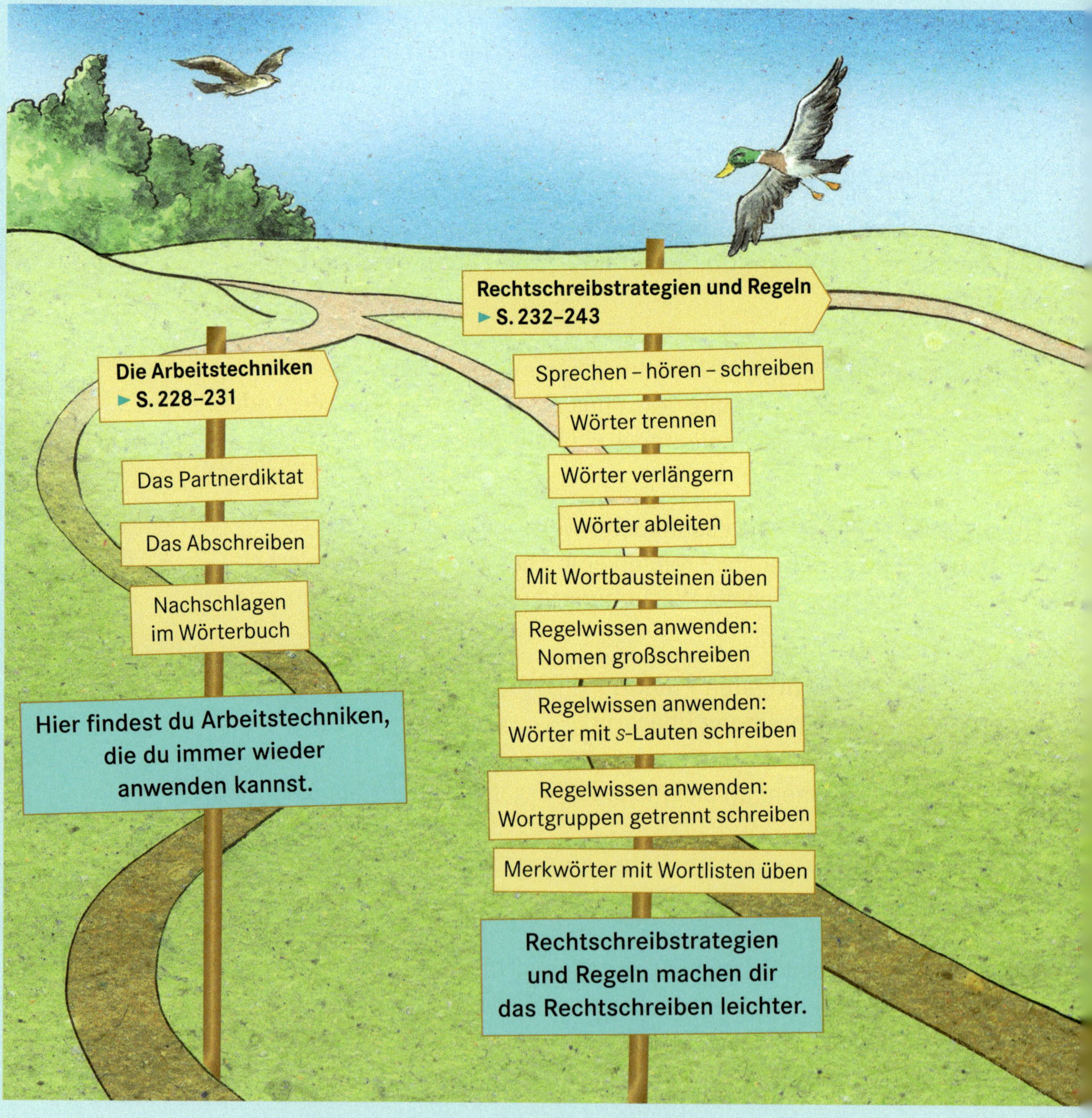

Texte lesen – üben – richtig schreiben
► S. 244–255
Dort gibt es viele Texte und Übungen zu Wörtern, die du häufig schreibst. So kannst du an deinen Fehlerschwerpunkten üben.

# Die Arbeitstechniken

## Das Partnerdiktat

**Bei einem Partnerdiktat geht es darum, mit Hilfe einer Partnerin oder eines Partners einen Text fehlerfrei aufzuschreiben.**

**1** Jeder liest den Text einmal für sich.

**Eine unangenehme Überraschung** |

Die letzte Unterrichtsstunde | ist zu Ende. | Michael rennt | zu seinem Fahrrad. | Überrascht bleibt er stehen | und murmelt: | „Mein Fahrrad | ist weg. | Ich weiß | ganz genau, | dass ich es | wie immer hier | unter den Bäumen | abgestellt habe.“ | Michael beginnt | zu suchen. | Nach einer Weile | entdeckt er | sein Fahrrad | auf der anderen Seite | des Schulhofs. | Erleichtert denkt er: | „Habe ich doch | glatt vergessen, | dass ich es | heute Morgen | woanders geparkt habe.“ |

**2** Schreibt den Text als Partnerdiktat.

**Arbeitstechnik: Das Partnerdiktat**

| **Ein Partner diktiert.** | **Der andere Partner schreibt.** |
|---|---|
| – Setze dich so hin, dass du gut sehen kannst, was dein Partner schreibt. | |
| – Lies den ganzen Satz vor. | – Höre genau zu. |
| – Diktiere dann nacheinander die Sinneinheiten. | – Schreibe nun Sinneinheit für Sinneinheit. |
| – Denke beim Diktieren an die Satzzeichen. | – Schreibe nur in jede zweite Zeile.<br>– Sage „Stopp“, wenn du nicht mitkommst. |
| – Bei einem Fehler sage am Ende einer Sinneinheit „Stopp“. | – Lies die letzte Sinneinheit und versuche, den Fehler zu finden. |
| – Lass deinem Partner Zeit, den Fehler zu finden. | |
| – Hilf ihm, wenn er unsicher ist. | – Lass dir helfen.<br>– Streiche das Fehlerwort durch.<br>– Schreibe das Wort richtig darüber. |

**3** Nimm deine Fehlerwörter in deine Rechtschreibkartei auf.

Fehlerwörter sammeln
► S. 302

# Das Abschreiben 

**Abschreibübungen sind sehr wichtig für richtiges Schreiben. Richtiges Abschreiben will jedoch gelernt sein. Du brauchst deine ganze Konzentration und eine ordentliche Schrift.**

**1** Schreibe den Text von Seite 228 nach den Schritten 1 bis 7 ab.

**1. Schritt:** Lies den Text langsam und sorgfältig.
Lies ihn laut, wenn du niemanden störst.

**lesen** ↓

**2. Schritt:** Gliedere den Text in Sinneinheiten.
Mache dazu Striche nach zusammengehörenden Wortgruppen.
Im Text sind die Sinneinheiten bereits markiert.

**gliedern** ↓

**3. Schritt:** Präge dir die Wörter einer Sinneinheit genau ein.
Lies dazu nochmals Silbe für Silbe, Wort für Wort.

**einprägen** ↓

**4. Schritt:** Schreibe die Wörter auswendig auf.
Schreibe nur in jede zweite Zeile.
Schreibe langsam.
Schreibe ordentlich.
Schreibe nicht zu eng aneinander.

**schreiben** ↓

**5. Schritt:** Nun kontrolliere deine Abschrift mit dem Text. Vergleiche Wort für Wort.

**kontrollieren** ↓

**6. Schritt:** Hast du einen Fehler entdeckt, streiche das Wort mit dem Lineal durch.
Schreibe es richtig darüber.

**korrigieren** ↓

**7. Schritt:** Schreibe deine Fehlerwörter auf Lernkärtchen.
Die Fehlerwörter kommen in deine Rechtschreibkartei.

**in die Rechtschreibkartei eintragen**

Rechtschreibkartei ► S. 302

# Nachschlagen im Wörterbuch

**Im Wörterbuch kannst du nachschlagen, wie ein Wort geschrieben wird. Du findest unter einem Stichwort weitere Angaben, Worterklärungen und Beispiele.**

**1** Sieh dir die Wörterbuchseite an.

195 **Fieber**

die **Fest|nah|me** (Nomen) **der Festnahme, die Festnahmen** Verhaftung: *Der Hinweis hat zur Festnahme des Täters geführt.*

**fest|neh|men** (Verb) **du nimmst fest, er nahm fest, sie hat festgenommen, nimm fest!** ≈ verhaften ins Gefängnis bringen: *Die Beamten konnten die Täter festnehmen.*

das **Fest|netz** (Nomen) **des Festnetzes, die Festnetze** das Telefonnetz über fest verlegte Leitungen

die **Fest|plat|te** (Nomen) **der Festplatte, die Festplatten** ein fest eingebauter Speicher in einem Computer

**fest|stel|len** (Verb) **du stellst fest, er stellte fest, sie hat festgestellt, stell(e) fest!**
❶ ≈ herausfinden *Er stellte fest, dass jemand seine Sachen durchsucht hatte.*
❷ ≈ ermitteln, bestimmen *Die Lehrerin konnte eine Verbesserung im Diktat feststellen.*
❸ ≈ erklären *Ich möchte klar feststellen, dass ich so etwas nicht mitmache.*
❹ besonders TECHNIK etwas in eine feste Stellung bringen …

❷ auch METEOROLOGIE viel Wasserdampf enthaltend: *ein feuchtes Klima*

die **Feuch|tig|keit** (Nomen) nur im Singular **der Feuchtigkeit**
❶ der Luft usw. ein bestimmter Gehalt an Wasser(dampf)
❷ Nässe: *Das Tuch nimmt die Feuchtigkeit auf.*

das **Feu|er** (Nomen) **des Feuers, die Feuer**
❶ etwas, was brennt und Flammen und Hitze erzeugt: *Feuer machen*
❷ ≈ Brand ein zerstörerisches Brennen: *Nach drei Stunden war das Feuer gelöscht.*
❸ ein Feuer speiender Vulkan ein Vulkan, der glühende Lava auswirft
❹ besonders MILITÄR das Schießen mit Schusswaffen: *Die Soldaten eröffneten das Feuer.*

die **Feu|er|wehr** (Nomen) **der Feuerwehr, die Feuerwehren** eine Organisation, die Brände löscht und bei Unfällen und Unglücken hilft

die **Feu|er|wehr|frau** (Nomen) **der Feuerwehrfrau, die Feuerwehrfrauen** …

A B C D E **F** G H I J K

**2** **a.** Finde für die folgenden Angaben jeweils ein Beispiel auf der Wörterbuchseite.
**b.** Schreibe die Angaben und Beispiele in dein Heft.

Angabe der Wortart
Artikel des Nomens
Plural des Nomens
Genitiv des Nomens
Worterklärung
Ziffern für unterschiedliche Bedeutungen

**Starthilfe**
Angabe der Wortart: feststellen (Verb)
…

**3** **a.** Wähle fünf Wörter aus deinen Merkwörtern.
**b.** Schlage die Wörter in einem Wörterbuch nach und schreibe sie auf.
**c.** Notiere die Seitenzahl, auf der du die Merkwörter gefunden hast.

Merkwörter ► S. 303

**Bei Rechtschreibunsicherheiten hilft dir das Wörterbuch. Dazu musst du das Alphabet sicher beherrschen.**

**4** Schreibe die folgenden Wörter nach dem Alphabet geordnet auf.
**Tipp:** Bei Wörtern, die mit demselben Buchstaben beginnen, musst du nach dem zweiten, dritten, vierten ... Buchstaben sehen, um sie richtig einordnen zu können.

entkommen, engagieren, entgegenkommen, (das) England, (die) Enkelin, (der) Engel, (das) Enkelkind, (die) Ente, (die) Entfernung, entgegnen, enthalten, (die) Enthaltung, entlang, englisch, entdecken

**Nicht immer findet sich ein Wort im Wörterbuch als Stichwort. Die Vergangenheitsformen von Verben stehen oft nur beim Infinitiv (Grundform).**

**5** **a.** Bilde zu den folgenden Verbformen die Grundform und schlage sie in deinem Wörterbuch nach.
**b.** Schreibe die Vergangenheitsformen und die Grundformen auf und notiere die Seitenzahl dazu.

er fuhr, sie sank, sie hat geworfen, er ist gegangen, sie ist geschwommen, er hat gewonnen

Starthilfe

| Vergangenheitsform | Grundform (Infinitiv) | Wörterbuch |
|---|---|---|
| er fuhr<br>... | fahren<br>... | S. 186<br>... |

**Arbeitstechnik: Wörter im Wörterbuch nachschlagen**

In manchen Wörterbüchern sind Wörter nicht immer leicht zu finden:
- Die Vergangenheitsformen von Verben stehen oft nur beim Infinitiv (Grundform). Beispiel: (sie) fiel → nachschlagen bei fallen
- Steigerungsformen der Adjektive stehen nur bei der nicht gebeugten Form des Adjektivs. Beispiel: näher → nachschlagen bei nahe
- Zusammengesetzte Wörter musst du manchmal trennen. Beispiel: (der) Autoverkäufer → nachschlagen bei (das) Auto und (der) Verkäufer

# Rechtschreibstrategien und Regeln

## Sprechen – hören – schreiben

**Deutliches Sprechen und genaues Hinhören helfen dir beim richtigen Schreiben. Viele Wörter schreibst du so, wie du sie sprichst und hörst. Diese Wörter sind Mitsprechwörter.**

| die Wolke, der Regenschauer, das Gewitter |
|---|

**1** **a.** Lies die Wörter langsam und deutlich Silbe für Silbe. Klatsche bei jeder Silbe in die Hände.
**b.** Schreibe die Wörter Silbe für Silbe auf. Sprich dazu so langsam, wie du schreibst.

**2** Lies den folgenden Text.

### Was uns Wolken sagen

Wolken haben verschiedene Formen und Namen: Zirruswolken bestehen aus feinen Eiskristallen. Der Name ist aus dem Lateinischen und heißt übersetzt „das Federbüschel". Wenn sich solche Wolken verdichten, wird das Wetter häufig schlecht. An sonnigen Tagen bilden sich oft Haufenwolken. Dann bleibt es noch eine Weile schön. Haben die Wolken aber eine gleichförmige, graue und tiefe Schicht, regnet es bald.

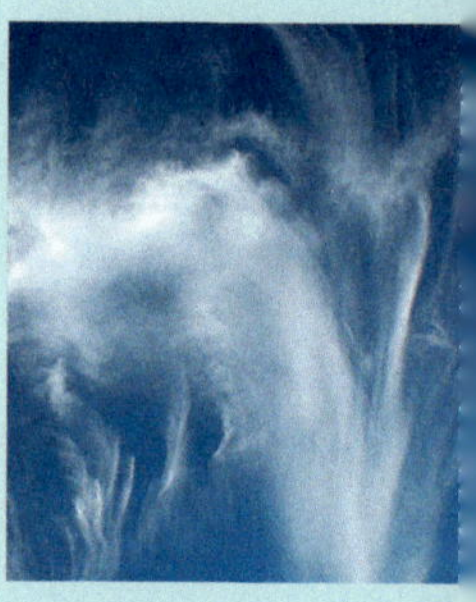

**3** **a.** Schreibe die hervorgehobenen Wörter Silbe für Silbe auf. Ergänze bei Nomen den bestimmten Artikel (Begleiter).
**b.** Zeichne unter jede Silbe einen Silbenbogen.
**c.** Diktiert euch immer abwechselnd ein Wort.

**Wenn du die Wörter Silbe für Silbe sprichst, hörst du bei manchen Wörtern ein h am Anfang einer Silbe.**

**4** Im Text „Was uns Wolken sagen" findest du das Wort **bestehen**.
**a.** Schreibe es Silbe für Silbe auf.
**b.** Zeichne die Silbenbögen und markiere das **h**.
**c.** Schreibe auch die Wörter vom Rand in gleicher Weise auf.

| die Höhe<br>ansehen<br>der Fernseher<br>weitergehen |
|---|

# Wörter trennen

**Sprechsilben helfen dir auch, wenn du am Zeilenende ein Wort trennen musst.**

der Himmel, die Schule, der Blumenkasten, die Schwester, abreisen, zuhalten, das Auge, der Rasen, die Stubenkatze

**1** An welchen Stellen kannst du die Wörter trennen?
**a.** Schreibe die Wörter mit Silbenbögen in dein Heft.
**b.** Zeichne hinter jede Silbe einen senkrechten Strich.

**2** Silben enden entweder mit einem Vokal (Selbstlaut) oder mit einem Konsonanten (Mitlaut).
**a.** Sprich die Wörter vom Rand in Silben.
**b.** Ordne die Wörter mit Trennstrichen in eine Tabelle ein.

die Woche
die Katze
weinen
der Sommer
der Winter
das Kleeblatt
die Pflanze
der Bruder
die Beere

Starthilfe

| **Die erste Silbe endet ...** | |
|---|---|
| mit einem Vokal (Selbstlaut) | mit einem Konsonanten (Mitlaut) |
| die Wo-che, ... | die Kat-ze, ... |

**Achtung: Ein einzelner Vokal am Wortanfang wird nicht getrennt.**

der Abend, aber, eben, die Idee, der Igel, der Ofen, der Uhu

**3** **a.** Lies die Wörter langsam und deutlich.
**b.** Schreibe sie auf und markiere den Vokal am Wortanfang.

**Dieses Arbeitsblatt sieht nicht gut aus, weil über den Rand geschrieben wurde. Du kannst die Wörter am Zeilenende trennen.**

*Hast du gewusst, dass Wale mit Landsäugetieren verwandt sind?*
*Japanische Forscher berichten, dass sie von Flusspferden abstammen.*
*Wale haben eine lange Geschichte. Die ältesten Funde sind mehr*
*als 50 Millionen Jahre alt. Welche Gemeinsamkeiten gibt es zwischen*
*einem Flusspferd und einem Wal? Beide können sich z. B. unter Wasser*
*verständigen. Sie haben auch keine Schweißdrüsen und keine Behaarung.*

**4** **a.** Sprich die markierten Wörter langsam und deutlich.
**b.** Schreibe die Wörter Silbe für Silbe mit Trennstrichen auf.
**c.** Überprüfe deine Ergebnisse mit einem Wörterbuch.

# Wörter verlängern

Wörter mit **b**, **d**, **g** am Ende sind Nachdenkwörter.
Du kannst nicht hören, mit welchem Buchstaben das Wort oder die Silbe endet. Dann hilft dir das Verlängern.

**Merkwissen**

Oft spricht man am Ende eines Wortes **p**, **t**, **k** und schreibt doch **b**, **d**, **g**. Durch Verlängern kannst du den Endbuchstaben hörbar machen. Suche eine längere Form des Wortes. Dann hörst du, welchen Buchstaben du schreiben musst.

- Nomen: der Kor? → die Kör**b**e (Plural) – daher: der Kor**b**
- Verben: sie gi?t → ge**b**en (Infinitiv) – daher: sie gi**b**t
- Adjektive: lusti? → lusti**g**er (Steigerungsform) – daher: lusti**g**

**1** Leite die richtige Schreibweise der folgenden Nomen her.

**a.** Verlängere die Nomen mündlich. Sprich Silbe für Silbe.

**b.** Schreibe die Nomen dann richtig auf.

das Bil?, der Sonnta?, der Mitta?, der Urlau?, das Fahrra?, das Flugzeu?, die Wan?, der Kor?, das Kin?, der Zu?, der Stau?

**2** Verlängere die folgenden Verbformen.

**a.** Finde den Infinitiv (die Grundform) und sprich ihn laut.

**b.** Schreibe den Infinitiv und die Verbform auf.

er blei?t, er gi?t, es wir?, sie flie?t, es stei?t, sie sie?te

**Starthilfe**

bleiben – er bleibt, ...

**3** Leite die richtige Schreibweise der folgenden Adjektive her.

**a.** Verlängere die Adjektive aus den Sätzen. Schreibe Wortgruppen auf.

**b.** Schreibe dann die Sätze richtig auf.

Meine Lieblingshose ist gel?.
Pia hat ihre Oma sehr lie?.
Der Mond ist heute ganz run?.
Mein Bruder Navid ist klu?.
Die Gruselgeschichte ist sehr spannen?.

**Starthilfe**

die gelbe Hose, ...

# Wörter ableiten

Wenn du unsicher bist, ob ein Wort mit ä oder e, mit äu oder eu geschrieben wird, dann hilft dir die Ableitungsprobe.
Diese Wörter mit ä oder äu sind Nachdenkwörter.

**Merkwissen**

**ä** und **e** klingen in vielen Wörtern ähnlich; **äu** und **eu** klingen gleich.
Du kannst Wörter mit **ä** und **äu** von verwandten Wörtern mit **a** oder **au** ableiten.

mä**chtig – die Ma**cht ↓ ? a ϟ ä

die Häuser – das Haus ↓ ? au ϟ äu

**1** Lies den folgenden Text.

**Ein Freund der Kinder**

Ich bin ein mächtiger Baum und stehe im Vorgarten eines prächtigen Hauses. Die Kinder klettern manchmal an mir hinauf. An anderen Tagen liegen sie in meinem Schatten und träumen. Auch in den Gärten vieler anderer Häuser stehen große Bäume. Manche reichen bis hinauf zu den Dächern. Täglich schaue ich hinüber. Aber ich sehe keine Kinder auf den Ästen. Wahrscheinlich sind sie zu ängstlich zum Klettern.

**2** Leite die Schreibweise der hervorgehobenen Wörter ab.
**a.** Schreibe die Wörter mit **ä** und **äu** untereinander auf.
**b.** Suche zu jedem Wort ein verwandtes Wort mit **a** oder **au** und schreibe es daneben.

**3** Finde zu den folgenden Wörtern verwandte Wörter mit **ä** und **äu**.
**a.** Schreibe sie auf.
**b.** Schreibe mit jedem verwandten Wort einen Satz auf.

laufen, der Strauch, fahren, der Platz, fallen, die Wahl, der Strauß, der Abfall, bauen

**Starthilfe**
laufen – sie läuft
...

**4** Schreibe den Text „Ein Freund der Kinder“ ab.

Abschreiben ► S. 302

# Mit Wortbausteinen üben

Viele Wörter sind aus mehreren Teilen zusammengesetzt:
aus dem Wortstamm und anderen Wortbausteinen.
Wortbausteine helfen dir, Nachdenkwörter richtig zu schreiben.

## Wortstämme erkennen

Jede Wortfamilie hat einen Wortstamm.
Gleiche Wortstämme schreibt man in der Regel gleich.

Die Wortfamilie **schlagen**
schlagen, schlagfertig, niedergeschlagen, der Schlag, der Vorschlag, aufschlagen, der Aufschlag, das Schlagzeug, schlagfest, abschlagen

**1** **a.** Ordne die Wörter der Wortfamilie **schlagen** nach Wortarten. Lege dazu eine Tabelle an.
**b.** Markiere den Wortstamm **-schlag-**.

Starthilfe

| Nomen | Verben | Adjektive |
|---|---|---|
| der Schlag<br>… | geschlagen<br>… | schlagfertig<br>… |

**2** **a.** Schreibe die Wörter der Wortfamilie **halten** nach dem Alphabet geordnet auf.
**b.** Markiere den Wortstamm **-halt-**.
**c.** Ergänze weitere Wörter der Wortfamilie.

Die Wortfamilie **halten**
halten, anhalten, der Aufenthalt, abhalten, die Haltestelle, haltbar, der Hinterhalt, der Inhalt, die Haltung, unhaltbar

Bei manchen Wörtern einer Wortfamilie ändert sich ein Buchstabe im Wortstamm.

Infinitiv (Grundform): halten, anhalten, erhalten, durchhalten
2. Person Singular: du hältst, du hältst an, du erhältst, du hältst durch
3. Person Singular: sie hält an, er hält, sie hält durch, er erhält

**3** **a.** Schreibe die Personalformen passend zu den Infinitiven auf.
**b.** Markiere den veränderten Buchstaben im Wortstamm.

## Wortbausteine: Vorsilben und Nachsilben üben

### Vorsilben und Nachsilben sind Wortbausteine.

**4** Aus Verben werden mit den Vorsilben **ver-** und **ent-** neue Verben.
**a.** Bilde neue Verben mit jedem Stern und schreibe sie auf.
**b.** Schreibe mit mindestens vier neuen Verben Sätze auf.

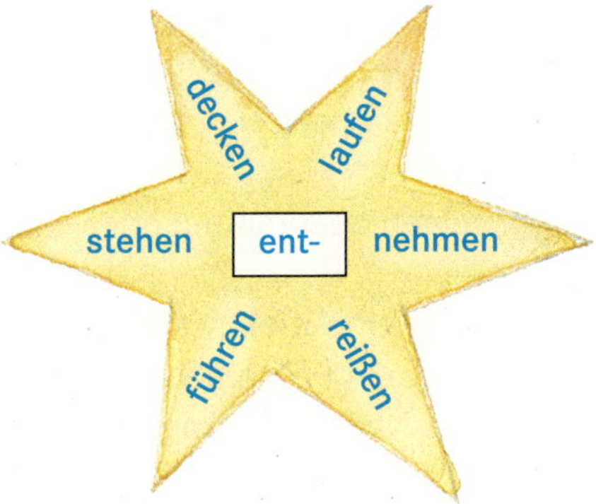


**5** Bilde mit den folgenden Verben und der Nachsilbe **-ung** Nomen. Schreibe sie auf. Ergänze jeweils den bestimmten Artikel.

achten, bestellen, enden, erfinden, ernennen, rechnen, wohnen

### Aus Vorsilben, Wortstämmen und Nachsilben kannst du neue Wörter bilden.

| Vorsilben | | Wortstämme | | Nachsilben |
|---|---|---|---|---|
| ver- | | -klär- | | -en |
| ent- | + | -spann- | + | -ung |
| er- | | -nenn- | | -nis |

**6** Bilde möglichst viele sinnvolle Nomen und Verben. Schreibe die Wörter nach Wortarten geordnet in eine Tabelle. Schreibe die Nomen groß und ergänze den bestimmten Artikel.

**7** In der Wortschlange sind acht Nomen und Verben versteckt.
**a.** Findet die Nomen und Verben und schreibt sie auf.
**b.** Markiert die Vorsilben, die Wortstämme und die Nachsilben in unterschiedlichen Farben.

BEHAUPTUNGBMSANHALTENBSJDLBENENNENSXFGBGEHEIMNISJS
VERMITTLUNGBASEREIGNISABSHVORHALTENBASJVERLIEBEN

**Starthilfe**
die Behauptung, ...

# Regelwissen anwenden: Nomen großschreiben (R)

**Nomen schreibt man groß.**
**Einige Tipps zum Erkennen von Nomen kennst du schon.**

**1** Lies die Tipps zum Erkennen von Nomen.

**Tipp 1:** Prüfe, ob mit dem Wort Lebewesen, Gegenstände oder Dinge bezeichnet werden.
**Tipp 2:** Prüfe, ob das Wort einen bestimmten oder unbestimmten Artikel (Begleiter) bei sich hat.
**Tipp 3:** Prüfe, ob vor dem Wort ein Adjektiv steht.
**Tipp 4:** Prüfe, ob vor dem Wort ein Pronomen steht.
**Tipp 5:** Prüfe, ob das Wort die Nachsilbe **-ung**, **-heit**, **-keit**, **-schaft**, **-nis** oder **-tum** hat.

**Du kannst die Tipps mit dem folgenden Text wiederholen.**

**2** Lies den Text.

**Gut geschlafen?**

Wie die Wildtiere die kalte Jahreszeit überstehen: Wenn es draußen kalt wird und Paul und Lisa immer dickere Pullover aus den Schränken hervorholen, wird das Futterangebot für Wildtiere knapp.
Jedes Wildtier hat eine Lösung entwickelt, um zu überleben.
Manche überdauern die kalte Jahreszeit, indem sie einen Winterschlaf oder eine Winterruhe halten. Sie zehren* dabei von den Fettreserven, die sie in den warmen Monaten angesammelt haben.
Winterschläfer suchen sich im Herbst ein gemütliches Plätzchen, zum Beispiel im Stamm eines Baumes. Dann wird der Winterraum mit Heu, Stroh und Blättern gepolstert, bis er warm und gemütlich ist.
Pünktlich zum Schneefall ist die Unterkunft fertig. Sobald das Frühjahr anbricht, kommen die Tiere wieder aus den Winterquartieren hervor.

* zehren: sich ernähren

**3** **a.** Finde die Nomen in dem Text mit Hilfe der Tipps.
**b.** Schreibe sie mit Artikel auf.
**c.** Notiere dazu den Tipp oder die Tipps, die du beachtet hast.

**Starthilfe**
die Wildtiere
Tipp 1: Lebewesen,
Tipp 2: bestimmter Artikel
...

**Nomen können auch andere Begleiter bei sich haben.**
**Auch die Tipps 6 und 7 helfen dir, Nomen zu erkennen.**

**Tipp 6: Prüfe, ob vor dem Wort eine Präposition steht (z. B. im Nest).**

**4** **a.** Überprüfe noch einmal die Wörter in dem Text „Gut geschlafen?“. Vor welchen Nomen steht eine Präposition?
**b.** Schreibe die Nomen mit der Präposition auf.

**Tipp 7: Prüfe, ob vor dem Wort ein Zahlwort steht (z. B. etwas Besonderes, viele Pausen).**

**5** Lies die folgende Fortsetzung.

Winterschläfer fallen in einen schlafähnlichen Zustand. Dabei geschieht etwas Besonderes: Sie senken ihre Körpertemperatur bis auf zwei Grad. Der Herzschlag wird verlangsamt und einige Atempausen erfolgen. Dadurch verbraucht der Körper weniger Energie. Beim Schlafen nehmen die Tiere keine Nahrung auf, der Körper lebt dann vom Abbau der Fettreserven.
Wenn ein Tier aus seinem Schlaf aufgeschreckt wird, zum Beispiel durch viele Wintersportler, kann es sterben. Es hat dann nämlich keine Energie mehr für die Flucht vor den Menschen.

**6** Vor welchen Nomen steht ein Zahlwort? Schreibe sie mit dem Zahlwort auf.

**Starthilfe**
etwas Besonderes, einige ...

**Verben und Adjektive können zu Nomen werden.**
**Du kannst es an ihren Begleitern erkennen.**

**7** Im Text werden ein Verb und ein Adjektiv zu Nomen.
**a.** Finde die Sätze und schreibe sie auf.
**b.** Unterstreiche **beim** und **etwas** und markiere bei den Nomen jeweils den Großbuchstaben.

**Merkwissen**
Aus Verben können Nomen werden. Die Wörter **das**, **beim**, **am** und **zum** machen Verben zu Nomen.
Beispiele: fahren – das Fahren, schwimmen – beim Schwimmen.
Auch aus Adjektiven können Nomen werden. Dafür sorgen die Wörter **etwas**, **nichts** und **alles**. Beispiel: neu – nichts Neues.
Verben und Adjektive, die zu Nomen wurden, schreibt man groß.
Man kann sie am Artikel erkennen, den man ergänzen kann (Artikelprobe).

weitere Übungen zu Verben und Adjektiven, die zu Nomen werden
► S. 250–251

# Regelwissen anwenden: Wörter mit s-Laut schreiben (R)

**Den s-Laut nach einem langen Vokal (Selbstlaut) oder Umlaut (ä, ö, ü) schreibst du meistens s.**

**1** **a.** Lies die folgenden Wörter mit den s-Lauten.
**b.** Schreibe die Wörter auf.
**c.** Ergänze bei den Nomen den Plural.

lesen, die Hose, die Dose, böse,
der Hase, die Rose, rasen, die Bluse

**Starthilfe**
lesen, die Hose – die Hosen, ...

**Bei manchen Wörtern schreibst du den s-Laut nach einem langen Vokal (Selbstlaut), Umlaut (ä, ö, ü) oder Zwielaut (ei, au, eu) ß.**

**2** **a.** Schreibe die folgenden Nomen auf.
**b.** Ergänze den Plural.

der Fuß, der Gruß, das Maß, der Strauß, der Spaß

**Starthilfe**
der Fuß – die Füße, ...

**3** Bei den folgenden Wörtern reimen sich immer drei Verben.
**a.** Lies die Verben laut.
**b.** Finde die Reimwörter und schreibe sie auf.

beißen, grüßen, reißen, gießen, schießen, fließen,
büßen, heißen, süßen

**Starthilfe**
beißen – reißen – ...,

**Besonders bei s-Lauten kommt es darauf an, genau hinzuhören.**

der Hase – die Straße, reisen – reißen

**4** **a.** Lies jedes Wortpaar laut.
**b.** Welchen Unterschied hörst du beim Sprechen des s-Lauts? Sprich mit einer Partnerin oder einem Partner darüber.

**Merkwissen**
Den s-Laut nach einem langen Vokal oder Umlaut schreibst du meistens **s**.
Bei manchen Wörtern schreibst du den s-Laut nach einem langen Vokal, Umlaut oder Zwielaut (ei, au, eu) **ß**. Wörter mit **ß** sprichst du stimmlos.
Die Finger an deinem Hals bewegen sich beim Sprechen des s-Lauts nicht.

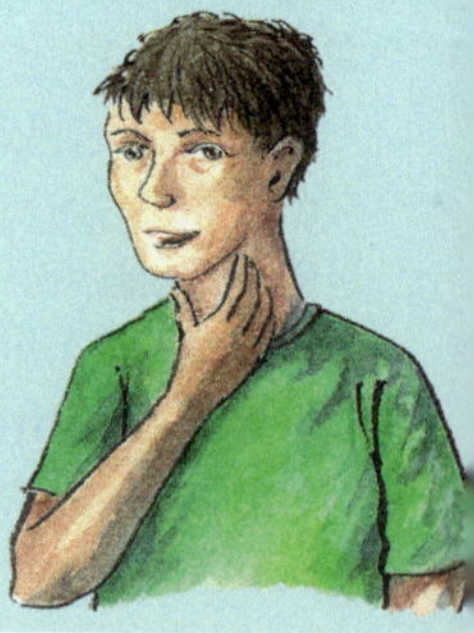

## Regelwissen anwenden: Wortgruppen getrennt schreiben

(R)

Wortgruppen mit **sein** werden immer getrennt geschrieben:
z. B. **fertig sein**, **sicher sein**.

**1** Bilde mit den Wörtern Wortgruppen mit **sein** und schreibe sie auf.

| | | |
|---|---|---|
| beisammen, außer Stande, zufrieden, zurück, zusammen, aus, gut, allein, vorbei, fertig, dabei, weg, hier, da | + | sein |

**2** Welche Wortgruppen aus Aufgabe 1 passen in die folgenden Lücken?
**a.** Schreibe den Text ab und ergänze passende Wortgruppen.
**b.** Markiere die Wortgruppen.

**Allein zu Hause**

Als Max nach seinem Schwimmtraining nach Hause kommt, wundert er sich, warum kein Licht brennt. Eigentlich müssten seine Eltern ? ? .
Das Konzert sollte doch bereits seit einiger Zeit ? ? .
Max geht ins Haus. Seine Eltern sind noch nicht da.
„Sie müssten eigentlich ? ? ", wundert er sich.
„Aber länger als bis Mitternacht werden sie bestimmt nicht ? ? .
Morgen, beim Frühstück, werden wir wieder ? ? ", denkt er.

**3** Schreibe mit drei weiteren Wortgruppen mit **sein** aus Aufgabe 1 Sätze auf.

**4** **a.** Finde weitere Wortgruppen mit **sein**.
**b.** Bilde mit mindestens drei Wortgruppen Sätze und schreibe sie auf.

**5** Schreibt eure Sätze aus den Aufgaben 3 und 4 als Partnerdiktat.

Partnerdiktat ► S. 302

**6** Schreibe das Merkwissen ab und ergänze es.

**Merkwissen**

Wortgruppen mit **sein** schreibt man immer ? .
Beispiele: hier sein, beisammen sein, ? .

# Merkwörter mit Wortlisten üben

Ein Training mit Wortlisten ist besonders geeignet für Merkwörter. Das sind Wörter, deren Schreibweise du nicht durch Strategien oder Regeln herleiten kannst. Übe sie immer wieder.
Hier lernst du verschiedene Übungen kennen.

!

| Merkwörter mit **v** | Merkwörter mit **chs** | Merkwörter mit **ä** |
|---|---|---|
| viel | der Fuchs | das Mädchen |
| bevor | nächste | spät |
| vielleicht | sechs | vorwärts |
| verkaufen | wachsen | die Träne |
| der November | wechseln | rückwärts |
| vorher | die Achse | der März |
| der Vater | der Luchs | das Gerät |

**1** Übe die Merkwörter einer Wortliste mit Hilfe einer Tabelle.
**a.** Lege ein Blatt quer vor dich hin und zeichne eine Tabelle.
W **b.** Wähle eine Wortliste aus.
**c.** Trage die Wörter untereinander ↓ in die erste Spalte ein.
**d.** Fülle nun die Tabelle zeilenweise → aus.

Starthilfe

| Merkwort | schwierige Stelle | ein Satz | ein verwandtes Wort | Wörterbuch |
|---|---|---|---|---|
| viel<br>… | viel<br>… | Es gibt viel zu sehen. | viele<br>… | S. 612<br>… |

**2** Schreibe die Merkwörter einer Wortliste auswendig auf.
W **a.** Wähle eine andere Wortliste aus und lies sie genau.
**b.** Präge dir die Wörter ein. Achte auf die besondere Schreibung.
**c.** Schreibe die Wörter aus dem Gedächtnis auf.
**d.** Kontrolliere, ob du alles richtig geschrieben hast.
Schreibe deine Fehlerwörter noch einmal auf.

**3** Übt die Wörter einer Wortliste mit einem Rückendiktat.
- Legt das Buch mit den Wortlisten auf einen entfernten Tisch.
- Die oder der eine geht zur Wortliste und prägt sich ein Wort ein.
- Schreibe das Wort nun der oder dem anderen mit dem Finger auf den Rücken: langsam, Buchstabe für Buchstabe.
- Die Partnerin oder der Partner versucht, das Wort zu erkennen.
- Wenn das Wort richtig erkannt wurde, schreibt es jeder auf.
- Überprüft gegenseitig, ob ihr das Wort richtig geschrieben habt.
- Dann wechselt ihr.

## Die Merkwörter mit **h** nach langem Vokal, mit langem **i** und mit **aa**, **ee** und **oo** kannst du ordnen.

| Merkwörter mit **h** nach langem Vokal | Merkwörter mit langem **i** | Merkwörter mit **aa**, **ee** und **oo** |
|---|---|---|
| wohnen, die Wahrheit, ähnlich, zählen, der Fehler, ohne, die Lehrerin, zehn, berühmt, das Fahrrad, sehr, erzählen, das Jahr | dir, das Augenlid, der Tiger, wir, das Kino, die Musik, die Mandarine, das Kilo, die Maschine, prima, das Klima, der Igel | der Saal, die Beere, das Boot, der Staat, leer, das Meer, doof, die Seele, der Speer, das Moos, das Haar, der Kaffee, der Zoo, der Tee, die Waage, der Schnee |

**4** Ordne die Wörter mit **h** nach langem Vokal nach der Anzahl ihrer Silben in eine Tabelle ein.

Starthilfe

| eine Silbe | zwei Silben | drei Silben |
|---|---|---|
| zehn, ... | wohnen, ... | die Lehrerin, ... |

**5** Schreibe die Wörter mit langem **i** alphabetisch geordnet auf.

Starthilfe

das Augenlid, dir, ...

**6** **a.** Übertrage die Tabelle in dein Heft.
**b.** Schreibe die Wörter mit **aa**, **ee** und **oo** in die passende Spalte.

Starthilfe

| Wörter mit aa | Wörter mit ee | Wörter mit oo |
|---|---|---|
| der Saal, ... | die Beere, ... | das Boot, ... |

**7** **a.** Diktiert euch abwechselnd Merkwörter aus den Aufgaben 4 bis 6.
**b.** Überprüft die Schreibung aller Wörter.
**c.** Korrigiert die Fehler.

**8** Sammle deine Fehlerwörter in deiner Rechtschreibkartei.
- Schreibe deine Fehlerwörter auf Lernkärtchen.
- Schreibe zu jedem Wort zwei verwandte Wörter auf. Oder verwende das Wort in einem Satz.
- Übe immer wieder mit deinen Lernkärtchen.

Fehlerwörter sammeln in der Rechtschreibkartei
► S. 302

# Texte lesen – üben – richtig schreiben

## 1. Trainingseinheit: zusammengesetzte Nomen, Komma bei Nebensätzen

**1** Lies den Text.

**Flugangst** |

Hast du schon einmal | auf der Besucherterrasse | von einem Flughafen | gestanden | und die landenden und startenden | Maschinen beobachtet? | Vielleicht hast du | davon geträumt, | irgendwann selbst einmal | in den Sommerferien | irgendwohin zu fliegen. | Doch nicht alle Menschen | fliegen gern, | weil sie vor dem Flug | Angst haben. | Für solche Menschen | ist diese Reisemöglichkeit | kein Vergnügen. | Vor allem der Start | und die Landung | setzen den Leuten zu. | Ihnen hilft | auch die Tatsache | nicht, | dass das Fliegen | weniger | gefährlich ist | als eine Schiffsreise. |

**2** Warum fliegen manche Menschen ungern? Schreibe einen Satz auf.

**Zwei Nomen können ein zusammengesetztes Nomen bilden.**

Übungen zu den zusammengesetzten Nomen ► **S. 264**

**3** Im Text sind zusammengesetzte Nomen hervorgehoben. Zerlege sie in die einzelnen Nomen und schreibe die Nomen mit ihrem Artikel auf.

**Starthilfe**

die Besucherterrasse = der Besucher + die Terrasse, ...

**Das Verlängern hilft dir, zusammengesetzte Nomen mit b, d, g richtig zu schreiben. Dazu musst du die Wörter zuerst zerlegen.**

Wörter verlängern ► **S. 234**

**4** Leite die richtige Schreibweise der Nomen am Rand her.
- **a.** Zerlege die zusammengesetzten Nomen.
- **b.** Verlängere das erste Nomen. Sprich Silbe für Silbe.
- **c.** Schreibe das zusammengesetzte Nomen richtig auf.
- **d.** Schreibe mit den zusammengesetzten Nomen Sätze auf.

**Starthilfe**

Nomen 1: der Flug – die Flüge → die Flugangst, ...

die Flu ? angst
die Lan ? karte
der Kor ? sessel
die Wal ? ameise

**Manchmal wird zwischen den beiden zusammengesetzten Nomen ein s eingefügt.**

**5** Du findest im Text ein zusammengesetztes Nomen mit **s**. Schreibe es auf.

**6** **a.** Bilde weitere zusammengesetzte Nomen. Füge nach dem ersten Nomen das **s** ein.
**b.** Schreibe die zusammengesetzten Nomen mit ihrem Artikel auf.

| | |
|---|---|
| der Urlaub + die Zeit = ? | das Boot + der Ausflug = ? |
| der Mittag + die Ruhe = ? | der Nachmittag + das Programm = ? |

**Ein Nebensatz wird durch eine Konjunktion (Bindewort) wie weil, während oder obwohl mit dem Hauptsatz verbunden.**

Hauptsätze und Nebensätze verknüpfen ► S. 311

**7** **a.** Schreibe den folgenden Satz in dein Heft.
**b.** Unterstreiche den Hauptsatz und den Nebensatz in verschiedenen Farben.
**c.** Kreise die Konjunktion **weil** ein.

Nicht alle Menschen fliegen gern, weil sie vor dem Flug Angst haben.

**Merkwissen**

Der Hauptsatz und der Nebensatz werden durch ein Komma voneinander abgetrennt. Im Nebensatz steht die gebeugte Verbform an letzter Stelle.
Meine Eltern standen an meinem Bett, als ich **aufwachte**.

**8** **a.** Schreibe die folgenden Sätze ab und kreise jeweils die Konjunktion ein.
**b.** Setze jeweils das fehlende Komma und unterstreiche im Nebensatz die gebeugte Verbform.

Während die Reisenden das Flugzeug betreten wird ihr Gepäck eingeladen.
Obwohl ich ein bisschen Angst habe freue ich mich auf den Flug.
Als das Flugzeug abhebt atme ich tief durch.

Achtung: Fehler!

**Starthilfe**

(Während) die Reisenden das Flugzeug betreten, wird ihr Gepäck eingeladen.
…

**9** Schreibe den Text „Flugangst“ ab.

Abschreiben ► S. 229

## 2. Trainingseinheit: Verben mit Vorsilben, Nomen mit Nachsilben, Komma bei Satzreihen

**1** Lies den Text.

**Die Libelle** |

Libellen sind | wahre Flugkünstler. | An Flüssen, Seen | und großen Pfützen | hat man im Sommer | die Gelegenheit, | fliegende Libellen | zu sehen. | Mal verharren sie | wie Hubschrauber | in der Luft | und dann fliegen sie | plötzlich davon. | Dabei ist | die Beschleunigung enorm, | denn nach weniger | als einer halben Sekunde | kann ihre Geschwindigkeit bereits | 15 Stundenkilometer betragen. | Insgesamt | erreichen Libellen | eine Geschwindigkeit von | bis zu | 55 Stundenkilometern. | Einem Hindernis | können sie | blitzschnell entgehen, | denn mit großer Leichtigkeit | kann die Libelle vorwärts, | rückwärts und dann wieder | vorwärts fliegen. | Selbst ihre Nahrung | fängt sie im Flug. | Libellen erweisen | sich eben | als wahre Flugkünstler. |

**2** Schreibe auf, was die Libelle in der Luft alles kann.

Aus Verben und Vorsilben kannst du neue Verben bilden.
Die am häufigsten verwendeten Vorsilben sind ver-, er-, be- und ent-.
Die Vorsilben werden immer gleich geschrieben.

**3** Der Text enthält fünf Verben mit den Vorsilben **ver-**, **er-**, **be-** oder **ent-**. Schreibe die Verben auf. Markiere die Vorsilben.

mit Wortbausteinen üben ► S. 236–237

**Starthilfe**
verharren, ...

**4** Bilde aus den Vorsilben **ent-**, **er-**, **be-** und **ver-** und den Verben sinnvolle neue Verben. Schreibe sie auf.
**Tipp:** Bist du unsicher, ob dein neues Verb sinnvoll ist? Das Wörterbuch hilft dir.

| | | | | |
|---|---|---|---|---|
| ent- | + | kommen | kennen | schreiben |
| er- | | fahren | stehen | wenden |
| be- | | suchen | merken | raten |
| ver- | | laufen | geben | bieten |

## Vorsilben verändern die Bedeutung eines Verbs.

**5** Was bedeuten die folgenden Verben?
**a.** Bildet gemeinsam Sätze. Schreibt eure Sätze auf.
**b.** Sprecht über die unterschiedlichen Bedeutungen der Verben.

kommen – entkommen | fahren – verfahren | suchen – besuchen

## Wörter mit den Nachsilben -ung, -heit, -keit und -nis sind Nomen.

Regelwissen anwenden: Nomen großschreiben
► S. 238–239

**6** Der Text enthält sechs Nomen mit den Nachsilben **-ung**, **-heit**, **-keit** und **-nis**. Ordne die Nomen in einer Tabelle.
Ergänze jeweils den bestimmten Artikel. Markiere die Nachsilben.

Starthilfe

| Nomen mit **-ung** | Nomen mit **-keit** | Nomen mit **-heit** | Nomen mit **-nis** |
|---|---|---|---|
| ... | ... | die Gelegenheit | ... |

**7** **a.** Finde für jede Spalte weitere Nomen.
**b.** Wähle aus jeder Spalte ein Nomen aus und schreibe Sätze auf.

## Eine Satzreihe besteht aus mehreren Hauptsätzen. Die Hauptsätze können mit einer Konjunktion (Bindewort) wie denn oder aber verbunden sein.

**8** Der Text enthält zwei Satzreihen mit der Konjunktion **denn**.
**a.** Schreibe die Sätze ab. Markiere die Konjunktion **denn**.
**b.** Unterstreiche jeweils die gebeugten Verbformen.

Merkwissen

Eine Satzreihe besteht aus Hauptsätzen. Zwei Hauptsätze können mit einer Konjunktion (Bindewort) wie **denn** oder **aber** verbunden werden. Die Hauptsätze werden durch ein Komma voneinander abgetrennt.
Die Zeitung verkaufte sich nicht gut, denn das Titelbild war langweilig.

**9** Schreibe die folgenden Sätze auf. Ergänze die fehlenden Kommas.

Anton trainiert recht oft denn er möchte fit bleiben.
Anna würde gerne ins Konzert gehen aber es gibt keine Karten mehr.
Heute gehe ich zum Schwimmen oder ich besuche meine Cousine.

Achtung: Fehler!

**10** Schreibe den Text „Die Libelle“ ab.

Abschreiben ► S. 229

## 3. Trainingseinheit: Schreibweise von Zeitangaben, unregelmäßige Verbformen, Komma bei Nebensätzen

**1** Lies den Text.

**Es tut mir leid |**

Traurig ging | die Mutter von Stefan | ins Wohnzimmer. | „Du hast gelogen. | Dir glaube ich | nie mehr!“ | So hatte | ihr 11-jähriger Sohn | sie angeschrien. | Sie hatte ihm morgens | ihr Wort gegeben, | dass sie | früher von der Arbeit | nach Hause kommen würde. | Sie wollte mit Stefan | neue Fußballschuhe kaufen. | Sie wusste genau, | dass er sie | dringend brauchte. | Aber sie konnte | ausgerechnet heute | an ihrer Arbeitsstelle | nicht pünktlich | Schluss machen. | Frau Schulte befand sich | in einer Zwickmühle. | Sie spürte, | dass sie | ein schlechtes Gewissen hatte. | Nach einer Weile | klopfte sie | an Stefans Zimmertür, | um noch einmal | mit ihm | zu reden. | Frau Schulte sagte: | „Es tut mir leid, | ich verspreche dir, | dass so etwas | nicht noch einmal | vorkommt.“ | Stefan war erleichtert | und umarmte schließlich | seine Mutter. |

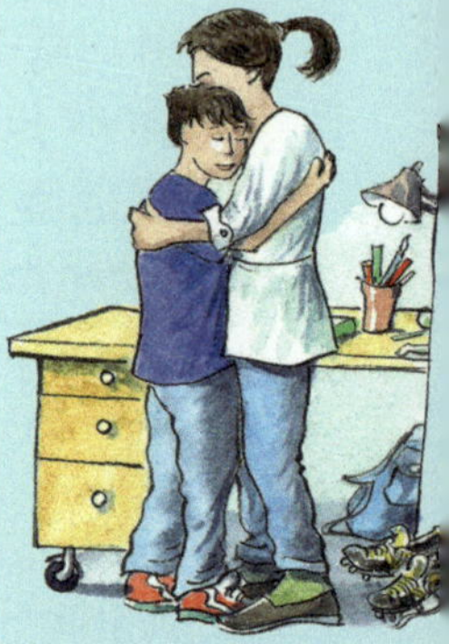

**2** Was hat Frau Schulte ihrem Sohn versprochen?
Schreibe einen Satz in dein Heft.

**Im Text steht in einem Satz eine Tageszeit mit s am Ende.**

**3** **a.** Schreibe den Satz mit der Tageszeit in dein Heft.
**b.** Markiere in der Zeitangabe die Kleinschreibung und das **s** am Wortende.

**Merkwissen**

Tageszeiten und Wochentage mit einem **s** am Ende werden kleingeschrieben:
morgen**s**, mittag**s**, abend**s**, montag**s**, dienstag**s**, mittwoch**s**

**4** **a.** Lies die folgenden Tageszeiten und Wochentage.
**b.** Schreibe sie auswendig auf.

**Tageszeiten:** morgens, vormittags, mittags, nachmittags, abends, nachts
**Wochentage:** montags, dienstags, mittwochs, donnerstags, freitags, samstags, sonntags

**5** Was machst du gern?

**a.** Schreibe Sätze mit den Tageszeiten und Wochentagen mit **s** am Ende.
**b.** Unterstreiche die Zeitangaben.
**c.** Markiere die Kleinschreibung und das **s**.

Starthilfe

Ich gehe morgens ...

## Manche Verben haben besondere Verbformen.

**6** Im Text findest du ein Verb in einer besonderen Perfektform: **du hast gelogen**.

**a.** Schreibe die Perfektform und den Infinitiv (die Grundform) auf.
**b.** Markiere den Vokal, der im Infinitiv anders ist als in der Perfektform.

Verbtabelle: unregelmäßige Verben ► S. 312–313

**7** **a.** Schreibe die folgenden Wörterreihen auswendig auf: eine Wörterreihe lesen – zudecken – schreiben – kontrollieren.
**b.** Markiere in jeder Wortreihe schwierige Stellen.

lügen – du lügst – du logst – du hast gelogen
laden – sie lädt –sie lud –sie hat geladen
essen – er isst – er aß – er hat gegessen
rennen – es rennt – es rannte – es ist gerannt

## Hauptsätze und Nebensätze werden durch Kommas voneinander getrennt.
## Im Text gibt es vier Sätze, die dem folgenden Satzbild entsprechen.

? , dass ? .
Hauptsatz Nebensatz

mehr Übungen: Hauptsätze und Nebensätze verknüpfen ► S. 288–291

**8** **a.** Schreibe die Sätze aus dem Text ab.
**b.** Unterstreiche in den Sätzen jeweils den Hauptsatz zweimal und den Nebensatz einmal.
**c.** Kreise die Konjunktion (das Bindewort) **dass** ein.
**d.** Kennzeichne das Komma mit einem Pfeil.

Starthilfe

Sie hatte ihm morgens ihr Wort gegeben, (dass) sie früher von der Arbeit nach Hause kommen würde. ...

**9** Schreibe den Text „Es tut mir leid“ ab.

Das Abschreiben ► S. 229

# 4. Trainingseinheit: Nominalisierungen, wörtliche Rede

**1** Lies den Text.

**Leider nur ein Traum** |

„Träumst du manchmal?", | fragte Anne ihre Freundin | Sara. | „Eher selten. | Aber gestern Nacht | habe ich | etwas Wunderbares | geträumt." | „Erzähl doch mal!", | bat Anne. | „Ich saß plötzlich | in einem Klassenraum | und musste | ein Diktat | schreiben. | Auf einmal | erschien an der Tafel | eine Geisterhand | und schrieb | ebenfalls ein Diktat. | Ich war | völlig überrascht. | Wenn ich | mir beim Schreiben | nicht ganz sicher war, | schaute ich nur kurz | an die Tafel. | Ich kontrollierte | die Wörter | „nämlich", | „vielleicht" und „endlich". | Du kannst | mir glauben, | dass mir das Schreiben | richtig Spaß machte. | Ich konnte ja | nichts Falsches aufschreiben." | Ungläubig starrte Anne | Sara an. | Dann meinte sie: | „Sara, | das wünsche ich | mir nicht | im Traum, | sondern morgen | in der dritten Stunde. | Dann schreiben wir | nämlich ein Diktat." | Sara lachte | und erwiderte: | „Ich wünsche dir | jedenfalls | alles Gute." |

**2** Beantworte die Fragen schriftlich in ganzen Sätzen:
- Welche Wörter konnte Sara leicht kontrollieren?
- Was wünscht Sara Anne für den nächsten Tag?

Verben können durch die Wörter **das**, **beim** und **zum** zu Nomen werden.

Verben werden zu Nomen
► S. 239

**3** Im Text wird das Verb **schreiben** in zwei Sätzen zum Nomen.
**a.** Finde die Sätze und schreibe sie auf.
**b.** Unterstreiche **beim** und **das** und markiere bei den Nomen den Großbuchstaben.

**4** **a.** Bilde aus den folgenden Verben Nomen.
**b.** Schreibe die Wortgruppen auf.

| | | | |
|---|---|---|---|
| das<br>beim<br>zum | + | fahren<br>trinken<br>laufen | schwimmen<br>hören<br>lesen |

**Starthilfe**
das Fahren, beim Fahren, zum Fahren …

**5** Die Wortgruppen aus Aufgabe 4 kommen häufig bei Verboten vor.
**a.** Schreibe mit den Wortgruppen Verbote auf.
**b.** Unterstreiche **das**, **beim**, **zum** und markiere bei den Nomen den Großbuchstaben.

**Starthilfe**

Das Hören von Musik über Kopfhörer ist in der Schule verboten.
...

Adjektive können durch die Wörter **etwas**, **nichts** und **alles** zu Nomen werden.

Adjektive werden zu Nomen ► S. 239

**6** Im Text findest du drei Adjektive, die zu Nomen wurden.
**a.** Finde die Sätze und schreibe sie auf.
**b.** Unterstreiche **etwas**, **nichts**, **alles** und markiere bei den Nomen den Großbuchstaben.

**7** **a.** Bilde aus den folgenden Adjektiven Nomen.
**b.** Schreibe die Wortgruppen auf.

| | | | |
|---|---|---|---|
| etwas | + | fremd | schmutzig |
| nichts | | hübsch | wichtig |
| alles | | geheim | alt |

**Starthilfe**

etwas Fremdes, ...

Im Text sind vier wörtliche Reden hervorgehoben.

**8** **a.** Schreibe die wörtlichen Reden mit ihren Begleitsätzen ab.
**b.** Unterstreiche die Begleitsätze mit Rot.
**c.** Kreise die Anführungszeichen ein.
**d.** Markiere die Kommas und die Doppelpunkte.

**Merkwissen**

Wörtliche Rede wird in Anführungszeichen gesetzt.
Steht der Begleitsatz vor der wörtlichen Rede, wird er mit einem Doppelpunkt abgeschlossen:
Aufgeregt fragt Amina: „Lukas, hast du das in der Zeitung gelesen?“

Steht die wörtliche Rede vor dem Begleitsatz, dann musst du zwischen der wörtlichen Rede und dem Begleitsatz ein Komma setzen.
„Was steht in der Zeitung?“, fragte Lukas.

**9** Schreibe den Text „Leider nur ein Traum“ ab.

Das Abschreiben ► S. 302

## 5. Trainingseinheit: Anredepronomen, Wortgruppen mit „sein“, Adjektive mit Nachsilben

**1** Lies den Text.

**Ein verfälschter Artikel** |

Nala möchte | für die Schülerzeitung | die Schulleiterin | ihrer Schule interviewen. | Sorgfältig überlegt sie sich | passende Fragen. | Nala ist ein bisschen aufgeregt, | als Frau Merker | sie freundlich empfängt. | „Danke, | dass Sie sich Zeit | für das Interview nehmen.“ | Geduldig und aufmerksam | beantwortet Frau Merker | alle Fragen. | Nala kann zufrieden sein | und beginnt, | den Artikel | zu schreiben. | Nach dem Erscheinen | der neuen Ausgabe | wird Nala auf einmal | auf dem Flur | von Frau Merker | angesprochen: | „Das geht so nicht. | Du hast in dem Artikel | erkennbar einige meiner Antworten | verfälscht.“ | Nala wird nachdenklich: | „Das tut mir leid. | Ich habe gar nicht | daran gedacht, | Ihnen den fertigen Artikel | noch einmal vorzulegen.“ | Frau Merker nickt: | „Als Interviewte | muss ich sicher sein, | dass die Aussagen | auch wirklich dem entsprechen, | was ich gesagt habe. | Ich erwarte, | dass ihr in der nächsten Ausgabe | einiges richtigstellt.“ | Nala nickt zaghaft: | „Das verspreche ich Ihnen.“ |

**2** Worüber war die Schulleiterin verärgert? Schreibe einen Satz auf.

Im Text findest du drei Sätze mit den Anredepronomen **Sie** und **Ihnen**. Diese Anredepronomen schreibt man groß.

**3** **a.** Schreibe die Sätze aus dem Text ab.
**b.** Unterstreiche **Sie** und **Ihnen** und markiere die Großschreibung.

**Merkwissen**

Die Anredepronomen **Sie, Ihr, Ihre, Ihnen** werden immer großgeschrieben.

**4** Nala schreibt an Frau Merker. Ergänze den folgenden Lückentext.

Liebe Frau Merker,
für die letzte Ausgabe unserer Schülerzeitung habe ich ein Interview mit ? geführt. Im Artikel habe ich ? Aussagen nicht richtig wiedergegeben. Dafür möchte ich ? um Entschuldigung bitten. Ich verspreche ? , dass wir dieses Versehen in der nächsten Ausgabe richtigstellen werden.
Mit freundlichen Grüßen
Nala

Sie
Ihnen
Ihre
Ihnen

## Im Text sind Wortgruppen mit **sein** hervorgehoben, die getrennt geschrieben werden.

**5** **a.** Schreibe die beiden Sätze mit den Wortgruppen mit **sein** ab.
**b.** Unterstreiche die Wortgruppen mit **sein**.

**Merkwissen**

Wortgruppen mit **sein** schreibt man immer getrennt: zufrieden sein, da sein.

**6** Schreibe die folgenden Sätze ab und setze passende Wortgruppen mit **sein** aus der Randspalte ein.

Weil die nächste Ausgabe bald ? ? soll, wird Nala noch heute die Schulleiterin interviewen. Nala konnte sehr ? ?, weil die Schulleiterin alle Fragen beantwortete. Wenn man jemanden interviewt, muss der Interviewte ? ?, dass seine Antworten nicht verfälscht werden. Für Nala ist nun klar, dass sie in der nächsten Sitzung der Redaktion unbedingt ? ? muss.

fertig sein
sicher sein
dabei sein
zufrieden sein

## Im Text gibt es Wortgruppen, deren Schreibweise du dir merken musst. Es sind Merkwörter. Schreibe sie getrennt und klein.

!

ein bisschen, auf einmal, gar nicht

**7** **a.** Schreibe die Wortgruppen auf.
**b.** Schreibe mit den Wortgruppen jeweils einen Satz auf.

## Viele Adjektive erkennst du an ihren Wortbausteinen.

Mit Wortbausteinen üben ► S. 236–238, 246–247, 252–253

**8** Im Text gibt es vier Adjektive mit den Nachsilben **-ig** und **-lich**.
**a.** Schreibe sie auf.
**b.** Markiere jeweils die Nachsilben **-ig** und **-lich**.

**9** Auch Wörter mit den Nachsilben **-bar**, **-sam** und **-haft** sind Adjektive.
**a.** Finde im Text zu jeder Nachsilbe ein Adjektiv. Schreibe sie auf.
**b.** Bilde aus den folgenden Wörtern Adjektive mit den Nachsilben **-bar**, **-sam** oder **-haft**. Verwende ein Wörterbuch.

biegen, brennen, die Dauer, erholen, essen, lesen, das Märchen, messen, das Rätsel, der Schreck, schweigen, sparen

**10** Schreibt den Text „Ein verfälschter Artikel" als Partnerdiktat.

Partnerdiktat ► S. 228

Teste dich!

# Richtig schreiben

**Am Ende der nächsten Seite steht ein Text mit Fehlern.
Bearbeite alle Aufgaben, dann wirst du die Fehler finden.**

**1** Finde in den folgenden Sätzen die Nomen.
**a.** Lege eine Folie über die Sätze und markiere die Nomen.
**b.** Schreibe die Sätze in der richtigen Groß- und Kleinschreibung auf.

> DER ZITRONENFALTER HAT EINE GELBE FÄRBUNG.
> IN EINEM VERZEICHNIS SIND VERSCHIEDENE ARTEN
> DIESES SCHÖNEN SCHMETTERLINGS ENTHALTEN.
> DASS ER BEI STARKER KÄLTE ÜBERLEBT, IST KEINE SELTENHEIT.

Regelwissen anwenden: Nomen großschreiben ► S. 238–239 (R)

Achtung: Fehler!

**2** Die folgenden Sätze enthalten Nominalisierungen, die nicht richtig geschrieben sind.
Schreibe die Sätze in der richtigen Groß- und Kleinschreibung auf.

> Es gibt tagaktive und nachtaktive Schmetterlinge.
> Zum schlafen suchen sie sich geschützte Orte, wie die Unterseite
> eines Blattes. Da Schmetterlinge spüren, wenn man sich nähert,
> sieht man sie meist nur beim fliegen. Allein in Mitteleuropa gibt es
> 4000 Arten von Schmetterlingen. Jedes Jahr werden weitere Arten entdeckt.

Nominalisierungen ► S. 239, 250–251

Achtung: Fehler!

**3** Schreibe die folgenden Wörter auf. Ergänze dabei die fehlenden Buchstaben. Sprich dazu langsam und deutlich.

Sprechen – hören – schreiben ► S. 232

der Schmetterlin ?

der Wa ? ertropfen

die Rau ? e

die ? lüte

**4** Die Schreibweise der folgenden Wörter kannst du ableiten.
Schreibe die Sätze vollständig auf.

Wörter ableiten ► S. 235

> Wenn es w ? rmer wird, fliegen die Schmetterlinge wieder von Blüte zu Blüte,
> denn sie ern ? hren sich vom süßen Nektar.
> Die F ? rbung des Zitronenfalters schützt ihn vor seinen Fressfeinden.
> Man darf ihn nicht mit dem Kohlweißling verwechseln.
> Die Flügel des Zitronenfalters sind l ? nglicher.

**5** In den folgenden Sätzen findest du drei Tageszeiten mit **s** am Ende.
  **a.** Prüfe die Rechtschreibung der Zeitangaben.
  **b.** Schreibe die Sätze in der richtigen Groß- und Kleinschreibung auf.

> Forscher beobachten Schmetterlinge zu verschiedenen Tageszeiten.
> Die Tiere laben sich morgens am frischen Tau der Blüten.
> Sie flattern Mittags von einer Blüte zur nächsten und bestäuben sie.
> Manche schlafen Nachts in Ritzen, unter Gräsern oder Bäumen.
> Dort finden sie Schutz vor Fressfeinden.

Tageszeiten ► S. 248

Achtung: Fehler!

**6** In den folgenden Satzgefügen fehlen die Kommas.
  **a.** Schreibe die Sätze in dein Heft.
  **b.** Kreise jeweils die Konjunktion (das Bindewort) ein.
  **c.** Setze jeweils das Komma.

> Eine Raupe wird zuerst erwachsen bevor sie sich verpuppt.
> Wenn sich die Raupe entpuppt wird sie zum Schmetterling.
> Manche Schmetterlinge schlafen nachts weil sie tagaktive Tiere sind.

Achtung: Fehler!

Kommas in Satzgefügen ► S. 311

**Der folgende Text enthält insgesamt zehn Rechtschreibfehler und zwei Zeichensetzungsfehler.**

**7** **a.** Lies den Text. In den Zeilen mit dem Ausrufezeichen am Rand findest du die Fehler.
  **b.** Schreibe die Fehlerwörter richtig auf.
  Schreibe – wenn möglich – dazu, welche Strategie dir hilft.
  **c.** Schreibe den Text fehlerfrei ab.
  **d.** Setze die fehlenden Kommas.

Achtung: Fehler!

**Ein echter Überlebenskünstler – der Zitronenfalter**

Der Zitronenfalter fliegt im Sommer Mittags geräuschlos von einer blüte !!
zur nächsten. Manchmal bleibt er zur erholung auf einer Blüte sitzen. !
Während viele Schmeterlinge im Winter erfrieren kann der Zitronenfalter !!
bei großer Kelte von bis zu minus 20 Grad überleben. !
Im Gegnsatz zu anderen Faltern benötigt er keine geschützten Plätze !
zum überwintern. Aber wie macht der Zitronenfalter das? Wenn es kalt wird !!
scheidet er alles entbehrliche Waser aus. Durch Glyzerin und Eiweißstoffe !
wird der gefrierpunkt der restlichen Körperflüssigkeit herabgesetzt. !
Deshalb kann der Zitronenfalter nicht erfrieren.
Im Frühling kannst du ihn wieder beim fliegen beobachten. !

**8** Welche Strategien und Regeln möchtest du noch üben?
Schreibe in dein Lerntagebuch.

Lerntagebuch ► S. 194–195

# Sprache und Stil

## Sprachebenen erkennen und richtig verwenden

**Nicht alle Personen verwenden denselben Sprachstil.**

**1** Seht euch die abgebildeten Szenen an.

**2** Nicht alle Sprechblasen passen zu der gezeichneten Situation.
**a.** Was stimmt hier nicht? Begründet eure Meinung.
**b.** Formuliert die Sprechblasen neu, sodass sie zu den Personen und der Situation passen.

**3** **a.** Sammelt Situationen, bei denen es wichtig ist, den „richtigen Ton“, also die passende Sprache, zu wählen.
**b.** Besprecht in der Klasse:
Warum ist es wichtig, die passende Sprachebene zu verwenden?

**Unsere Art zu sprechen passen wir der jeweiligen Situation an. Dazu wählen wir eine bestimmte Sprachebene aus, z. B. Standardsprache, Jugendsprache, Fachsprache oder Dialekt.**

**4** Welcher Sprachebene gehören die Aussagen aus Aufgabe 1 an?

**a.** Lest das Merkwissen.

**b.** Ordnet die Sprechblasen den Sprachebenen zu.

**c.** Schreibt Wörter heraus, an denen man die jeweilige Sprachebene erkennen kann.

**Starthilfe**

Sprechblase 1: Dialekt, Beispiele: Des, ...
...

**Merkwissen**

Wie du etwas ausdrückst, hängt von der Umgebung ab und von deinem Gesprächspartner.
Es gibt bestimmte Sprachebenen:
- Die Standardsprache ist die allgemein verbindliche Form einer Sprache, wie sie in der Öffentlichkeit gebraucht wird.
- Die Jugendsprache enthält besondere Wörter und Wendungen, die sehr zeitbezogen sind und von Jugendlichen geprägt werden.
- Fachsprachen enthalten besondere Wörter, meist Fremdwörter, und Formulierungen, die von bestimmten Berufsgruppen verwendet werden.
- Dialekte sind regionale Sprachformen, z. B. Niederbayerisch, Fränkisch, Schwäbisch.

**5** Kennt ihr weitere Beispiele für die unterschiedlichen Sprachebenen? Schreibt sie in einer Tabelle auf.

**Starthilfe**

| Standardsprache | Jugendsprache | Fachsprache | Dialekt |
|---|---|---|---|
| ... | ... | ... | ... |

**Eine Sprachebene ist die Jugendsprache.**

**6** **a.** Welche besonderen Wörter verwendet ihr? Sammelt sie und schreibt gemeinsam eine Liste.

**b.** Bei welchen Gelegenheiten verwendet ihr Jugendsprache, bei welchen Standardsprache? Sprecht darüber.

**7** Welches ist das aktuelle „Jugendwort des Jahres"? Recherchiert im Internet.

Im Internet recherchieren
► S. 297

# Dialekte in Bayern untersuchen

**Dialekte werden in bestimmten Regionen eines Landes gesprochen. Die Karte zeigt verschiedene Begriffe in bayerischen Dialekten, z. B. Schwäbisch oder Fränkisch.**

**1** Seht euch die Karte von Bayern genau an und lest die Wörter.

**2** **a.** Welche Wörter auf der Karte kennt ihr in eurem Dialekt?
**b.** Vergleicht die Wörter: Was ist gleich? Was hat sich verändert?

**3** Welche Dialektwörter kennt ihr noch? Welche gefallen euch besonders gut? Tauscht euch darüber aus.

**4** Du sprichst noch eine andere Sprache. Gibt es in dieser anderen Sprache auch Dialekte? Nenne Beispiele.

**5** Führt eine Umfrage zu Dialekten durch.
**a.** Sammelt gemeinsam Fragen und gestaltet einen Fragebogen.
**b.** Führt die Umfrage durch: in eurer Klasse, eurer Schule, eurer Familie ...
**c.** Wertet die Ergebnisse gemeinsam aus.

Sprichst du Dialekt?
Wann sprichst du Dialekt?
Mit wem ...?

**Die französische Comicserie „Asterix, der Gallier“ wurde in mehr als 100 Sprachen und Dialekte übersetzt, darunter ins Mainfränkische.**

**6** a. Lest den folgenden Text.
b. Um welche beiden Figuren geht es? Schreibt die Namen auf.

**Asterix uff Meefränggisch** René Goscinny, Albert Uderzo

In dem Derredorium vo die Aufmübfichn geht alles sein Gang.
Für manchere isses äwer eweng zu ruich.

**7** a. Schreibt Wörter auf, die im Hochdeutschen fast gleich sind.
b. Versucht, die beiden Texte ins Hochdeutsche zu übersetzen. Die Worterklärungen helfen euch.

Worterklärungen:

Derredorium: das Territorium
Aufmübfichn: die Aufmüpfigen
äwer: aber
ruich: ruhig
meenste: meinst du
stingich: stinkig
Gschmorr: das Geschwätz
dröich: trage
Hinkelstecki: der Hinkelstein
jäch: jagen
mer: wir
Schwarzkiddel: Wildschweine

**Was geht in der folgenden Szene aus dem Comic vor?**

**8** a. Lest den Comic im Dialekt.
b. Was sagen Asterix und Obelix wohl im Original auf Hochdeutsch? Versucht, die Sprechblasen zu übersetzen.

Im Internet recherchieren ► S. 297

**9** Übt die Szene auf Mainfränkisch oder Hochdeutsch ein.
a. Überlegt euch, wie die Szene enden soll.
b. Spielt eure Szene der Klasse vor.

Szenisch spielen ► S. 297

# Sprachen vergleichen: Die Artikel

**Die Artikel der, das und die zeigen in der deutschen Sprache das Geschlecht eines Nomens an. In anderen Sprachen haben die Nomen manchmal ein anderes Geschlecht oder es gibt gar keinen Artikel.**

**1** **a.** Ordne die Nomen aus der Tabelle den Sprachen am Rand zu. Schreibe sie mit ihrem Artikel auf.
**b.** Ergänzt weitere Sprachen.

| | | |
|---|---|---|
| der Mond (m) | das Spiel (s) | die Sonne (w) |
| ay | oyun | güneş |
| the moon | the game | the sun |
| la lune (w) | le jeu (m) | le soleil (m) |
| луна [luná] (w) | игра [igrá] (w) | солнце [sónze] (s) |

Russisch
Englisch
Französisch
Deutsch
Türkisch

**2** Schreibe die Artikel in den verschiedenen Sprachen in eine Tabelle.

| | Deutsch | Türkisch | Englisch | Französisch | Russisch |
|---|---|---|---|---|---|
| männlich | der | – | | … | Konsonant |
| sächlich | … | – | … | | -o/-e |
| weiblich | … | – | | la | -a |

**3** Vergleicht Artikel und Geschlecht in den verschiedenen Sprachen.
- In welcher Sprache gibt es keine Probleme mit dem Artikel?
- Warum sind die deutschen Artikel besonders schwer zu lernen?

**Cem macht aus Spaß einen Fehler, der mit seiner türkischen Muttersprache zusammenhängt.**

**Cem:** Johannes, siehst du Fahrrad? Fahrrad ist kaputt.
**Johannes:** Ja, ist doch kein Problem. Wir können doch das Fahrrad reparieren. Übrigens heißt es „das Fahrrad".
**Cem:** Ja, klar, das weiß ich. Aber im Türkischen heißt es anders!
**Johannes:** Sagt man auf Türkisch „der Fahrrad" oder „die Fahrrad"?
**Sebnem:** Nein, es gibt doch gar keinen Artikel! Es heißt bisiklet.

**4** **a.** Erklärt, warum Sebnems Eltern manchmal den Artikel vergessen.
**b.** Nennt andere Sprachen, in denen es keine Artikel gibt.

# Sprichwörter verstehen

**In der deutschen Sprache werden oft sprachliche Bilder verwendet. Die einzelnen Wörter werden hierbei nicht wörtlich genommen.**

Der Apfel fällt nicht weit vom ? .
Die Bäume mit tiefen ? sind die, die hoch wachsen.
Fälle nicht den Baum, der dir ? spendet.
Einen alten Baum ? man nicht.

**1** **a.** Schreibe die Sprichwörter mit Hilfe des Wortmaterials am Rand vollständig auf.
**b.** Was könnten diese Sprichwörter bedeuten? Überlegt gemeinsam.
**c.** Schreibt weitere Sprichwörter auf.

Wurzeln
Schatten
verpflanzt
Stamm

**Überall auf der Welt gibt es Sprichwörter.**

Du siehst den Wald vor lauter Bäumen nicht.

**2** Was ist mit diesem Sprichwort gemeint? Tauscht euch darüber aus.

**Dieses Sprichwort hat in vielen Sprachen eine ähnliche Bedeutung.**

Los árboles no dejan ver el bosque.

מרב עצים לא רואים את היער.
(gesprochen: Merow ezim lo ro'im et hajaʻar.)

За деревьями и леса не видно.
(gesprochen: Sa derevjami i lessa ne widno.)

You can't see the wood for the trees.

**Die Wörter mit der gleichen Bedeutung sind farbig hervorgehoben.**

**3** **a.** Ordnet jedem Satz die richtige Sprache zu. Begründet.
**b.** Kennt ihr das Sprichwort noch in einer anderen Sprache?

Hebräisch
Englisch
Russisch
Spanisch

**4** Welche Sprichwörter kennt ihr in anderen Sprachen? Sammelt sie in der Klasse.

# Wortarten verwenden

**1** **a.** Seht euch das Bild an.
**b.** Sprecht über die folgenden Fragen:
- Welche Personen und Gegenstände könnt ihr entdecken?
- Beschreibt sie mit Adjektiven.
- Was tun die Personen, die ihr seht?
- Stellt Vermutungen darüber an, was sie zuvor getan haben oder danach tun werden.
- Habt ihr selbst schon einmal an einem Sportfest teilgenommen?

**2** Du sprichst noch eine weitere Sprache.
Nenne Wörter zum Thema **Sportfest** in dieser Sprache.

# Wortarten wiederholen

## Nomen, Verben und Adjektive wiederholen

**Du weißt schon einiges über Nomen, Verben und Adjektive.
Hier kannst du die Wortarten noch einmal üben.**

**1** Was weißt du über die Wortarten Nomen, Verben und Adjektive? Schreibe Stichworte auf.
**Tipp:** Du kannst dich im Anhang über die Wortarten informieren.

Nomen ► S. 307
Verben ► S. 308
Adjektive ► S. 309

**An der Carl-Orff-Mittelschule findet ein Sportfest statt. Zur Eröffnung ist ein Freundschaftsspiel gegen die Fußballmannschaft der Nachbarschule geplant. Marie, Finja, Emre und Julian haben viele Fragen.**

**2** Bestimme die Wortarten der hervorgehobenen Wörter.
**a.** Schreibe die Fragen in den Sprechblasen ab und unterstreiche die Nomen, die Verben und die Adjektive in verschiedenen Farben.
**b.** Übertrage die Tabelle in dein Heft.
Trage die Nomen mit Artikel (Begleiter), die Verben im Infinitiv (in der Grundform) und die Adjektive in der Grundform ein.
**c.** Ergänze bei den Nomen:
- den bestimmten und den unbestimmten Artikel,
- den Plural oder den Singular.

**Starthilfe**

| Nomen | Verben | Adjektive |
|---|---|---|
| die/eine Mannschaft, die Mannschaften | kommen | gegnerisch |
| ... | ... | ... |

**3** Ergänze deine Tabelle. Schreibe zu jeder Wortart mindestens drei weitere Beispiele auf, die zum Thema **Sportfest** passen.

**Marie, Finja, Emre und Julian organisieren das Freundschaftsspiel und müssen vorher noch einige Fragen klären.**

„Wo ist die ? für die Schiedsrichterin?"
„Svenja ist nicht da. Wer ? denn für sie?"
„Haben alle die ? Trikots mitgebracht?"
„Wer hat den ? für die Umkleideräume?"
„Hinterher haben alle Durst. Stehen ? Getränke bereit?"
„Wo ? ich bloß den Ersatzball?"

(der) Schlüssel
kalt
spielen
(die) Pfeife
haben
rot

**4** Schreibe die Fragen der vier Freunde vollständig auf. Passende Wörter findest du in der Wörterliste.
**Tipp:** Beachte die Endungen der Adjektive und Verben.

**5** Wie bereiten sich die Spieler auf das Spiel vor?
**a.** Schreibe dazu Sätze auf.
**Tipp:** Du kannst auch die folgenden Wörter verwenden.
**b.** Unterstreiche die Nomen, Verben und Adjektive in deinen Sätzen mit verschiedenen Farben.

der Fußballplatz, das Trikot, die Fußballschuhe, das Wasser, schnell, herzlich, die Zuschauer, rennen, betrachten, umziehen, trinken, anziehen, begrüßen

**6** Marie, Finja, Emre und Julian sollen das Freundschaftsspiel vorbereiten. Woran müssen sie noch denken?
**a.** Schreibe ihr Gespräch auf.
**b.** Unterstreiche Nomen, Verben und Adjektive.

**7** **a.** Bilde zusammengesetzte Nomen mit **Fußball** als erstem Wort (Bestimmungswort) oder letztem Wort (Grundwort).
**b.** Schreibe die zusammengesetzten Nomen mit ihrem Artikel auf.
**Tipp:** Der Artikel richtet sich nach dem Grundwort.

**Starthilfe**
das Fußballspiel ...

Zusammengesetzte Nomen ► S. 307

## Nomen in vier Fällen verwenden

### Endlich ist es so weit. Das Fußballspiel beginnt.

Der Schiedsrichter pfeift das Spiel an. Schon nach 15 Minuten führt die Mannschaft von Marie und Julian mit zwei Toren. Doch die gegnerische Mannschaft gibt nicht auf und arbeitet mit allen Tricks. Jetzt ist vor allem die Durchsetzungskraft des Schiedsrichters gefragt. Als Roberto wiederholt foult, reicht es dem Schiedsrichter. Er zeigt ihm die rote Karte.
Da hilft kein Protest. Den Schiedsrichter kann niemand mehr umstimmen.

**1** **Wer** pfeift das Spiel an? **Wessen** Durchsetzungskraft ist gefragt? **Wem** reicht es? **Wen** kann niemand umstimmen?

a. Beantworte die Fragen schriftlich in ganzen Sätzen.
b. Unterstreiche in jedem Satz das Nomen **Schiedsrichter** mit seinem Artikel.
c. Setze nun das Nomen **Schiedsrichter** in den Plural. Schreibe die Sätze auf. Das Merkwissen hilft dir.

Nomen und Artikel
► S. 307

**2** Der Text in Aufgabe 1 enthält noch mehr Nomen.

a. Einige Nomen stehen im Nominativ und einige im Akkusativ. Frage nach diesen Nomen. Notiere die Fragen und die Antworten.
b. Unterstreiche die Nomen mit ihren Artikeln.
c. Setze die Nomen in den Plural. Schreibe die Sätze auf.

**Merkwissen**

In Sätzen erscheinen Nomen immer in einem bestimmten Fall (Kasus). Im Deutschen gibt es vier Fälle. Der Artikel und die Endung des Nomens richten sich nach dem Fall. Man kann nach dem Fall, in dem ein Nomen steht, fragen.

| Fall | Geschlecht | | | | | |
|---|---|---|---|---|---|---|
| | männlich | | sächlich | | weiblich | |
| | Singular | Plural | Singular | Plural | Singular | Plural |
| Nominativ (Wer oder was?) | der Ball | die Bälle | das Spiel | die Spiele | die Karte | die Karten |
| Genitiv (Wessen?) | des Balls | der Bälle | des Spiel(e)s | der Spiele | der Karte | der Karten |
| Dativ (Wem?) | dem Ball | den Bällen | dem Spiel | den Spielen | der Karte | den Karten |
| Akkusativ (Wen oder was?) | den Ball | die Bälle | das Spiel | die Spiele | die Karte | die Karten |

## Nicht nur auf dem Spielfeld tut sich einiges.

Die Fans feuern die Mannschaft an. Paula und Larissa halten ein Plakat ihrer Schulmannschaft hoch. Fabio hilft dem verletzten Marvin. Yannic bringt seiner Schwester ein Eis mit. Emre holt den Auswechselspielern neues Wasser. Finja hat ihre Kamera mitgebracht und macht viele Fotos. Die Fotos möchte sie später ihrer Freundin zeigen, die krank ist. Sogar der Hausmeister unterbricht seine Arbeit und verfolgt das Spiel.

**3** **a.** Stellt euch gegenseitig Fragen zu allen Nomen in dem Text.
**b.** Bestimmt bei jedem Nomen den Fall.

**Starthilfe**

Wer feuert die Mannschaft an? ...

## Das Spiel ist sehr spannend. Kristina kommentiert es.

Noch immer steht es 1:1 zwischen ? . Die Spieler der 6 a haben ? . Julian gibt an Daniela ab. Daniela schießt zu Marie. Das war ein toller Pass. Marie spielt ? auf den Stürmer der 6 a. Der wird sofort gestört von zwei ? der 6 c und gibt ab. Da springt ? von der linken Flanke herein. Marco, der schnelle Außenstürmer der 6 a, steht völlig frei vor ? . Er springt, Kopfball und Tor. Tor, Tor! Das war ein schwerer Fehler ? der 6 c. Das könnte ? für die 6 a sein. Aber ? der 6 c stürmen mit dem Ball in ? der 6 a. Sie geben nicht auf. Ihre ? feuern sie lautstark an: „6 c vor – macht das ? !“ Einige springen sogar auf und steigen auf die ? . Andere ? wiederum feuern die 6 a an. Sie haben sogar ? dabei. Was für eine ? !

(die) Mannschaft
(der) Ball
(der) Stürmer
(der) Abwehrspieler
(das) Tor
(der) Sieg
(die) Hälfte
(die) Stimmung
(der) Zuschauer
(der) Fan
(die) Bank
(die) Trillerpfeife

**4** **a.** Schreibe den Kommentar vollständig auf.
Ergänze dabei die Nomen vom Rand in der richtigen Form.
**Tipp:** Einige Nomen kannst du mehrfach verwenden.
**b.** Überprüft gegenseitig, ob ihr die Nomen in der richtigen Form verwendet habt.

**5** Wie könnte das Spiel ausgehen?
**a.** Ergänzt weitere Sätze.
**b.** Fragt nach den Nomen und bestimmt bei jedem Nomen den Fall, das Geschlecht und die Zahl.
**Tipp:** Das Merkwissen auf Seite 265 kann euch helfen.

# Wortart: Verben

## Trennbare Verben im Präsens

### Die Schülerinnen und Schüler bereiten das Sportfest vor.

Wann fangen wir an?

Ich lege einen Zeitplan an.

Wir bereiten das Fußballspiel vor.

Wo hängen wir den Plan auf?

Emre und ich sprechen noch mehr Helfer an.

Hoffentlich treten wir im Finale an.

**1** **a.** Schreibe die Aussagen aus den Sprechblasen auf.
**b.** Unterstreiche und verbinde in jedem Satz die zwei Verbteile.
**c.** Schreibe jeweils den Infinitiv dazu auf.

**Starthilfe**

Wann <u>fangen</u> wir <u>an</u>? - anfangen
...

**2** Was besprechen die Schülerinnen und Schüler noch?
Schreibe Sätze auf. Du kannst die Verben vom Rand verwenden.

anpacken
aufschließen
aufstellen
mitgeben
zusammentragen

**Merkwissen**

Einige Verben bestehen aus zwei Teilen. Es sind trennbare Verben.
Im Infinitiv (in der Grundform) schreibst du sie zusammen.
Im Präsens und im Präteritum stehen die Verbteile auseinander.

Verbtabelle:
trennbare Verben
► S. 312–313

### Vor einem Verb als Grundwort können verschiedene Wörter stehen. Dadurch ändert sich meist die Bedeutung des Verbs.

| | | |
|---|---|---|
| ein<br>an<br>zu<br>auf<br>her | + | nehmen |

**3** **a.** Bildet trennbare Verben mit **nehmen**.
Schreibt die neuen Verben auf.
**b.** Bildet mit den Verben fünf Sätze und schreibt sie auf.
**c.** Erklärt, wie sich die Bedeutung des Verbs jeweils verändert.

# Das Perfekt wiederholen

## Du kennst schon die Zeitform Perfekt (2. Vergangenheit).

Perfekt ► S. 308

**1** **a.** Setze die folgenden Sätze ins Perfekt.
**b.** Wann verwendest du das Perfekt? Erkläre es in eigenen Worten.

Lennart verletzt sich beim Hürdenlauf.
Der Betreuer informiert den Lehrer.

**Starthilfe**
Lennart hat sich ...

## Beim Sportfest ist ein Unfall passiert.

**2** Sieh dir die Bilder an.

**3** Was ist geschehen? Erzählt es euch gegenseitig.
**a.** Ein Partner beginnt mit den Bildern 1 und 2. Verwendet das Perfekt.
**b.** Der andere Partner notiert beim Hören die Perfektformen.
**c.** Bei den Bildern 3 und 4 werden die Rollen getauscht.

| Vergangenheit davor | Gegenwart jetzt | Zukunft zukünftig |
|---|---|---|
| **Perfekt** | Präsens | Futur |

# Das Präteritum wiederholen

**Du kennst schon die Zeitform Präteritum (1. Vergangenheit).**

Präteritum ► S. 308

**1** **a.** Setze die folgenden Sätze ins Präteritum.
**b.** Wann verwendest du das Präteritum? Erkläre es in eigenen Worten.

Mittags findet der Hürdenlauf statt.
Lennart verletzt sich beim Hürdenlauf.
Der Betreuer informiert den Lehrer.

**Starthilfe**
Mittags fand ...
...

**Devrim hat den Hürdenlauf betreut und den Unfall beobachtet. Die Lehrerin bittet ihn, einen Bericht über Lennarts Unfall für die Unfallversicherung der Schule zu schreiben. So beginnt Devrims Unfallbericht:**

Am 25. 06. ab 13:00 Uhr fand das diesjährige Sportfest der Karl-Drais-Mittelschule statt. Lennart Maier nahm am Hürdenlauf teil. An der zweiten Hürde blieb er hängen. Er strauchelte und stürzte ...

**2** **a.** Schreibe den Anfang des Berichts ab.
**b.** Markiere die Verbformen im Präteritum.
**Tipp:** Einige Verbformen bestehen aus zwei Teilen.

**3** **a.** Schreibe den Bericht mit Hilfe der folgenden Stichworte zu Ende. Setze dabei die Verben ins Präteritum.
⊙ **b.** Markiere in deinen Sätzen die Präteritumformen.

Verbtabelle: unregelmäßige Verben ► S. 312–313

*- kann mit Fuß nicht auftreten*
*- Lehrer informiert*
*- Lehrer ruft einen Arzt herbei*
*- Verstauchung zugezogen*
*- Arzt verbindet Fuß*
*- Lennart kann in den nächsten vier Wochen keinen Sport machen*

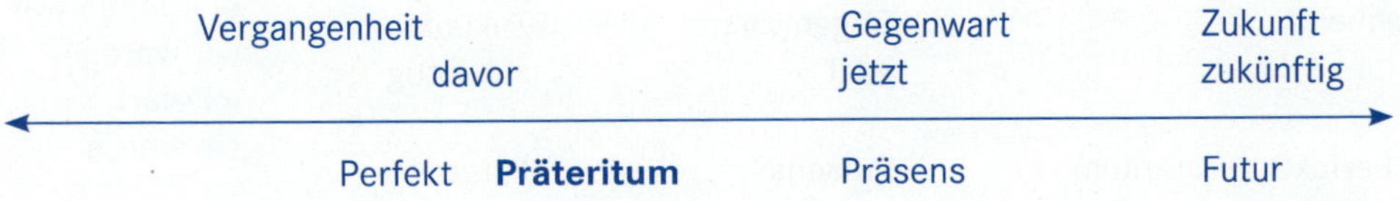

# Das Plusquamperfekt

## Das Team hatte das Sportfest lange vorher geplant und organisiert.

Marie, Finja, Emre und Julian hatten schon sehr früh mit ihren Vorbereitungen angefangen. Viele Mitschüler waren als Unterstützung dabei gewesen. So hatten sie schon drei Monate zuvor wunderschöne und informative Plakate und Flyer gestaltet. Alle Klassen hatten sie persönlich eingeladen. Sie hatten Obst und Wasser eingekauft. Die Sportgeräte hatten sie zusammen mit dem Hausmeister auf das Sportgelände gebracht. Marie hatte in Absprache mit der Schulleitung sogar die Lokalzeitung eingeladen. Nach den gelungenen Vorbereitungen waren sie ganz schön erschöpft, aber glücklich gewesen. All dies hatte die Rektorin in ihrer Begrüßungsrede lobend erwähnt.

**1** In dem Text sind Verben im Plusquamperfekt (3. Vergangenheit) hervorgehoben.

**a.** Beantworte die folgenden Fragen zum Text schriftlich:
- Wann hatte das Team mit den Vorbereitungen angefangen?
- Wer hatte geholfen?
- Was hatte Marie gemacht, bevor sie die Lokalzeitung einlud?

**b.** Markiere die Formen des Plusquamperfekts in deinen Antworten.

## Und was war passiert, bevor die Zuschauer zum Sportfest kamen?

**2** Bevor es losging, hatten die Zuschauer noch ...
Schreibe vollständige Sätze im Plusquamperfekt auf.
**Tipp:** Du kannst die folgenden Vorschläge verwenden.

mit Freunden verabreden, Fankleidung anziehen, Trillerpfeife einpacken

**Merkwissen**

Das Plusquamperfekt (3. Vergangenheit) verwendet man, wenn man ausdrücken will, dass etwas vor einem schon zurückliegenden Ereignis geschah (Bedeutung: noch davor).
Viele Verben bilden das Plusquamperfekt mit den Vergangenheitsformen von **haben** und dem Partizip Perfekt.
Verben der Bewegung bilden es mit dem Hilfsverb **sein**.
Er hatte geplant.
Sie waren erschöpft gewesen.

| Vergangenheit | | | Gegenwart | Zukunft |
|---|---|---|---|---|
| noch davor | davor | | jetzt | zukünftig |
| **Plusquamperfekt** | Perfekt | Präteritum | Präsens | Futur |

**Sprachspeicher**

**haben:**
ich hatte
du hattest
er/sie/es hatte
wir hatten
ihr hattet
sie hatten

**sein:**
ich war
du warst
er/sie/es war
wir waren
ihr wart
sie waren

# Das Futur

**Das Sportfest war ein voller Erfolg. Das Organisationsteam macht sich schon Gedanken über das Sportfest im nächsten Jahr.**

**1** **a.** Schreibe auf, was das Organisationsteam noch tun wird.
**b.** Unterstreiche die Formen von **werden** und die Infinitive.
**c.** Was drücken die Verbformen aus? Schreibe es in einem Satz auf.

## Auch die beteiligten Sportler machen Pläne.

An den Wochenenden werden wir regelmäßig trainieren. Wir werden Krafttraining machen und an unserer Schnelligkeit arbeiten. Am Anfang werden wir bestimmt Muskelkater bekommen, aber das werden wir in Kauf nehmen. Nach ein paar Wochen werden wir sicherlich besser werden. Natürlich werden wir bei dem Training auch jede Menge Spaß haben.

**2** **a.** Schreibe die Sätze ab.
**b.** Unterstreiche die Verbformen im Futur (Zukunft).

**3** Wie werden die Sportler trainieren? Welche Pläne hat der Trainer? Schreibe fünf Sätze auf. Verwende das Futur.

**Merkwissen**

Wenn man über Dinge spricht, die in der Zukunft liegen, verwendet man oft das Futur (Zukunft). Das Futur wird mit **werden** gebildet.
**Das Organisationsteam wird das nächste Sportfest bald planen.**

| Vergangenheit davor | | Gegenwart jetzt | Zukunft zukünftig |
|---|---|---|---|
| Perfekt | Präteritum | Präsens | **Futur** |

**Sprachspeicher**

**werden:**
ich werde
du wirst
er/sie/es wird
wir werden
ihr werdet
sie werden

# Das Passiv verwenden

**Welcher Papierflieger fliegt am weitesten?**
**Das will die Klasse 6 c in einem Wettbewerb ausprobieren.**
**Doch wie wird ein Papierflieger gefaltet?**

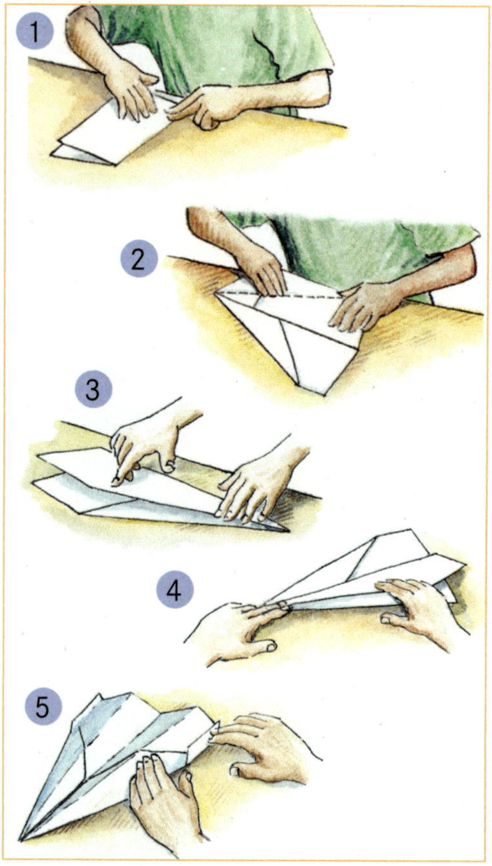


R Die schrägen Spitzen werden nach unten gefaltet.

T Die vorderen Ecken werden zur Mittellinie gefaltet.

T Zum Schluss werden die Flügelseiten nach oben geknickt.

A Dann werden beide Seiten in der Mittelfalte zusammengeklappt.

S Das Papier wird der Länge nach gefaltet. Dann wird es wieder geöffnet.

**1** Wie wird ein Papierflieger gebastelt?

**a.** Ordne die Sprechblasen in der richtigen Reihenfolge.
**Tipp:** Die Buchstaben an den Sprechblasen ergeben ein Lösungswort.

**b.** Schreibe die Bastelanleitung auf.

**Starthilfe**

S Das Papier wird der Länge nach gefaltet. Dann wird es ...

**2** In den Sprechblasen sind Verbformen hervorgehoben.

**a.** Schreibe die Verbformen mit den Personalpronomen auf.

**b.** Markiere die Formen von **werden**.

**Starthilfe**

es wird gefaltet, es wird ...

**In Anleitungen verwendest du oft das Passiv. Es beschreibt, was getan wird. Wer etwas tut, ist in Anleitungen meist unwichtig.**

**3** Welches Papier wird für Papierflieger verwendet?
Schreibe den folgenden Lückentext auf.
Setze dabei die passenden Passivformen vom Rand ein.

Welches Papier verwendet wird, ist bei Papierfliegern durchaus wichtig.
Manchmal ? dickes Papier oder Karton für den Flieger ? .
Dann ist er oft zu schwer und stürzt ab.
Oder es ? Papiertücher ? . Dann halten die Faltlinien oft nicht so gut und der Flieger kann dann nicht richtig fliegen.
Am besten ? Kopierpapier ? .
Daraus ? gute und schnelle Flieger ? .

werden ... benutzt
wird ... verwendet
werden ... gemacht
wird ... genommen

**Merkwissen**

Das Passiv beschreibt, was mit einer Person oder einem Gegenstand getan wird. Dabei ist der Vorgang wichtig, aber nicht, wer ihn ausführt.
Du bildest das Passiv mit einer Form von **werden** und dem Partizip Perfekt:
es wird gefaltet, sie werden geknickt.

**Nun schreibst du die Anleitung für ein anderes Flugzeug – den Adler.**

- das Papier der Länge nach falten, wieder öffnen
- die oberen Ecken zur Mittellinie falten
- die neu entstandenen oberen Ecken so zur Mittellinie falten, dass die Faltlinie genau durch die beiden unteren Ecken geht
- die Spitze auf die Mittellinie klappen, genau bis auf die Ecken, die sich dort schon treffen
- das Papier umdrehen
- die Flügel nach unten falten – startklar!

**4** Wie wird der Adler gefaltet?
Schreibe die Anleitung vollständig im Passiv auf.

● **5** Begründe, warum das Passiv sich gut für Versuchsbeschreibungen eignet.

# Wortart: Adjektive

**Mit Adjektiven kann man Gegenstände genauer beschreiben.**

**Nach dem Sportfest vermisst Julian seine Sporttasche. Er meldet den Verlust beim Hausmeister.**

**Hausmeister:** Vielleicht kann ich dir helfen. Es wurden drei Taschen abgegeben. Wie sieht denn deine Tasche aus?

**Julian:** Sie hat eine längliche Form und ist ungefähr 50 cm lang. Sie ist blau und hat eine türkisfarbene Seitentasche. Die Ecken sind leicht abgerundet. Sie besteht aus einem wasserabweisenden Material. Das ist ganz besonders nützlich, wenn es regnet. Sie hat ein großes Hauptfach, eine Seitentasche und ein separates Bodenfach für Schuhe. Die Fächer sind mit Reißverschlüssen versehen. Einer der langen Trageriemen ist etwas verschmutzt. In der Ecke der Vorderseite ist ein kleiner Fußballer zu erkennen. Im Hauptfach sind ein weißes Handtuch und eine Flasche Wasser. Ein kleiner roter Geldbeutel befindet sich in der rechten Seitentasche. Meine Tasche ist fast neu. Ich habe sie erst vor drei Monaten geschenkt bekommen. Ich hoffe sehr, dass meine Tasche abgegeben wurde.

**Julian hat seine Tasche beschrieben.**

**1** **a.** Lies den Text genau und sieh dir die abgebildeten Taschen an.
**b.** Welche Tasche gehört wohl Julian? Begründe.

**Julian hat viele Adjektive verwendet.**

**2** **a.** Lege eine Folie über den Text und markiere die Adjektive.
**b.** Schreibe die Adjektive und die dazugehörigen Nomen heraus.
**c.** Markiere die Endungen der Adjektive.
**d.** Die Adjektive haben unterschiedliche Endungen. Formuliert eine Regel.

**Starthilfe**

eine längliche Form, ...

## Adjektive in Wortgruppen verändern ihre Endung:

der lange Trageriemen – ein langer Trageriemen
das wasserabweisende Material – ein wasserabweisendes Material
die längliche Form – eine längliche Form

**3** **a.** Ordne die Wortgruppen in eine Tabelle ein. Schreibe in dein Heft.
**b.** Bilde mit den folgenden Adjektiven und den Nomen Wortgruppen und ergänze deine Tabelle.

schwarz
kaputt
rot

die Turnhose
der Fußball
das Handtuch

Starthilfe

| der \| das \| die + Adjektiv + Nomen | ein \| ein \| eine + Adjektiv + Nomen |
|---|---|
| der lange<br>... | ein ...<br>... |

## Während des Sportfestes haben mehrere Kinder Sachen verloren:

**Esra:** Ich kann meinen ? Geldbeutel nicht mehr finden. Er hat einen ? Verschluss und zwei ? Fächer.
**Lena:** Meine ? Jacke ist nicht mehr auffindbar. An der Vorderseite ist eine ? Blume befestigt. Auf der ? Seite hat sie ein ? Loch.

rot, golden, groß, braun, rund, links, klein

**4** **a.** Schreibe die Sätze ab. Setze in die Lücken jeweils Adjektive mit der passenden Endung ein.
**b.** Unterstreiche die Endungen.

● **5** Beschreibe eine der beiden anderen Taschen in ganzen Sätzen.

Merkwissen

Adjektive können zwischen Artikel und Nomen stehen.
Dann verändern sie ihre Endung.

| | männlich | sächlich | weiblich |
|---|---|---|---|
| Nominativ (Wer oder was?) | der alte Hut<br>ein alter Hut | das gute Spiel<br>ein gutes Spiel | die rote Tasche<br>eine rote Tasche |
| Genitiv (Wessen?) | des alten Hutes<br>eines alten Hutes | des guten Spiels<br>eines guten Spiels | der roten Tasche<br>einer roten Tasche |
| Dativ (Wem?) | dem alten Hut<br>einem alten Hut | dem guten Spiel<br>einem guten Spiel | der roten Tasche<br>einer roten Tasche |
| Akkusativ (Wen oder was?) | den alten Hut<br>einen alten Hut | das gute Spiel<br>ein gutes Spiel | die rote Tasche<br>eine rote Tasche |

# Wortart: Präpositionen

**Mit Präpositionen kann man ausdrücken, wo sich etwas befindet (Dativ) oder wohin etwas kommt (Akkusativ).**

**Für das Sportfest muss noch einiges vorbereitet werden.**

**Julian:** Wo sind die Bälle?
**Marie:** Der Hausmeister sagt, sie liegen neben dem Schrank.
**Julian:** Welchen Schrank meinst du? Wo steht der?
**Marie:** Ich meine den kleinen Schrank hinter dem Umkleideraum.
Vergiss nicht die Trillerpfeife. Sie ist im Korb unter dem Regal.

**1** **a.** Wo findet Julian was? Schreibe es in vollständigen Sätzen auf.
**b.** Unterstreiche die Wortgruppen mit den Präpositionen.

**Starthilfe**
Die Bälle liegen neben dem Schrank.
Der kleine Schrank steht …

**Julian soll die Gegenstände dorthin bringen, wo sie benötigt werden.**

**2** Wohin bringt Julian die Sachen?
Schreibe vollständige Sätze auf.
Du kannst auch die Vorschläge nutzen.

| | | | | | | |
|---|---|---|---|---|---|---|
| Julian<br>Er | bringt<br>legt<br>stellt<br>räumt<br>packt | den | Rucksack<br>… | an<br>auf<br>unter<br>neben<br>in<br>hinter<br>vor<br>über | den | Sportplatz.<br>… |
| | | das | Maßband<br>… | | das | Fußballfeld.<br>… |
| | | die | Trillerpfeife<br>… | | die | Sporttasche.<br>…. |

**3** Was könnte Julian noch vorbereiten?
Wo findet er was? Wohin soll er etwas bringen?
**a.** Schreibe drei Sätze auf.
**b.** Tauscht eure Sätze und überprüft sie gegenseitig.

## Marie berichtet vom Staffellauf.

Enes und Felix freuten sich schon auf das Sportfest. Die Klasse 6 a forderte die Klassen 6 b und 6 c zu einem Staffellauf auf. Enes und Felix sind die schnellsten Läufer in ihrer Klasse. Beide Schüler träumten bereits von einer Medaille. Sie besprachen mit ihren Mitschülern eine Strategie, um den Wettbewerb zu gewinnen.
Enes sagte zu den anderen, dass er mit dem Lauf beginnen wird, Felix sollte der Schlussläufer sind. Ungeduldig wartete Felix auf seinen Start. Die Schüler der anderen Klassen waren gut.
Felix wunderte sich über ihre Schnelligkeit. Und dann geschah es. Auf den letzten Metern überholte ihn ein Mädchen aus der Klasse 6 b. Felix ärgerte sich über sich selbst.

**4** **a.** Schreibe die hervorgehobenen Wortgruppen untereinander auf.
**b.** Kreise die Verbformen und die Präpositionen ein.
**c.** Unterstreiche jeweils die Nomen.

**Starthilfe**
freuten sich auf das Sportfest, ...

**5** Folgt nach der Präposition ein Nomen im Akkusativ oder im Dativ?
Schreibe die Tabelle ab und vervollständige sie.
Trage jeweils die dazugehörenden Nomen mit ihrem Begleiter ein.

| | Nomen im Akkusativ |
|---|---|
| Enes und Felix freuten sich auf | das Sportfest |
| Felix wartete auf | ... |
| Felix wunderte sich über | ... |
| Felix ärgerte sich über | ... |

| | Nomen im Dativ |
|---|---|
| Beide Schüler träumten von | einer Medaille |
| Sie besprachen mit | ihren Mitschülern |
| Enes sagte zu | ... |
| Enes beginnt mit | ... |

**6** Schreibe sechs vollständige Sätze auf.
Du kannst die folgenden Wortgruppen verwenden.

sich freuen auf, sich ärgern über, auffordern zu, sprechen mit, beginnen mit, warten auf, sagen zu, sich wundern über, erzählen von, bitten um, träumen von

# Wortarten verwenden

**Hier kannst du überprüfen, ob du die Wortarten verwenden kannst.**

**Nomen erscheinen in Sätzen immer in einem bestimmten Fall.**

**1** Schreibe auf, wie du die vier Fälle erfragen kannst.

**2** **a.** Stelle Fragen zu den markierten Wörtern.
**b.** Bestimme jeweils den Fall.

Am letzten Dienstag fand das Sportfest unserer Schule statt.
Viele schauten sich das Fußballspiel an.
Dass beide Mannschaften fair spielten, gefiel dem Publikum.

**Starthilfe**
Was fand am ...?

**3** Schreibe die Sätze ab und ergänze die Nomen im richtigen Fall.

Nach ? (das Spiel) erhielt ? (die siegreiche Mannschaft) den Wanderpokal der Schule. Der Pokal wurde zuerst ? (der Kapitän) überreicht. Unter ? (der große Applaus) lief die Mannschaft aus ? (das Stadion).

**Verben stehen in verschiedenen Zeitformen.**

**4** Ein Bericht wird in der Regel im Präteritum verfasst.
Schreibe den Bericht ab und setze die richtigen Verbformen ein.

Am Samstag, den 25.06. ? (sein) ein Bus mit 20 Schülern nachmittags vom Sportfest der Carl-Orff-Mittelschule kommend auf der Beethovenstraße unterwegs.
In Höhe der Goethestraße ? (bremsen) der Busfahrer sehr stark, um links abzubiegen. Ein ihm nachfolgender Autofahrer ? (wollen) ihn in diesem Moment mit seinem PKW ? (überholen).
Deshalb ? (kommen) es zu einem Zusammenstoß beider Fahrzeuge.
Alle Beteiligten ? (bleiben) unverletzt.

**5** Welches Fest plant deine Schule oder Klasse in der Zukunft?
Schreibe vier Sätze auf. Verwende das Futur.

**6** Andreas erinnert sich, wie er vor dem Sportfest für den Hürdenlauf trainiert hatte.
Bilde mit den folgenden Wortgruppen vier Sätze.
Verwende das Plusquamperfekt.

> viele Monate trainieren, den Ablauf des Laufes genau planen,
> nach einem Sieg besonders glücklich sein, den Pokal überreicht bekommen

**7** Schreibe die folgenden Sätze im Passiv auf.

> Frau Kramer bügelt die Turnhose.
> Die Schüler tragen die Sportgeräte auf den Sportplatz.
> Herr Hartmann baut die Tribüne für die Siegerehrung auf.
> Julian sucht die blaue Sporttasche.

### Mit Adjektiven kannst du Gegenstände genauer beschreiben.

**8** In dem folgenden Text befinden sich fünf Fehler.
**a.** Suche sie und berichtige sie. Begründe deine Korrektur.
**b.** Schreibe den überarbeiteten Text auf.

Die Carl-Orff-Mittelschule bekommt ein neue Sportstadion.
Das baufällig, alte Stadion wird noch in diesem Monat abgerissen.
Die Schüler freuen sich schon auf das neue Stadion,
denn bei starken Regen tropfte es manchmal von der Decke.
In den Umkleiden standen kaputten Bänke.
An den scharfe Kanten konnte man sich schnell verletzen.

Achtung: Fehler!

### Auf manche Verben folgt eine feste Präposition.

**9** Setze die richtigen Präpositionen ein.

Zu Hause erzählte Lena ihrer Mutter ? dem Staffellauf:
„Wir haben die anderen 6. Klassen ? einem Staffellauf aufgefordert.
Felix sagte ? uns, er wolle als Letzter laufen. Stefan verzichtete
sogar ? seinen Platz im Team, da Felix meinte, er wäre schneller.
Wir alle träumten schon ? Sieg."

**10** Besprich deine Arbeitsergebnisse mit deiner Lehrkraft.
Was kannst du schon gut, was solltest du noch üben?

# Satzglieder verwenden

**1** **a.** Seht euch das Bild an.
**b.** Sprecht über diese Fragen:
- Wer bringt den Kuchen?
- Was steht auf dem Tisch?
- Was tun die Kinder?
- Wen sieht das Mädchen links an?
- Wem wird ein Geschenk überreicht?
- Wann, wo und warum könnten sich die Personen treffen?

# Subjekt, Prädikat und Objekt wiederholen

**Du kennst bereits die wichtigsten Satzglieder: Subjekt, Prädikat und Objekt.**

**1** Die Satzglieder kannst du erfragen.
Ordne die Fragen vom Rand den Satzgliedern Subjekt, Prädikat sowie Genitiv-, Dativ- und Akkusativobjekt zu.

Wer oder was?
Wessen?
Was tut …?
Was geschieht …?
Wen oder was?
Wem?

**Familie Kampmann lädt Gäste ein. Dafür muss sie einiges vorbereiten.**

**2** Was tun Frau und Herr Kampmann, Marlene und Yannic?
**a.** Bildet sinnvolle Sätze mit Hilfe der Wortgruppen.
**b.** Schreibt die Sätze auf.

Sahne schlagen, Tisch decken, Kaffee kochen, Servietten falten, Teekanne geben, Getränke kaufen, Kuchen backen, Tassen bringen

**3** Bestimme die Satzglieder.
**a.** Lege eine Tabelle mit vier Spalten an.
**b.** Schreibe die Satzglieder in die jeweilige Spalte.
**c.** Überprüft gegenseitig, ob ihr die Satzglieder richtig bestimmt habt.

Starthilfe

| Subjekt<br>Wer? | Prädikat<br>Was tut …? | Dativobjekt<br>Wem? | Akkusativobjekt<br>Wen oder was? |
|---|---|---|---|
| Yannic | schlägt | | die Sahne. |
| … | … | … | … |

### Der Besuch kündigt sich an.

Frau Yenes und Familie Bosike besuchen ? . Frau Yenes schenkt ? Blumen. Frau Kampmann verteilt ? . Yannic reicht ihr ? . Marlene holt ? . Yannic bringt ? . Der Hund folgt ? in die Küche. Er frisst ? . Er sollte sich ? schämen.

ihnen
die Kampmanns
ein Stückchen
die Teller
seiner Tat
den Kaffee
den Kuchen
Zucker und Milch
Marlene

**4** Ergänze die fehlenden Genitiv-, Dativ- und Akkusativobjekte aus dem Kasten am Rand.
**a.** Schreibe die vollständigen Sätze auf.
**b.** Bestimme die Objekte. Markiere sie mit unterschiedlichen Farben.

**5** Bilde mit Hilfe der Tabelle sinnvolle Sätze.
Schreibe die Tabelle ab und ergänze sie.
**Tipp:** Nicht in jedem Satz müssen alle Objekte vorkommen.

**Starthilfe**

| Subjekt<br>Wer? | Prädikat<br>Was tut ...? | Dativobjekt<br>Wem? | Akkusativobjekt<br>Wen oder was? | Genitivobjekt<br>Wessen? |
|---|---|---|---|---|
| Herr Kampmann | gibt | den Gästen | die Hand. | |
| Marlene | ... | ... | ... | ... |
| Frau Kampmann | ... | ... | ... | ... |
| Frau Yenes | ... | ... | ... | ... |
| Familie Bosike | ... | ... | ... | ... |
| Yannic | ... | ... | ... | ... |
| Der Hund | ... | ... | ... | ... |

**6** **a.** Frage nach den Genitiv-, Dativ- und Akkusativobjekten.
**b.** Schreibe die Fragen und die Antworten auf.

**Starthilfe**

Wem gibt Herr Kampmann die Hand?
Herr Kampmann gibt den Gästen die Hand.
...

**7** **a.** Schreibe sechs Sätze mit den Verben vom Rand auf.
**b.** Tauscht eure Sätze aus und markiert die Subjekte, die Prädikate und die Objekte.

**Starthilfe**

Wir empfangen Besuch.

danken
gedenken
gehören
bewundern
gefallen
kennen

# Die adverbialen Bestimmungen

## Beim Kaffeetrinken passieren ein paar Missgeschicke.

Am Nachmittag lässt Yannic in der Küche einen Teller fallen.
Der Teller zerspringt auf dem Boden in viele Scherben. Einige Minuten später verschüttet Marlene etwas Milch auf dem Tisch. Frau Yenes holt gleich ein Taschentuch aus ihrer Tasche. Damit nicht noch mehr Chaos entsteht, lässt Marlene den Hund „Wuschel" im Garten spielen. Kurze Zeit später möchte er aber schon wieder in die Wohnung gelassen werden.

**1** **Wo ...? Wohin ...? Woher ...? Wann ...? Wie lange ...?**
Frage nach den adverbialen Bestimmungen des Ortes und der Zeit.
**a.** Schreibe die Fragen und die Antworten auf.
**b.** Markiere die adverbialen Bestimmungen des Ortes und der Zeit.

**Starthilfe**
Wo lässt Yannic ...?
Wann lässt Yannic ...?
...

## Warum ist wohl einiges schiefgelaufen?

**Yannic:** Wegen der kurzen Vorbereitungszeit habe ich mich besonders beeilt. Vor Hektik fiel mir der Teller herunter.
**Marlene:** Wegen der großen Hitze war ich müde und habe nicht aufgepasst. Aus diesem Grund war ich etwas ungeschickt und verschüttete die Milch.
**Frau Kampmann:** Und Wuschel hat vor lauter Übermut Frau Yenes angesprungen und ihren Rock schmutzig gemacht.

**2** **Warum** ist das alles passiert?
Frage nach den adverbialen Bestimmungen des Grundes.
**a.** Schreibe die Fragen und die Antworten auf.
**b.** Markiere die adverbialen Bestimmungen des Grundes.

**Starthilfe**
Warum hat Yannic sich besonders beeilt?
Wegen der kurzen Vorbereitungszeit ...

**Merkwissen**
Mit einer adverbialen Bestimmung des Grundes kann man ausdrücken, warum etwas geschieht. Man fragt mit **Warum?**
Warum hat Yannic sich besonders beeilt?
Yannic hat sich wegen der kurzen Vorbereitungszeit besonders beeilt.

# Mit Satzgliedern üben

**Mit Hilfe von Proben kannst du Sätze verändern. Probiere es aus!**

**Yannic berichtet über den gestrigen Besuch:**

In der Küche überreichte Frau Yenes meiner Schwester gestern einen Blumenstrauß.

**1** **a.** Schreibe jedes Wort auf eine Karte.
**b.** Bestimmt die Satzglieder mit der **Umstellprobe**.

**2** Die **Ersatzprobe:** Welche Satzglieder kannst du ersetzen?
Ersetze ein Satzglied durch andere Wörter und Wortgruppen.

**3** Die **Weglassprobe:** Welche Satzglieder kannst du weglassen?
**a.** Schreibe jedes Wort auf eine Karte.
**b.** Welche Satzglieder kannst du weglassen, ohne dass der Satz unvollständig wird? Schreibe Sätze auf.

**4** Die **Ergänzungsprobe:** Wie kannst du den folgenden Satz erweitern?
**a.** Schreibe jedes Wort auf eine Karte.
**b.** Welche Satzglieder kannst du ergänzen?

Mein Vater erzählt eine Geschichte.

**Texte werden interessanter, wenn ihr Satzglieder umstellt.**

Frau Kampmann trifft ein paar Tage später Frau Bosike.
Mit zwei großen Einkaufstaschen kommt Frau Bosike gerade aus dem Supermarkt. Frau Kampmann bedankt sich für das leckere Rezept. Frau Yenes kommt dazu.
Sie möchte das Rezept auch ausprobieren.
Frau Bosike freut sich sehr über das Interesse der beiden.

**5** Wendet die Umstellprobe bei den Sätzen an.
**a.** Schreibt jedes Wort auf ein Kärtchen.
**b.** Stellt die Sätze um. Probiert alle Möglichkeiten aus. Beachtet, welche Wörter und Wortgruppen sich nur zusammen umstellen lassen.
**c.** Vergleicht die Wirkung.
Welcher Satz gefällt euch jeweils besser und warum?

# Satzglieder verwenden

**Hier kannst du überprüfen, ob du Satzglieder verwenden kannst.**

**Adverbiale Bestimmungen beschreiben Umstände genauer.**

**1** Die Sätze drücken noch nicht aus, wann und wo oder warum etwas geschieht. Schreibe die Sätze ab und ergänze sie sinnvoll.

Die Wohnung der Familie Bosike liegt ? (wo?). Der Supermarkt befindet sich ? (wo?). ? (wann?) hat Frau Bosike ? (warum?) ein Geschenk für Frau Kampmann gekauft. Das gemütliche Treffen ? gefiel allen. ? wollten sie das Treffen ? wiederholen. Herr Kampmann versprach, Frau Yenes ? abzuholen.

- am Vormittag
- gegenüber
- im Stadtteil Neudorf
- wegen der Einladung
- gleich in der nächsten Woche
- aus diesem Grund
- bei Familie Bosike
- von der Bushaltestelle

**2** Ergänze nun eigene adverbiale Bestimmungen.

Frau Yenes war erst ? ? gezogen. Sie hatte ? die Arbeitsstelle gewechselt. ? kannte sie sich noch nicht so gut aus.

**Bestimme die Satzglieder in den folgenden Sätzen.**

Frau Kampmann möchte für den Besuch einen Kuchen backen.
Deswegen kauft sie im Supermarkt alle Zutaten.
Yannic reicht seiner Mutter zum Schluss die Hefe.
An der Kasse müssen Yannic und seine Mutter lange warten.
Die Kassiererin schenkt Yannic daher ein Päckchen Aufkleber.

Familie Kampmann und Frau Yenes sahen gestern Abend einen Film im Kino.
Der Film gefiel allen Zuschauern. Die Zeit im Olympiakino verging schnell.
Danach gingen sie in ein Café. Am nächsten Wochenende wollen sie im Stadtpark ein Picknick machen

**3** **a.** Schreibe die Sätze ab.
**b.** Markiere in deinen Sätzen die Subjekte mit dem Symbol ▭.
**c.** Markiere in deinen Sätzen die Prädikate mit dem Symbol ▭.
**d.** Markiere in deinen Sätzen die Akkusativobjekte mit dem Symbol ▭ mit einem grünen Stift.
**e.** Markiere in deinen Sätzen die Dativobjekte mit dem Symbol ▭ mit einem gelben Stift.
**f.** Markiere in deinen Sätzen die adverbiale Bestimmung der Zeit mit einer schwarzen Kringellinie.
**g.** Markiere in deinen Sätzen die adverbiale Bestimmung des Ortes mit einer roten Kringellinie.

# Sätze untersuchen

## Die Satzarten und die Satzzeichen

Emma, Lena, Yasmin, Onur und Cem sind auf dem Pausenhof.

**1** **a.** Lest die Sprechblasen laut.
**b.** Wer sagt, ruft, fragt was?
Bringt die Sprechblasen in eine sinnvolle Reihenfolge.
**c.** Schreibt das Gespräch auf und markiert die Satzschlusszeichen.

**Merkwissen**

Die Satzschlusszeichen (Punkt, Ausrufezeichen, Fragezeichen) kennzeichnen das Ende eines Satzes.
Nach einem Aussagesatz steht ein Punkt.
Wir spielen Beştaş**.**
Nach einem Ausrufesatz steht ein Ausrufezeichen.
Ich habe eine Idee**!**
Nach einem Aufforderungssatz steht ein Punkt oder ein Ausrufezeichen.
Erklär mir bitte das Spiel**.** Erklär mir bitte das Spiel**!**
Nach einem Fragesatz steht ein Fragezeichen.
Was könnten wir spielen**?**

# Satzreihen und Satzgefüge

**Mit Satzreihen und Satzgefügen kannst du Aussagen verknüpfen. Dabei kommt es auf die passende Konjunktion (Bindewort) an.**

**Onur stellt in der Klasse ein bekanntes türkisches Spiel vor.**

**1** **a.** Lies zuerst die Sätze auf der linken Seite, dann auf der rechten Seite.

**b.** Vergleicht die Sätze. Worin unterscheiden sie sich?

| | |
|---|---|
| Bei Beştaş kommt es nicht auf Glück an. Die Geschicklichkeit ist entscheidend. | Bei Beştaş kommt es nicht auf Glück an, **sondern** die Geschicklichkeit ist entscheidend. |
| Das Spiel wird in mehreren Runden gespielt. Die Schwierigkeit wird in jeder Runde gesteigert. | Das Spiel wird in mehreren Runden gespielt, **aber** die Schwierigkeit wird in jeder Runde gesteigert. |
| In Runde 1 wirft man einen Stein hoch. Gleichzeitig hebt man einen Stein vom Boden auf. | In Runde 1 wirft man einen Stein hoch **und** man hebt gleichzeitig einen Stein vom Boden auf. |
| In Runde 2 bis 4 wirft man einen Stein hoch. Dabei hebt man jeweils einen weiteren Stein auf. | In Runde 2 bis 4 wirft man einen Stein hoch **und** dabei hebt man jeweils einen weiteren Stein auf. |

**2** Die Sätze auf der rechten Seite sind Satzreihen.

**a.** Schreibe die Sätze auf der rechten Seite ab.

**b.** Markiere die Konjunktionen.

**c.** Markiere die gebeugten Verbformen in den Hauptsätzen.

**Onur erklärt das Spiel weiter.**

In Runde 5 bildet man mit den Fingern (Daumen und Zeigefinger) ein Tor ? man stößt die Steine nacheinander ins Tor. In Runde 6 muss man fünf Steine hochwerfen ? dabei muss man sie mit dem Handrücken auffangen. Vorteilhaft ist das Fangen mit einer Hand, ? das zählt doppelt. Das Spiel ist in vielen Ländern bekannt, ? es gibt verschiedene Varianten.

und
doch
denn
und

**3** Schreibe die Satzreihen ab und ergänze die fehlenden Konjunktionen.

**Merkwissen**

Mit einer Satzreihe kann man Hauptsätze verbinden, die man als Einheit versteht. Eine Satzreihe besteht aus mindestens zwei Hauptsätzen. Die gebeugte Verbform steht an zweiter Stelle. Konjunktionen wie **und**, **oder**, **aber**, **sondern**, **denn**, **doch** verbinden Hauptsätze. Vor den Konjunktionen steht ein Komma. Nur vor **und** und **oder** kann es fehlen.

Wir **spielen** das Spiel oft, **denn** es **macht** großen Spaß.
Hauptsatz — Hauptsatz

## Onur erzählt weiter, warum ihm Beştaş so gefällt.

| | | |
|---|---|---|
| Ich spiele Beştaş besonders gerne. | weil/obwohl | Das Spiel kann überall gespielt werden. |
| Mir gefällt es sehr gut. | dass/damit | Man braucht für das Spiel nur ganz einfache Gegenstände. |
| Es reichen fünf runde Steine. | wenn/damit | Man kann Beştaş spielen. |
| Bei dem Spiel muss man Steine hochwerfen. | während/nachdem | Man hebt Steine vom Boden auf. |

**4** Onurs Sätze klingen mit Satzgefügen flüssiger.

**a.** Verbinde die Sätze mit der passenden Konjunktion. Schreibe die neuen Sätze (Satzgefüge) auf.

**Tipp:** Im Nebensatz steht die gebeugte Verbform an letzter Stelle.

**b.** Markiere die Konjunktionen.

**c.** Markiere die Verbformen im Nebensatz und im Hauptsatz.

**d.** Stelle die Satzgefüge so um, dass der Nebensatz am Anfang steht.

## Ein Satzgefüge kann auch mehrere Nebensätze enthalten.

Nachdem ich das Spiel kennen gelernt habe, habe ich jetzt ein neues Lieblingsspiel, weil es mir besonders viel Spaß macht.

**5** **a.** Schreibe das Satzgefüge ab.

**b.** Unterstreiche den Hauptsatz und die Nebensätze unterschiedlich.

**c.** Markiere die Konjunktionen und die gebeugten Verbformen unterschiedlich.

**6** **a.** Schreibe eine Empfehlung zu einem Spiel, das dir gefällt. Verwende Satzgefüge und Satzreihen.

**b.** Tauscht eure Texte aus. Unterstreicht die Satzgefüge und Satzreihen in verschiedenen Farben. Achtet auf die Kommasetzung.

**Merkwissen**

Mit Satzgefügen kann man Aussagen verknüpfen.
Ein Satzgefüge besteht aus einem Hauptsatz und mindestens einem Nebensatz. Der Hauptsatz ist ein eigenständiger Satz.
Die gebeugte Verbform steht an zweiter Stelle.
Der Nebensatz kann nicht allein stehen.
Die gebeugte Verbform steht an letzter Stelle. Nebensätze kann man mit Konjunktionen (z. B. **weil, dass, während**) einleiten.
Der Hauptsatz und der Nebensatz werden durch ein Komma getrennt.

Mir gefällt Beştaş, weil ich mich beim Spielen gerne bewege.
Hauptsatz — Nebensatz

Übungen zur Kommasetzung ► S. 245–249

# Nebensätze mit weil, da, wenn

## Cem begründet, warum ihm das Kartenspiel „Wizard“ sehr gut gefällt:

Das Kartenspiel „Wizard“ gefällt mir besonders gut, weil die Abbildungen der Karten Zwerge, Elfen, Riesen und Zauberer zeigen. Die Spielregeln sind ganz einfach zu verstehen, da man in diesem Spiel vor allem Stiche* errät. Ich trage „Wizard“ immer bei mir. Weil man für das Spiel nur drei Spieler braucht, ergibt sich oft eine Spielgelegenheit.

* ein Stich: hier: der Gewinn einer Spielrunde

**1** **a.** Diktiert euch gegenseitig den Text.
**b.** Markiert in eurem Text die Konjunktionen (Bindewörter).

**2** **a.** Markiere in den **weil**- und **da**-Sätzen die gebeugten Verbformen. Wo steht die gebeugte Verbform jeweils?
**b.** Woran erkennst du einen Nebensatz? Formuliere einen Merksatz.

## Emma gefällt das Kartenspiel nicht so gut. Sie erklärt, warum.

Ich schwärme nicht für die Welt der Magie, ? mich Zwerge und Zauberer nicht interessieren.
Mir gefallen Kartenspiele nicht, ? ich mich beim Spielen gern bewege.

**3** In den Sätzen fehlen die Konjunktionen. Schreibe sie ab und ergänze die Konjunktionen **weil** oder **da**. Achte auf die Kommasetzung.

## Cem erklärt Emma, unter welchen Bedingungen sie „Wizard“ ausprobieren sollte.

Ich kann dir „Wizard“ empfehlen, wenn du spannende Kartenspiele magst.

**4** **a.** Schreibe das Satzgefüge mit **wenn** ab.
**b.** Markiere den Hauptsatz und den Nebensatz unterschiedlich.
**c.** Kreise die Konjunktion **wenn** und das Komma ein.

**5** Schreibe zwei eigene Sätze mit **wenn** auf.

**Merkwissen**

Die Konjunktionen (Bindewörter) **weil**, **da** und **wenn** verbinden einen Nebensatz mit einem Hauptsatz. Die Konjunktionen **weil** und **da** leiten Begründungen ein. Die Konjunktion **wenn** leitet Bedingungen ein. Vor den Konjunktionen steht ein Komma.

# Nebensätze mit dass

**Lena und Julia spielen ein Brettspiel. Dabei geraten sie in Streit.**

**Lena:** Ich habe genau gesehen, dass du geschummelt hast!
**Julia:** Warum sagst du, dass ich geschummelt hätte? Es stimmt nicht.
**Lena:** Ich habe gesehen, dass du deinen Spielstein verschoben hast.
**Julia:** Dich ärgert nur, dass ich gewonnen habe.

**1** a. Schreibe das Gespräch ab.
b. Kreise die Konjunktion **dass** ein.
c. Markiere die Hauptsätze und die Nebensätze in unterschiedlichen Farben.

**Auch dass ist eine Konjunktion (ein Bindewort), mit der man Sätze verknüpfen kann.**

⊙ **2** Lena und Julia versöhnen sich wieder.
Schreibe die folgenden Sätze vollständig auf.
- Setze **dass** ein.
- Ergänze das passende Verb. Verwende die richtige Verbform.

**Julia:** Es tut mir leid, ? ich den Spielstein ein Feld ? . Ich hatte Angst, ? du meinen Stein schon wieder ? .
**Lena:** Schon ok. Ich bin froh, ? wir uns nun wieder ? .
**Julia:** Ich hoffe, ? wir in Zukunft nicht mehr ? .

streiten
verschieben
verstehen
werfen

**Merkwissen**

Die Konjunktion (Bindewort) **dass** verbindet einen Hauptsatz mit einem Nebensatz. Nach Verben des Sagens, Denkens und Meinens folgen oft **dass**-Sätze.

### Weil, dass oder wenn?

**3** a. Schreibe die Sätze ab und setze die passende Konjunktion ein.
b. Markiere in deinen Sätzen die Hauptsätze und die Nebensätze in unterschiedlichen Farben.

**Lena:** Ich bin froh, ? heute der Nachmittagsunterricht ausfällt.
**Julia:** ? heute Nachmittag schönes Wetter ist, sollten wir rausgehen.
**Lena:** Onur meinte, ? er mit uns Beştaş spielen will.
**Julia:** Ich habe aber nur bis 15:30 Uhr Zeit, ? ich danach noch mein Referat vorbereiten muss.

# Nebensätze mit das

## Milan stellt seiner Klasse ein Spiel vor.

In Südamerika spielen Kinder gern ein Spiel, das viel Geschicklichkeit erfordert. Man benötigt dazu einen Schuhkarton und einige Murmeln. Die Kinder schießen dabei mit Murmeln auf ein Tor, das zuvor in den Schuhkarton geschnitten wurde. Am besten verwendest du zum Schneiden ein Messer, das sehr spitz ist.

**1** **a.** Schreibe den Text ab. Lass immer eine Zeile frei.
**b.** Markiere Hauptsätze und Nebensätze unterschiedlich.
**c.** Welches Wort leitet die Nebensätze ein? Kreise es jeweils ein.

**Das Relativpronomen das leitet einen Nebensatz ein.
Es bezieht sich auf ein Nomen im Hauptsatz.**

**2** **a.** Untersuche den Text genauer. Welches Nomen im Hauptsatz wird durch den Nebensatz näher erklärt? Markiere es.
**b.** Verbinde die Relativpronomen und die zugehörigen Nomen im Text mit Pfeilen.

**Starthilfe**

In Südamerika spielen Kinder gern ein Spiel, das viel Geschicklichkeit erfordert. …

**Mit Nebensätzen mit das kannst du wichtige Nomen genauer erklären.
So machst du deinen Text anschaulicher.**

**3** **a.** Lies den folgenden Text. Welche Hauptsätze kannst du mit dem Relativpronomen **das** verknüpfen?
**b.** Schreibe den Text mit Relativsätzen auf.

Lena hat am Samstag Geburtstag. Sie freut sich schon sehr auf das Fest. Das Fest wird an diesem Tag stattfinden. Zu der Party werden viele Freunde kommen. Von ihrer Familie bekommt sie ein Geschenk. Das Geschenk wünschte sie sich schon lange. Es ist ein Spiel. Das Spiel kann man mit vielen Freunden gemeinsam spielen.

**Merkwissen**

Ein Nebensatz mit dem Relativpronomen **das** (Relativsatz) erklärt ein Nomen im Hauptsatz genauer.
Man schießt den Ball auf ein Tor, das sehr klein ist.

# Sätze untersuchen

**Hier kannst du überprüfen, ob du Satzreihen und Satzgefüge unterscheiden und verwenden kannst.**

**1** Woran erkennst du einen Hauptsatz?
Woran erkennst du einen Nebensatz?
Schreibe es auf.

**2** Hauptsatz oder Nebensatz?
**a.** Schreibe die folgenden Sätze ab.
**b.** Unterstreiche jeweils die Hauptsätze und die Nebensätze in unterschiedlichen Farben.
**c.** Markiere die Konjunktionen.

Ich suchte gleich meine Sachen zusammen,
nachdem wir uns für den Nachmittag verabredet hatten.
Während ich noch unsere Spielesammlung aus dem Wohnzimmer holte,
klingelte es schon an der Tür.
Schnell kontrollierte ich noch die Spiele, weil oft Spielfiguren fehlen.

**Yasmin hat eine Spielanleitung zu dem Kartenspiel „Wizard“ geschrieben. Sie könnte noch flüssiger klingen.**

**3** **a.** Schreibe Yasmins Spielanleitung neu und verwende Satzgefüge sowie Satzreihen.
**Tipps:**
- Du musst nicht alle Sätze verknüpfen.
- Stelle die Verben um, falls nötig.

**b.** Überprüfe die Kommasetzung und ergänze fehlende Kommas.

*Spielanleitung „Wizard“*
*Das Spiel wird in mehreren Runden gespielt.*
*Die Karten werden verteilt. Die erste Runde beginnt.*
*Die restlichen Karten werden in die Mitte gelegt und die oberste Karte wird umgedreht. Sie ist eine wichtige Karte. Sie zeigt die Trumpffarbe an.*
*Alle Spieler sortieren ihre Karten nach der Trumpffarbe.*
*Der linke Nachbar des Kartengebers bedient die Trumpffarbe zuerst.*
*Die anderen Spieler folgen seinem Beispiel im Uhrzeigersinn.*

**4** Cem erklärt die Regeln des Kartenspiels „Wizard“.

**a.** Schreibe den Text ab und setze die passenden Konjunktionen ein.
**b.** Unterstreiche die Hauptsätze und die Nebensätze in unterschiedlichen Farben.
**c.** Stelle die Hauptsätze und die Nebensätze um.

? die Runde beginnt, schätzt jeder die Anzahl seiner Stiche. Ein Spieler gibt die Karten, ? ein anderer Spieler die Schätzungen notiert. Am Anfang erhält jeder Spieler nur eine Karte, ? in jeder Runde werden es mehr Karten. Es ist wichtig, die verschiedenen Figuren im Spiel zu kennen, ? sie haben unterschiedliche Bedeutungen. ? du am Ende am meisten Punkte hast, hast du gewonnen. Mir gefällt das Spiel gut, ? es sehr spannend ist.

während
bevor
doch
wenn
denn
weil

**5** Ergänze die folgenden Hauptsätze durch Nebensätze mit dem Relativpronomen **das**. Schreibe deine Sätze auf.

Ich kaufe ein Geschenk.
Mein Vater singt ein Lied.
Ich suche mein Fahrrad.

**Nun kannst du überprüfen, ob du das Relativpronomen das und die Konjunktion dass richtig anwenden kannst.**

**6** Wann verwendet man **das**? Wann verwendet man **dass**? Erkläre den Unterschied. Schreibe es auf.

**7** **Das** oder **dass**?

**a.** Schreibe den folgenden Text ab und setze richtig ein.
**b.** Unterstreiche den Nebensatz.
**c.** Welches Nomen im Hauptsatz wird durch den Nebensatz mit **das** näher beschrieben? Markiere es.

Ich hatte so gehofft, ? es eine tolle Party wird. Es war wirklich ein schönes Fest, ? meine Freunde und meine Familie für mich vorbereiteten. Ich konnte es kaum glauben, ? sogar meine Cousine gekommen war. Sie überreichte mir ein Geschenk, ? alle zum Lachen brachte. Ich bekam auch das Spiel, ? ich mir so sehr wünschte. Natürlich haben wir es sofort gespielt. Ich bin so glücklich, ? ich die ganze Welt umarmen könnte.

**8** Besprich deine Arbeitsergebnisse mit deiner Lehrkraft: Was fällt dir leicht? Was solltest du noch üben?

# Zum Nachschlagen

## Wissenswertes auf einen Blick

### Gattungen und Texte

Gedichte
▶ S. 36, 155–158, 176–191

**Das Gedicht**

**Vers**: Die Zeilen eines Gedichtes heißen Verse.
**Strophe**: Eine Strophe ist ein Gedichtabschnitt, der aus mehreren Versen (Zeilen) besteht. Ein Gedicht besteht häufig aus mehreren Strophen.
Die Verszeilen sind oft durch Reime miteinander verbunden.
**Reimformen**:

| **Paarreim: aabb** | **umarmender Reim: abba** | **Kreuzreim: abab** |
|---|---|---|
| Zwei aufeinanderfolgende Verse reimen sich, also ein Paar, z. B.: | Ein Paarreim wird umschlossen von zwei Versen, die sich ebenfalls reimen, z. B.: | Der 1. und 3. Vers sowie der 2. und 4. Vers reimen sich, also „über Kreuz“, z. B.: |
| Berg a | Band a | Zähne a |
| Zwerg a | Lüfte b | Bär b |
| leise b | Düfte b | Mähne a |
| Reise b | Land a | schwer b |

**Sprachliche Bilder** machen ein Gedicht besonders anschaulich.
In der Fantasie der Leserinnen und Leser oder der Hörerinnen und Hörer können so Bilder von den beschriebenen Stimmungen oder Gefühlen entstehen.
Schirme blühen in der Stadt.

**Vergleiche** gehören zu den sprachlichen Bildern. Sie machen Texte anschaulicher und lebendiger. Dabei werden zwei Vorstellungen durch **wie** oder **als** miteinander verknüpft:
Er zitterte wie Espenlaub. Sie strahlte heller als die Sonne.

**Das Metrum** gibt die regelmäßige Reihenfolge von betonten und unbetonten Silben innerhalb des Gedichts an.

/ ∨ / ∨ / ∨ / ∨ / ∨ / ∨ / ∨ / ∨
Wenn die ersten Tropfen fallen, lustig auf das Pflaster knallen, ...

## Sagen

Sagen haben, wie z. B. Märchen, bestimmte typische Merkmale.
- Meistens erzählen sie von übernatürlichen Ereignissen.
- Oft werden Ereignisse oder Personen genannt, die es wirklich gab.
- Sagen gehen häufig auch auf wirkliche Orte (z. B. Felsen, Inseln ...) zurück, die es heute noch gibt.
- Vieles wurde jedoch beim Weitererzählen über die Jahrhunderte hinzugedichtet.
- So können die Sagengestalten (Menschen, Tiere oder Pflanzen) z. B. übernatürliche Eigenschaften oder Kräfte haben.

Sagen
▶ S. 160–175

# Texte und Grafiken erschließen, Aufgaben verstehen

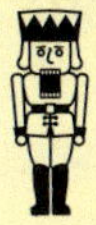

## Der Textknacker

Der Textknacker hilft dir beim Lesen und Verstehen von Texten.

**1. Schritt: Vor dem Lesen**
Du siehst dir den Text als Ganzes an.
- Was weißt du schon über das Thema?
- Was erzählen dir die Bilder und die Überschrift?
- Worum könnte es gehen?

**2. Schritt: Das erste Lesen**

**Sachtexte**
Du überfliegst den Text oder liest ihn einmal durch.
- Was fällt dir auf?
- Was kennst du schon?
- Worum geht es?

**literarische Texte**
- Du liest den Text einmal durch.
- Was fällt dir auf?
- Worum geht es?

**3. Schritt: Den Text genau lesen**

**Sachtexte**
Du achtest auf:
- die Überschrift
- die Absätze
- die Schlüsselwörter
- unbekannte Wörter

→

**literarische Texte**
- Du fragst nach:
- den Handlungsbausteinen
- den Gattungsmerkmalen
- der Sprache

**4. Schritt: Nach dem Lesen**
Du arbeitest mit dem Inhalt des Textes.
- Du arbeitest mit deinen Arbeitsergebnissen aus dem 2. und dem 3. Schritt.
- Du erfüllst deinen Arbeitsauftrag.

Sachtexte erschließen
▶ S. 39, 44–46, 54, 56, 58–59, 62–63, 78–79, 83, 200–201, 211, 214–215

Literarische Texte erschließen
▶ S. 14–15, 96–97, 124–125, 130–132, 135, 140–145, 147–149, 162–164, 166, 168, 171–175, 202–203

Handlungsbausteine
▶ S. 296

## Eine Grafik mit dem Textknacker verstehen

**1. Schritt: Vor dem Lesen**
Du siehst dir die Grafik als Ganzes an.
- Was erzählt dir die Überschrift?
- Worum könnte es gehen?

**2. Schritt: Das erste Lesen**
Du siehst dir die Grafik genauer an.
- Was kennst du schon?
- Welche Angaben enthält die Grafik?
- Worüber informiert die Grafik?

**3. Schritt: Die Grafik genau lesen**
Du untersuchst die Grafik genau.
- Schlage unbekannte Abkürzungen oder Wörter im Wörterbuch nach.
- Welche Fragen kannst du mit Hilfe der Grafik beantworten? Stelle Fragen an die Grafik.

**4. Schritt: Nach dem Lesen**
Du arbeitest mit dem Inhalt der Grafik.
- Beantworte die Fragen, die du an die Grafik gestellt hast.

Grafiken verstehen
▶ S. 48, 55, 57, 115, 258

## Eine Geschichte verstehen: Die Handlungsbausteine

Die fünf Handlungsbausteine finden sich in vielen Geschichten und enthalten das Wichtigste der Handlung.
Stelle diese Fragen, wenn du die Handlungsbausteine ermitteln willst:
- Wer ist die Hauptfigur? In welcher Situation steckt sie?
- Welchen Wunsch hat sie?
- Welches Hindernis ist ihr im Weg?
- Wie reagiert die Hauptfigur auf das Hindernis? Wie versucht sie, es zu überwinden?
- Wie endet die Geschichte? Ist die Hauptfigur erfolgreich?

Handlungsbausteine
▶ S. 97, 138–149, 167, 173, 175, 203

## Aufgaben verstehen

Aufgaben kannst du in drei Schritten verstehen.
**1. Schritt:** Du liest die Aufgabe genau.
**2. Schritt:** Du überlegst, was alles zur Lösung der Aufgabe gehört.
**3. Schritt:** Du gibst die Aufgabe mit eigenen Worten wieder.

Diese Verben sagen dir, was du tun sollst:

| | |
|---|---|
| Begründe | Ich finde Gründe für etwas und nenne sie. |
| Beschreibe | Ich sage, wie etwas aussieht, abläuft oder funktioniert. |
| Erkläre | Ich stelle Zusammenhänge her. |
| Fasse zusammen | Ich gebe die wichtigsten Informationen wieder. |
| Gib wieder | Ich formuliere etwas mit eigenen Worten. |
| Informiere | Ich gebe Informationen an andere weiter. |
| Vergleiche | Ich finde Gemeinsamkeiten und Unterschiede. |

Aufgaben verstehen
▶ S. 58, 74, 92, 110, 190, 196–197

### Im Internet recherchieren

Im Internet kannst du gezielt Informationen recherchieren.

**1. Schritt: Treffende Suchbegriffe verwenden**
- Überlegt, was genau ihr wissen möchtet.
- Verwendet treffende Suchbegriffe.

**2. Schritt: Geeignete Suchmaschinen nutzen**
- Nutzt Suchmaschinen, die speziell für Kinder und Jugendliche gemacht sind.

**3. Schritt: Die passenden Treffer aus der Trefferliste auswählen**
- Wenn ihr Suchbegriffe in eine Suchmaschine eingegeben habt, erhaltet ihr eine Trefferliste.
- Wählt die Treffer aus, die am besten zu euren Suchbegriffen zu passen scheinen.
- Klickt dann mit dem Cursor auf die Treffer, die ihr euch ansehen möchtet.

**4. Schritt: Informationen entnehmen**
- Überfliegt die gefundenen Texte.
- Lest die ausgewählten Texte mit dem Textknacker.

Im Internet recherchieren
▶ S. 41, 52, 64, 73, 79, 82, 156, 179, 212–215, 216, 257, 259

## Sprechen, präsentieren und miteinander arbeiten

### Betont vorlesen

- Betone wichtige Wörter.
- Lies manche Textstellen lauter ↗, manche leiser ↙.
- Lies manche Textstellen schneller →, manche langsamer ←.
- Mache Pausen, z. B. vor einer spannenden Stelle.
  Mache kurze Pausen | oder längere Pausen ||.
- Achte auf die Satzzeichen:
  Hebe die Stimme leicht an, z. B. vor einem Komma.
  Senke die Stimme, z. B. nach einem Punkt.

Betont vorlesen
▶ S. 98, 177, 184–186, 189, 205

### Szenisches Spiel

- Legt fest, welche Figuren es gibt und wer welche Rolle spielt.
- Notiert, was die Figuren sagen, denken und wie sie sich fühlen.
- Bereitet eure Rollen zuerst allein vor. Sprecht den Text mehrfach.
- Übt nun das gemeinsame Spiel. Setzt die Regieanweisungen um, drückt die Gefühle der Figuren durch Betonung, Körpersprache und Gesichtsausdruck aus.

Szenisches Spiel
▶ S. 34, 137, 143, 168–170, 259

## Ein Kurzreferat vorbereiten

Ein Kurzreferat kannst du in sechs Schritten vorbereiten.
**1. Schritt:** Das Thema aussuchen und Fragen formulieren
**2. Schritt:** Informationen beschaffen
**3. Schritt:** Informationen aus Texten entnehmen
**4. Schritt:** Das Kurzreferat gliedern und die Notizen ordnen
**5. Schritt:** Überschrift, Einleitung und Schluss formulieren
**6. Schritt:** Den Vortrag vorbereiten und üben

Ein Kurzreferat vorbereiten ► S. 82–85, 216–219, 220

## Eine Präsentation frei vortragen

- Stelle dich so hin, dass alle dich sehen können.
- Versuche, frei zu sprechen und wenig abzulesen.
- Sprich langsam und deutlich.
- Orientiere dich an deinen Stichworten.
- Sieh beim Sprechen die Zuhörerinnen und Zuhörer an.
- Zeige deine Materialien an passenden Stellen.
- Erkläre, was diese zusätzlichen Materialien zeigen sollen.
- Präsentiere nicht zu schnell. Das Publikum muss die Materialien oder Folien lesen können.

Frei vortragen ► S. 85, 220–221

## Feedback geben

- Sende Ich-Botschaften.
- Benenne positive Eindrücke zuerst. Beschreibe dabei genau, was positiv war.
- Stelle Fragen, wenn dir etwas unklar war.
- Sage, was noch verbessert werden könnte.
- Falls du noch einen Tipp hast, benenne diesen so konkret wie möglich.

Feedback geben ► S. 38, 40, 67, 85, 170, 220–221

## Ein Plakat gestalten

- Wähle ein großes Papierformat aus.
- Finde eine passende Überschrift.
- Entscheide, welche Texte und welche Bilder auf das Plakat sollen.
- Gliedere das Plakat übersichtlich:
  Überlege, wie du Überschrift, Texte und Bilder anordnen willst.
- Schreibe groß genug und gut lesbar. Verwende dunkle, dickere Stifte.
- Nimm andere Farben für Hervorhebungen.

Ein Plakat gestalten ► S. 19, 35, 85, 115, 138, 151, 159, 217, 218–219, 221

## Ein Projekt planen, durchführen und auswerten

In einem Projekt beschäftigt ihr euch mit einem bestimmten Thema.
**1. Schritt:** Das Projekt planen
**2. Schritt:** Die Gruppenarbeit planen und umsetzen
**3. Schritt:** Die Ergebnisse der Gruppenarbeit vorstellen und das Projekt durchführen
**4. Schritt:** Das Projekt auswerten

Projektideen ► S. 127, 136–137, 150–151, 159

## Miteinander diskutieren

Wenn ihr auf diese Regeln achtet, gelingt die Diskussion:
- Lasst euch gegenseitig ausreden.
- Hört euch gegenseitig genau zu.
- Beleidigt euch nicht und lacht euch nicht aus.
- Sprecht nur zum Thema.
- Sprecht klar und deutlich.
- Seht die anderen beim Sprechen an.
- Tragt eure Behauptungen sachlich vor.
- Verwendet starke Begründungen.

Miteinander diskutieren
▶ S. 16–19, 22–24, 27, 34, 113, 115, 213

# Ideen sammeln, planen, schreiben, überarbeiten

## Mit einem Cluster Ideen sammeln

So kannst du vorgehen:
- Nimm dir ein leeres Blatt Papier.
- Schreibe in die Mitte das Thema (ein Wort oder eine Wortgruppe). Kreise das Thema ein.
- Schreibe nun die Wörter auf, die dir zu dem Thema einfallen.
- Verbinde die neuen Wörter durch Striche mit dem Thema.
- Manchmal kannst du auch zu den neuen Wörtern weitere Wörter finden.

Einen Cluster anfertigen
▶ S. 95, 109, 117, 177

## Mit einer Mindmap Ideen sammeln

Eine Mindmap ist eine „Gedankenlandkarte".
Mit einer Mindmap kannst du Ideen sammeln und Gedanken ordnen.
- Schreibe das Thema in die Mitte eines leeren Blattes.
- Rahme das Thema ein.
- Zeichne Linien von der Mitte, also vom Thema aus.
- Schreibe wichtige Stichworte oder Fragen zum Thema auf die Linien.
- Zeichne Abzweigungen von den Linien.
- Schreibe Unterpunkte auf die Abzweigungen.

Eine Mindmap gestalten
▶ S. 43, 47, 82, 84, 103, 216

## Stichworte aufschreiben

- Formuliere Stichworte kurz und knapp: Was ist das Wichtigste?
- Schreibe nur einzelne Schlüsselwörter, höchstens Wortgruppen auf. Dabei helfen dir auch die W-Fragen: Wo? Was? Wie?
- Schreibe übersichtlich und in gut lesbarer Schrift.

Stichworte aufschreiben
▶ S. 47, 48, 55, 78, 80, 81, 84, 90, 97, 106, 107, 141, 183, 217

## Eine Meinung begründen

Eine Meinung begründest du mit Argumenten.
- Finde Pro-Argumente, wenn du dafür bist.
- Finde Kontra-Argumente, wenn du dagegen bist.
- Sammle und ordne deine Argumente.
- Begründe deine Meinung mit **denn**- oder **weil**-Sätzen.

Meinungen begründen
▶ S. 16–19, 22, 27, 50, 52, 53, 55, 59, 174–175, 289

## Berichten

Über ein Ereignis oder ein Geschehen berichtest du knapp und genau.
- In einem Bericht beantwortest du die W-Fragen:
  Wann? Wo? Wer? Was? Wie? Welche Folgen/Ergebnisse?
- Schreibe in der richtigen zeitlichen Reihenfolge.
- Verwende das Präteritum.

Berichten
▶ S. 76–81, 86, 89–93, 269

## Einen Vorgang beschreiben

**1. Schritt: Die Vorgangsbeschreibung planen**
- Notiere alle benötigten Materialien und Arbeitsmittel.
- Schreibe in Stichworten die Arbeitsschritte auf und ordne sie.

**2. Schritt: Die Vorgangsbeschreibung schreiben**
- Formuliere eine passende Überschrift.
- Nenne zuerst die Materialien und Arbeitsmittel.
- Beschreibe die Schritte genau und in der richtigen Reihenfolge.

**3. Schritt: Die Vorgangsbeschreibung überarbeiten**
- Überprüfe deine Vorgangsbeschreibung. Verwende Checklisten.
- Überarbeite die Vorgangsbeschreibung. Achte auf die Rechtschreibung.

Einen Vorgang beschreiben
▶ S. 64–75, 222–225, 272–273

## Eine Geschichte mit den Handlungsbausteinen schreiben

**1. Schritt:** Plane deine Geschichte mit Hilfe einer Mindmap oder eines Clusters.
Schreibe Stichworte zu den Handlungsbausteinen auf:
- Wer soll meine Hauptfigur sein? In welcher Situation steckt sie?
- Welchen Wunsch hat sie?
- Welches Hindernis ist ihr im Weg?
- Wie reagiert die Hauptfigur auf das Hindernis?
- Wie endet die Geschichte?

**2. Schritt:** Lege für jeden Handlungsbaustein eine Karte an.
**3. Schritt:** Notiere deine Ideen in ganzen Sätzen auf deine Karten.
**4. Schritt:** Überlege dir den Aufbau deiner Geschichte.
**5. Schritt:** Schreibe die Geschichte auf. Erzähle ausführlich und anschaulich.

Eine Geschichte schreiben
▶ S. 101–111, 152–159, 206–209

## Anschaulich erzählen

- Beschreibe Personen, Orte und Gefühle mit treffenden Adjektiven.
- Durch Gedanken und wörtliche Rede wird die Geschichte lebendig.
- Verwende treffende Verben.
- Verwende unterschiedliche Satzanfänge.

Anschaulich erzählen
▶ S. 99–100, 101–103, 106, 108, 109, 110–111, 206–207, 208–209

## Figuren beschreiben

Mit Hilfe der Fragen kannst du Figuren beschreiben:
- Wie könnte die Figur aussehen?
  Beschreibe ihr Gesicht, ihre Haare und ihre Kleidung.
- Wie verhält sie sich?
- Gibt es etwas, das dir besonders an ihr auffällt?
  Wie wirkt sie auf dich?

Figuren beschreiben
▶ S. 131, 133, 144–146

## Texte überarbeiten in der Schreibkonferenz

In einer Schreibkonferenz überarbeitet ihr eure Texte in der Gruppe.
**Regel 1: Die Autorin oder der Autor liest den Text vor.**
**Regel 2: Sagt zuerst, was euch an dem Text gefällt.**
**Regel 3: Arbeitet gemeinsam an dem Text.** Achtet auf:

**Geschichten**
- abwechslungsreiche Satzanfänge
- treffende und abwechslungsreiche Verben und Adjektive
- zu ergänzende Informationen
- die Zeitform Präteritum
- die Rechtschreibung

**Vorgangsbeschreibungen**
- eine passende Überschrift
- die Nennung aller Materialien und Arbeitsmittel
- die Schritte in der richtigen Reihenfolge
- die sprachlichen Mittel (Anrede, Zeitform, Satzanfänge, passende Verben)

**Regel 4: Die Autorin oder der Autor schreibt den überarbeiteten Text ab.**

Schreibkonferenz
▶ S. 67, 73, 81, 90, 207, 222–225

# Rechtschreiben

## Die Arbeitstechniken

### Das Partnerdiktat

Partnerdiktat
► S. 228, 241, 253

| Ein Partner diktiert. | Der andere Partner schreibt. |
|---|---|
| - Lies den ganzen Satz vor. | - Höre genau zu. |
| - Diktiere dann nacheinander die Sinneinheiten. | - Schreibe nun Sinneinheit für Sinneinheit. |
| - Denke beim Diktieren an die Satzzeichen. | - Schreibe nur in jede zweite Zeile.<br>- Sage „Stopp", wenn du nicht mitkommst. |
| - Bei einem Fehler sage am Ende einer Sinneinheit „Stopp".<br>- Lass deinem Partner Zeit, den Fehler zu finden. | - Lies die letzte Sinneinheit und versuche, den Fehler zu finden. |
| - Hilf ihm, wenn er unsicher ist. | - Lass dir helfen.<br>- Streiche das Fehlerwort durch.<br>- Schreibe das Wort richtig darüber. |

### Das Abschreiben

Abschreiben
► S. 229, 235, 245, 247, 249, 251

Richtiges Schreiben kannst du durch Abschreiben lernen.

**1. Schritt**: Lies den Text langsam und sorgfältig.
**2. Schritt**: Gliedere den Text in Sinneinheiten.
**3. Schritt**: Präge dir die Wörter einer Sinneinheit genau ein.
**4. Schritt**: Schreibe die Wörter auswendig auf.
Schreibe nur in jede zweite Zeile.
Schreibe langsam, ordentlich und nicht zu eng aneinander.
**5. Schritt**: Kontrolliere Wort für Wort.
**6. Schritt**: Streiche Fehlerwörter durch und schreibe sie richtig darüber.
**7. Schritt**: Schreibe die Fehlerwörter in deine Rechtschreibkartei.

### Fehlerwörter sammeln in der Rechtschreibkartei

Fehlerwörter sammeln
► S. 228, 229, 243

1. Schreibe dein Fehlerwort in die Mitte der ersten Zeile.
2. Schreibe gut lesbar und fehlerlos.
3. Markiere die schwierige Stelle.
4. Schreibe bei Verben das Personalpronomen (er, es oder sie) und den Infinitiv (die Grundform) dazu.
5. Schreibe bei Adjektiven die Steigerungsformen dazu.
6. Schreibe die Nomen mit Artikel im Singular und im Plural auf.
7. Schreibe zu dem Fehlerwort einen passenden Rechtschreibtipp auf.

## Nachschlagen

- Suche das Wort unter dem richtigen Buchstaben des Alphabets.
- Wenn die Wörter mit demselben Buchstaben beginnen, musst du dich nach dem zweiten Buchstaben richten. Manchmal musst du dir den dritten, vierten oder fünften Buchstaben ansehen.
- Die Vergangenheitsformen von Verben stehen oft nur beim Infinitiv.
- Steigerungsformen der Adjektive stehen nur bei der nicht gebeugten Form des Adjektivs.

Nachschlagen ▶ S. 46, 79, 130, 201, 230–231

### Rechtschreibstrategien und Regeln

## Mitsprechwörter – Nachdenkwörter – Merkwörter

- Viele Wörter schreiben wir so, wie wir sie sprechen und hören. Diese Wörter sind **Mitsprechwörter**.
  → Ich höre, wie ich das Wort schreiben muss.
- Bei manchen Wörtern hörst du nicht, wie du sie schreiben musst. Rechtschreibstrategien und Regeln helfen dir, diese **Nachdenkwörter** richtig zu schreiben.
  → Ich denke nach und erkläre, wie ich das Wort schreiben muss.
- **Merkwörter** sind Wörter, deren Schreibweise du nicht durch Strategien oder Regeln herleiten kannst.
  → Ich merke mir, wie ich das Wort schreiben muss.

Mitsprechwörter ▶ S. 232–233
Nachdenkwörter ▶ S. 234–237
Merkwörter ▶ S. 230, 242–243, 253

## Sprechen – hören – schreiben

Deutliches Sprechen und genaues Hinhören helfen dir beim Schreiben.
- Sprich das Wort langsam und deutlich Silbe für Silbe.
- Schreibe das Wort Silbe für Silbe auf.

Sprechen – hören – schreiben ▶ S. 232–233, 254

## Wörter trennen

Mehrsilbige Wörter kann man am Ende einer Silbe trennen.
Sprechsilben helfen dir, Wörter richtig zu trennen: der Blu|men|kas|ten
Die Buchstaben **ck** werden nicht getrennt: der Rü|cken, wir pack|ten
Einzelne Buchstaben werden nicht abgetrennt: der Abend, der Ofen

Wörter trennen ▶ S. 233

## Wörter verlängern

Oft spricht man am Ende eines Wortes **p**, **t**, **k** und schreibt doch **b**, **d**, **g**.
Suche eine längere Form des Wortes. Bilde zu einsilbigen Nomen den Plural, zu Verbformen den Infinitiv und steigere Adjektive.
Gliedere dann. So hörst du, welchen Buchstaben du schreiben musst.
der Kor**b** – die Kör**b**e, er gi**b**t – ge**b**en, lusti**g** – ein lusti**g**er Abend

Wörter verlängern ▶ S. 234, 244

### Wörter ableiten

**ä** und **e** klingen in vielen Wörtern ähnlich; **äu** und **eu** klingen gleich.
Du kannst Wörter mit **ä** und **äu** von verwandten Wörtern
mit **a** oder **au** ableiten: **ä**ngstlich – die **A**ngst, die Tr**äu**me – der Tr**au**m

Wörter ableiten ▶ S. 235, 254

### Mit Wortbausteinen üben

Viele Wörter sind aus mehreren Teilen zusammengesetzt:
aus dem Wortstamm und anderen Wortbausteinen.
- Wörter sind miteinander verwandt und bilden Familien.
  Jede Wortfamilie hat einen Wortstamm.
  Gleiche Wortstämme schreibt man in der Regel gleich.
- Durch Vorsilben und Nachsilben können verwandte Wörter gebildet werden.

Mit Wortbausteinen üben ▶ S. 236–238, 246–247, 253

### Regelwissen anwenden: Getrenntschreibung mit sein

Wortgruppen mit **sein** schreibt man immer getrennt und klein:
da sein, bereit sein

Wortgruppen mit **sein** ▶ S. 241, 253

## Großschreibung und Kleinschreibung

### Regelwissen anwenden: Nomen großschreiben

Nomen werden großgeschrieben.
- **Tipp 1:** Prüfe, ob mit dem Wort Lebewesen, Gegenstände oder Dinge bezeichnet werden.
- **Tipp 2:** Prüfe, ob das Wort einen Artikel (Begleiter) bei sich hat.
- **Tipp 3:** Prüfe, ob vor dem Nomen ein Adjektiv steht.
- **Tipp 4:** Prüfe, ob vor dem Nomen ein Pronomen steht.
- **Tipp 5:** Prüfe, ob das Wort die Nachsilbe **-ung**, **-heit**, **-keit**, **-schaft**, **-nis** oder **-tum** hat.
- **Tipp 6:** Prüfe, ob vor dem Wort eine Präposition steht.
- **Tipp 7:** Prüfe, ob vor dem Wort ein Zahlwort steht.

Nomen großschreiben ▶ S. 237, 238–239, 244–245, 247, 254

Nomen ▶ S. 307

### Verben und Adjektive werden zu Nomen

Aus Verben können Nomen werden. Die Wörter **das**, **beim**, **vom** und **zum** machen Verben zu Nomen.
Beispiele: fahren – das Fahren, schwimmen – beim Schwimmen.
Auch aus Adjektiven können Nomen werden. Dafür sorgen die Wörter **etwas, nichts** und **alles**. Beispiel: neu – nichts Neues.
Verben und Adjektive, die zu Nomen wurden, schreibt man groß.
Man kann sie am Artikel erkennen, den man ergänzen kann (Artikelprobe).

Nominalisierungen ▶ S. 239, 250–251, 254

### Die Anredepronomen

Die Anredepronomen **Sie**, **Ihr**, **Ihre**, **Ihnen** werden großgeschrieben.

Anredepronomen
▶ S. 252

### Zeitangaben

Tageszeiten und Wochentage mit einem **s** am Ende werden kleingeschrieben:
morgens, mittags, abends, montags, dienstags, mittwochs

Zeitangaben
▶ S. 248, 255

## Wörter mit langem und kurzem Vokal

### Wörter mit Dehnungs-h

Nur in wenigen Merkwörtern steht nach einem langen Vokal ein **h**,
z. B.: fahren, die Höhle, wohlig

Wörter mit Dehnungs-h
▶ S. 243

### Wörter mit langem i

Die meisten Wörter mit einem langen **i** schreibt man mit **ie**,
z. B.: die Liebe, der Brief, der Frieden, die Biene
Es gibt nur wenige Merkwörter mit einem langen **i** ohne ein **e** danach,
z. B.: der Tiger, mir, dir, die Maschine
Es gibt nur wenige Merkwörter mit einem langen **i** und einem **h** danach.
Alle Wörter mit **ih** sind Pronomen, z. B.: ihn, ihr

Wörter mit langem i
▶ S. 243

### Wörter mit *s*-Laut schreiben

Den **s**-Laut nach einem langen Vokal oder Umlaut schreibst du meistens **s**.
Bei manchen Wörtern schreibst du den **s**-Laut nach einem langen Vokal, Umlaut oder Zwielaut **ß**.

Wörter mit s-Laut
▶ S. 240

### Wörter mit kurzem Vokal

Nach einem kurzen Vokal schreibst du meist zwei Konsonanten (Mitlaute),
z. B. alle, denn, das Schloss, merken, stürzen, die Schnecke, die Katze

Wörter mit kurzem Vokal
▶ S. 232

## Zeichensetzung

### Komma bei Hauptsätzen und Nebensätzen

Der Hauptsatz und der Nebensatz werden durch ein Komma voneinander abgetrennt. Im Nebensatz steht die gebeugte Verbform an letzter Stelle.
Meine Eltern standen an meinem Bett**,** als ich **aufwachte**.
Als ich **aufwachte**, standen meine Eltern an meinem Bett.

Komma bei Hauptsätzen und Nebensätzen
▶ S. 53, 245, 249, 255, 288, 289, 292

**Wörtliche Rede**

Wörtliche Rede wird in Anführungszeichen gesetzt. Steht der Begleitsatz vor der wörtlichen Rede, wird er mit einem Doppelpunkt abgeschlossen:
Aufgeregt fragt Amina: „Lukas, hast du das in der Zeitung gelesen?"
Steht die wörtliche Rede vor dem Begleitsatz, dann musst du zwischen der wörtlichen Rede und dem Begleitsatz ein Komma setzen.
„Was steht in der Zeitung?", fragte Lukas.

Wörtliche Rede
▶ S. 100, 103, 104, 106, 109, 111, 154, 209, 251

# Grammatik

## Sprache und Stil

**Sich adressatenbezogen äußern**

Wie du etwas ausdrückst, hängt von der Umgebung ab und von deinem Gesprächspartner.
Es gibt bestimmte Sprachebenen:
- Die Standardsprache ist die allgemein verbindliche Form einer Sprache, wie sie in der Öffentlichkeit gebraucht wird.
- Die Jugendsprache enthält besondere Wörter und Wendungen, die sehr zeitbezogen sind und von Jugendlichen geprägt werden.
- Fachsprachen enthalten besondere Wörter, meist Fremdwörter, und Formulierungen, die von bestimmten Berufsgruppen verwendet werden.
- Dialekte sind regionale Sprachformen, z. B. Niederbayerisch, Fränkisch, Schwäbisch.

sich adressatenbezogen äußern
▶ S. 256–259

## Die Wortarten

### Nomen

Nomen bezeichnen Lebewesen und Gegenstände sowie gedachte oder vorgestellte Dinge. Im Deutschen schreibt man Nomen immer groß.
Vor einem Nomen steht oft ein bestimmter Artikel (der, das, die) oder ein unbestimmter Artikel (ein, ein, eine).

Nomen
▶ S. 87, 105, 238–239, 244–245, 247, 250–251, 260, 263–266

### Zusammengesetzte Nomen

Zwei Nomen können ein zusammengesetztes Nomen bilden:

| das Gift | + | die Schlange | = | die Giftschlange |
|---|---|---|---|---|
| Bestimmungswort | | Grundwort | | zusammengesetztes Nomen |

Manchmal wird in der Mitte ein Fugenlaut, z. B. **n**, eingefügt:
die Schlange + der Kopf = der Schlange**n**kopf

Mit zusammengesetzten Nomen können Lebewesen, Gegenstände und Dinge genauer bezeichnet werden.

Zusammengesetzte Nomen
▶ S. 87, 244–245, 264

### Nomen in vier Fällen

In Sätzen erscheinen Nomen immer in einem bestimmten Fall (Kasus). Im Deutschen gibt es vier Fälle. Der Artikel und die Endung des Nomens richten sich nach dem Fall. Man kann nach dem Fall, in dem ein Nomen steht, fragen.

Nomen in vier Fällen
▶ S. 265–266

| Fall | Geschlecht | | | | | |
|---|---|---|---|---|---|---|
| | männlich | | sächlich | | weiblich | |
| | Singular | Plural | Singular | Plural | Singular | Plural |
| Nominativ (Wer oder was?) | der Ball | die Bälle | das Spiel | die Spiele | die Karte | die Karten |
| Genitiv (Wessen?) | des Balls | der Bälle | des Spiel(e)s | der Spiele | der Karte | der Karten |
| Dativ (Wem?) | dem Ball | den Bällen | dem Spiel | den Spielen | der Karte | den Karten |
| Akkusativ (Wen oder was?) | den Ball | die Bälle | das Spiel | die Spiele | die Karte | die Karten |

### Pronomen

Personalpronomen ersetzen Nomen oder Wortgruppen, in denen Nomen vorkommen. Sie können im Singular und im Plural stehen.
Singular: ich, du, er/sie/es Plural: wir, ihr, sie

Possessivpronomen zeigen an, wem etwas gehört. Die Endungen der Possessivpronomen richten sich nach dem dazugehörenden Nomen.

Personalpronomen
▶ S. 68, 272

Possessivpronomen
▶ S. 238

## Verben im Präsens

Verben im Präsens (Gegenwart) verwendet man, um auszudrücken, was man regelmäßig tut oder was man jetzt tut: Sie **spielt** mit ihrer Katze.

Verben im Präsens
▶ S. 66, 69, 263–264, 267

## Verben im Perfekt

Wenn man etwas mündlich erzählt, was schon vergangen ist, verwendet man meist das Perfekt (2. Vergangenheit). Viele Verben bilden das Perfekt mit dem Hilfsverb **haben**: lachen: Wir **haben gelacht**.
Einige Verben bilden das Perfekt mit dem Hilfsverb **sein**:
laufen: Die Kinder **sind gelaufen**.
Oft sind es Verben der Bewegung: kommen, gehen, rennen, fallen.
Bei einigen Verben ändert sich im Perfekt der Verbstamm:
Präsens: Wir **rennen**. Perfekt: Wir sind **gerannt**.

Verben im Perfekt
▶ S. 249, 268

## Verben im Präteritum

Wenn man schriftlich über etwas berichtet oder erzählt, was schon vergangen ist, verwendet man das Präteritum (1. Vergangenheit).
Bei einigen Verben ändert sich im Präteritum der Verbstamm:
finden: Sie **fanden** die Knollen in der Erde.

Verben im Präteritum
▶ S. 81, 86, 88, 90, 91, 93, 103, 269, 278

Verbtabelle: unregelmäßige Verben
▶ S. 312–313

## Verben im Plusquamperfekt

Das Plusquamperfekt (3. Vergangenheit) verwendet man, wenn man ausdrücken will, dass etwas vor einem schon zurückliegenden Ereignis geschah (Bedeutung: noch davor).
Viele Verben bilden das Plusquamperfekt mit den Vergangenheitsformen von **haben** und dem Partizip Perfekt.
Verben der Bewegung bilden es mit dem Hilfsverb **sein**.
Er **hatte geplant**.
Sie **waren** erschöpft **gewesen**.

Verben im Plusquamperfekt
▶ S. 270, 279

## Verben im Futur

Wenn man über Dinge spricht, die in der Zukunft liegen, verwendet man oft das Futur (Zukunft). Das Futur wird mit **werden** gebildet.
Das Organisationsteam **wird** das nächste Sportfest bald **planen**.

Verben im Futur
▶ S. 271, 278

## Verben im Passiv

Das Passiv beschreibt, was mit einer Person oder einem Gegenstand getan wird. Dabei ist der Vorgang wichtig, aber nicht, wer ihn ausführt.
Das Passiv wird mit einer Form von **werden** gebildet:
Die Figur **wird** auf den Ausgangspunkt **gesetzt**.

Verben im Passiv
▶ S. 66, 68, 272–273, 279

## Adjektive

Mit Adjektiven (Eigenschaftswörtern) kann man Personen, Tiere oder Gegenstände genauer beschreiben:
Der Tisch ist rund. Das Hemd ist rot. Die Vase ist alt.
Adjektive werden im Satz kleingeschrieben.
Steht das Adjektiv vor einem Nomen, verändert sich die Endung:
der runde Tisch – ein runder Tisch
das rote Hemd – ein rotes Hemd
die alte Vase – eine alte Vase

Adjektive
▶ S. 20, 34, 98 100, 103, 105–107, 109, 111, 209, 234, 253, 263–264, 274–275, 279

## Adjektive steigern

Will man beschreiben, wie sich Personen, Tiere, Sachen ... unterscheiden, kann man gesteigerte Adjektive verwenden:

| Grundform | Komparativ (1. Vergleichsstufe) | Superlativ (2. Vergleichsstufe) |
|---|---|---|
| (so) groß (wie) | größer (als) | am größten |

Adjektive steigern
▶ S. 231, 234

## Präpositionen

Wörter wie **an**, **auf**, **unter**, **neben**, **in**, **hinter**, **vor**, **über**, **zwischen** sind Präpositionen. Mit ihrer Hilfe kann man z. B. ausdrücken, wo sich etwas befindet (Dativ) oder wohin etwas kommt (Akkusativ).

Präpositionen
▶ S. 276–277

# Die Satzglieder

## Das Subjekt

Mit **Wer oder was?** fragt man nach dem Subjekt:

Wer verkauft Waffeln? Timo verkauft Waffeln.

Was ist laut? Die Musik ist laut.

Subjekt
▶ S. 281–282, 285

## Das Prädikat

Das Prädikat sagt etwas darüber aus, was jemand tut oder was geschieht. Mit **Was tut ...?**, **Was hat ... getan?** oder **Was geschieht?** fragt man nach dem Prädikat. In den meisten Sätzen steht das Prädikat an zweiter Stelle.

Was tut Kerem? Kerem spielt die aktuellen Hits.

Manchmal bildet das Prädikat eine Klammer:

Was hat Timo gestern getan? Timo hat den Waffelteig vorbereitet.

Prädikat
▶ S. 281–282, 285

## Die Objekte

Mit **Wen oder was?** fragt man nach einem Akkusativobjekt:

Wen hat Frau Müller eingeladen? Sie hat die Schulleiterin eingeladen.

Was packt Nina aus? Nina packt die Blumen aus.

Mit **Wem?** fragt man nach einem Dativobjekt:

Wem hilft Dario? Dario hilft Maja.

Mit **Wessen?** fragt man nach einem Genitivobjekt:

Wessen entledigte sich Frau Müller? Sie entledigte sich ihrer Schuhe.

Objekte ► S. 281–282, 285

## Die adverbialen Bestimmungen

Mit einer adverbialen Bestimmung des Ortes kann man ausdrücken, **wo** etwas geschieht. Man fragt mit **Wo?**, **Woher?** oder **Wohin?**.
Wo hängen die Lampions? Die Lampions hängen im Schulhof.

Mit einer adverbialen Bestimmung der Zeit kann man ausdrücken, **wann** etwas geschieht. Man fragt mit **Wann?** oder **Wie lange?**.
Wann wischt Nico die Tische ab? Nico wischt sie gleich ab.

Mit einer adverbialen Bestimmung des Grundes kann man ausdrücken, warum etwas geschieht. Man fragt mit **Warum?**
Warum hat Yannic sich besonders beeilt?
Yannic hat sich wegen der kurzen Vorbereitungszeit besonders beeilt.

Adverbiale Bestimmungen ► S. 283, 285

## Satzglieder umstellen

Ein Satzglied kann aus einem Wort oder aus einer Wortgruppe bestehen.
Mit der Umstellprobe kannst du Satzglieder ermitteln:
Die Wörter eines Satzglieds kann man nur gemeinsam umstellen.
Wir feiern ein Sommerfest. – Ein Sommerfest feiern wir.

Satzglieder umstellen ► S. 67, 284

## Die Ersatzprobe

Mit der Ersatzprobe kannst du Satzglieder, die sich in einem Text häufig wiederholen, durch andere Wörter und Wortarten ersetzen.
Plötzlich tauchte Lumpi auf. Lumpi nahm Frau Müllers Schuhe.
→ Plötzlich tauchte **Lumpi** auf. **Er** nahm Frau Müllers Schuhe.

Ersatzprobe ► S. 284

## Die Ergänzungsprobe

Mit der Ergänzungsprobe kannst du prüfen, mit welchen Satzgliedern du etwas genauer oder deutlicher beschreiben solltest.
Sie unternahmen eine Bergtour. → Sie unternahmen eine **anstrengende** Bergtour, **die durch schwieriges Gelände führte**.

Ergänzungsprobe ► S. 284

**Die Weglassprobe**

Mit der Weglassprobe kannst du prüfen, welche Satzglieder entfallen können, ohne dass der Satz falsch wird.
Suzan hat ~~gestern rote~~ Tomaten gekauft~~, die allen gut schmeckten~~.

Weglassprobe ▶ S. 284

## Die Satzarten

**Die Satzarten und die Satzschlusszeichen**

- Nach einem Aussagesatz steht ein Punkt.
  Es gibt heute Butterbrezen**.**
- Nach einem Ausrufesatz steht ein Ausrufezeichen.
  Oh, das ist ja toll**!**
- Nach einem Aufforderungssatz steht ein Punkt oder ein Ausrufezeichen.
  Gib mir bitte eine Flasche Wasser**.** Gib mir bitte eine Laugenstange**!**
- Nach einem Fragesatz steht ein Fragezeichen.
  Was möchtest du haben**?**

Nach einem Punkt, Fragezeichen oder Ausrufezeichen schreibst du groß.

Satzarten ▶ S. 286

**Hauptsätze und Nebensätze**

Ein Hauptsatz ist ein eigenständiger Satz.
Im Hauptsatz steht die gebeugte Verbform an zweiter Stelle.
Herr Maier kocht gern.
Ein Nebensatz kann nicht ohne einen Hauptsatz stehen.
Im Nebensatz steht die gebeugte Verbform an letzter Stelle.
Herr Maier lädt oft Gäste ein, weil er gern für andere kocht.
Hauptsatz — Nebensatz

Der Nebensatz wird durch eine Konjunktion (Bindewort) wie **weil** oder **dass** mit dem Hauptsatz verbunden (Satzgefüge).
Der Hauptsatz und der Nebensatz werden durch ein Komma voneinander abgetrennt.

Hauptsätze und Nebensätze ▶ S. 17, 52, 53, 245, 249, 287–293

Satzgefüge ▶ S. 287

**Satzreihe**

Mit einer Satzreihe kann man Hauptsätze verbinden, die man als Einheit versteht. Eine Satzreihe besteht aus mindestens zwei Hauptsätzen.
Die gebeugte Verbform steht an zweiter Stelle.
Konjunktionen wie **und**, **oder**, **aber**, **sondern**, **denn**, **doch** verbinden Hauptsätze. Vor den Konjunktionen steht ein Komma. Nur vor **und** und **oder** kann es fehlen.
Wir **spielen** das Spiel oft**,** **denn** es **macht** großen Spaß.
Hauptsatz — Hauptsatz

Satzreihen ▶ S. 17, 247, 287

## Unregelmäßige (starke) und trennbare Verbformen im Überblick

* trennbares Verb

| Infinitiv | Präsens | Präteritum | Perfekt |
|---|---|---|---|
| *abgeben | er gibt ab | er gab ab | er hat abgegeben |
| *abräumen | sie räumt ab | sie räumte ab | sie hat abgeräumt |
| *abschreiben | er schreibt ab | er schrieb ab | er hat abgeschrieben |
| *anfangen | sie fängt an | sie fing an | sie hat angefangen |
| *aufessen | er isst auf | er aß auf | er hat aufgegessen |
| *aufheben | sie hebt auf | sie hob auf | sie hat aufgehoben |
| *aufschreiben | er schreibt auf | er schrieb auf | er hat aufgeschrieben |
| *auftragen | sie trägt auf | sie trug auf | sie hat aufgetragen |
| *ausprobieren | er probiert aus | er probierte aus | er hat ausprobiert |
| beginnen | sie beginnt | sie begann | sie hat begonnen |
| behalten | er behält | er behielt | er hat behalten |
| bekommen | sie bekommt | sie bekam | sie hat bekommen |
| bitten | er bittet | er bat | er hat gebeten |
| bleiben | sie bleibt | sie blieb | sie ist geblieben |
| bringen | er bringt | er brachte | er hat gebracht |
| denken | sie denkt | sie dachte | sie hat gedacht |
| *einkaufen | er kauft ein | er kaufte ein | er hat eingekauft |
| *einstecken | sie steckt ein | sie steckte ein | sie hat eingesteckt |
| sich entscheiden | er entscheidet sich | er entschied sich | er hat sich entschieden |
| essen | sie isst | sie aß | sie hat gegessen |
| fahren | er fährt | er fuhr | er ist gefahren |
| fallen | sie fällt | sie fiel | sie ist gefallen |
| finden | er findet | er fand | er hat gefunden |
| fliegen | sie fliegt | sie flog | sie ist geflogen |
| geben | er gibt | er gab | er hat gegeben |
| gehen | sie geht | sie ging | sie ist gegangen |
| haben | er hat | er hatte | er hat gehabt |
| halten | sie hält | sie hielt | sie hat gehalten |
| helfen | er hilft | er half | er hat geholfen |
| *herstellen | sie stellt her | sie stellte her | sie hat hergestellt |
| kennen | er kennt | er kannte | er hat gekannt |
| kommen | sie kommt | sie kam | sie ist gekommen |
| können | er kann | er konnte | er hat gekonnt |
| lassen | sie lässt | sie ließ | sie hat gelassen |
| laufen | er läuft | er lief | er ist gelaufen |
| lesen | sie liest | sie las | sie hat gelesen |

* trennbares Verb

| Infinitiv | Präsens | Präteritum | Perfekt |
| --- | --- | --- | --- |
| *mitbringen | er bringt mit | er brachte mit | er hat mitgebracht |
| müssen | sie muss | sie musste | sie hat gemusst |
| *nachschlagen | er schlägt nach | er schlug nach | er hat nachgeschlagen |
| nehmen | sie nimmt | sie nahm | sie hat genommen |
| rennen | er rennt | er rannte | er ist gerannt |
| rufen | sie ruft | sie rief | sie hat gerufen |
| schlafen | er schläft | er schlief | er hat geschlafen |
| schreiben | sie schreibt | sie schrieb | sie hat geschrieben |
| schwimmen | er schwimmt | er schwamm | er ist geschwommen |
| sehen | sie sieht | sie sah | sie hat gesehen |
| sein | er ist | er war | er ist gewesen |
| singen | sie singt | sie sang | sie hat gesungen |
| sitzen | er sitzt | er saß | er hat gesessen |
| sprechen | sie spricht | sie sprach | sie hat gesprochen |
| springen | er springt | er sprang | er ist gesprungen |
| stehen | sie steht | sie stand | sie hat gestanden |
| tragen | er trägt | er trug | er hat getragen |
| treffen | sie trifft | sie traf | sie hat getroffen |
| trinken | er trinkt | er trank | er hat getrunken |
| tun | sie tut | sie tat | sie hat getan |
| verbieten | er verbietet | er verbat | er hat verboten |
| vergessen | sie vergisst | sie vergaß | sie hat vergessen |
| verlassen | er verlässt | er verließ | er hat verlassen |
| verlieren | sie verliert | sie verlor | sie hat verloren |
| verstehen | er versteht | er verstand | er hat verstanden |
| *vorbereiten | sie bereitet vor | sie bereitete vor | sie hat vorbereitet |
| *wegwerfen | er wirft weg | er warf weg | er hat weggeworfen |
| werden | sie wird | sie wurde | sie ist geworden |
| werfen | er wirft | er warf | er hat geworfen |
| wissen | sie weiß | sie wusste | sie hat gewusst |
| wollen | er will | er wollte | er hat gewollt |
| ziehen | sie zieht | sie zog | sie hat gezogen |
| *zuhören | er hört zu | er hörte zu | er hat zugehört |
| *zusammenfassen | sie fasst zusammen | sie fasste zusammen | sie hat zusammengefasst |
| *zusammensitzen | wir sitzen zusammen | wir saßen zusammen | wir haben zusammengesessen |
| *zusehen | sie sieht zu | sie sah zu | sie hat zugesehen |

# Textartenverzeichnis

# Textquellen


**Ak'abal, Humberto** (geb. 1952 in Momostenago/Guatemala): Zeichen (S. 180). Aus: Erich Hackl (Hrsg.): Humberto Ak'abal: Trommel aus Stein. Gedichte. Zürich (Unionsverlag) 1998, S. 55.

**Arold, Marliese** (geb. 1958 in Erlenbach am Main): Magic Girls (S. 139, 144-145). Aus: Magic Girls - Der verhängnisvolle Fluch. München (ArsEdition), 2008, S. 63-65, gekürzt.

**Bollwerk, Thomas:** Wintereinbruch (S. 186). Originalbeitrag.

**Buson, Yosa** (geb. 1716 in Kema/Ōsaka/Japan, gest. 1784 in Kyōto/Japan): Die schmalen Wege (Haiku) (S. 182). Aus: Haiku. Japanische Dreizeiler. Neue Folge. Leipzig (Reclam) 1998, S. 83.

**Dehmel, Richard** (geb. 1863 in Hermsdorf, gest. 1920 in Hamburg): Frühlingsahnung (S. 178). Aus: Erlösungen. Eine Seelenwanderung in Gedichten und Sprüchen. Stuttgart (Göschen Verlag) 1891.

**Einmayr, Max:** Wie der Wendelstein zu seinem Namen kam (S. 164). Aus: Inntaler Sagen. Sagen und Geschichten aus dem Inntal zwischen Kaisergebirge und Wasserburg. Oberaudorf (Meißner-Druck), 1988.

**Ferra-Mikura, Vera** (geb. 1923 in Wien/Österreich, gest. 1997 ebenda): Regenschirme (S. 184). Aus: Die Stadt der Kinder. Gedichte für Kinder in 13 Bezirken. Weinheim (Beltz & Gelberg) 1999, S. 21.

**Frieser, Claudia** (geb. 1967 in Sulzbach-Rosenberg): Oskar und das Geheimnis der verschwundenen Kinder (S. 139, 147, 148, 149). Aus: Oskar und das Geheimnis der verschwundenen Kinder. Hamburg (Cecilie Dressler Verlag), 2004, S. 22-25, 30-31, 43-47, gekürzt.

**Funke, Cornelia** (geb. 1958 in Dorsten): Potilla (S. 202-203). Aus: Potilla. Hamburg (Cecilie Dressler Verlag) 2004, S. 11-12

**Gernhardt, Robert** (geb. 1937 in Tallinn/Estland, gest. 2006 in Frankfurt am Main): Gehst du tags die Straße lang (S. 156). Aus: Mit dir sind wir vier. Frankfurt am Main (S. Fischer Verlag), 1976, Auszug.

**Goscinny, René; Uderzo, Albert** (geb. 1926 in Paris/Frankreich, gest. 1977 ebenda; geb. 1927 in Fismes/Frankreich): Asterix uff Meefränggisch (S. 259). Aus: Asterix. Mundart Band 54 (2004): Asterix uff Meefränggisch I. Dour de Frångn. Fränkisch von Kai Fraas und Günther Schunk und Hans Dieter Wolf. Köln (Egmont Ehapa Verlag) 1965, S. 6.

**Griesbach, Rosemarie:** Eppelein von Gailingen (S. 162). Aus: Deutsche Märchen und Sagen. Ismaningen (Max Hueber Verlag), 1977, S. 55.

**Grimm, Jacob und Wilhelm** (geb. 1785 und 1786 in Hanau, gest. 1863 und 1859 in Berlin): Der Rattenfänger von Hameln (S. 168). Aus: H. Rölleke (Hrsg.): Das große deutsche Sagenbuch. In: Norbert Humburg: Der Rattenfänger von Hameln. Hameln (CW Niemeyer Verlag) 1984, S. 12.

**Grünbein, Durs** (geb. 1962 in Dresden): Im Rinnstein schwimmt (S. 183). Aus: Lob des Taifuns. Reisetagebücher in Haikus. Frankfurt am Main, Leipzig (Insel Verlag) 2008, S. 67.

**Guggenmos, Josef** (geb. 1922 in Irsee, gest. 2003 ebenda): Der Regenbogen (S. 176). Aus: Groß ist die Welt. Die schönsten Gedichte. Weinheim (Beltz & Gelberg) 2006, S. 31. Wäre die Wolke ein Kissen ... (S. 181). Aus: Was denkt die Maus am Donnerstag? 121 Gedichte für Kinder mit einem Nachwort. Süddeutsche Zeitung junge Bibliothek 2006, S. 75. Unentwegt fallen (S. 183). Aus: Rundes Schweigen. Ausgewählte Haiku 1982-2002. Hamburg (Hamburger Haiku Verlag) 2005, S. 8.

**Gumboldt, Christina:** Die Sonne (S. 187). Originalbeitrag.

**Hebenstreit, Tanja:** Der gigantische Amazonas (S. 200-201). Abrufbar unter: http://www.klassewasser.de/content/language1/html/8318.php (28.08.2017), Auszug.

**Itze, Verena:** Waschen wie zu Omas Zeiten (S. 78-79). Abrufbar unter: https://www.mainpost.de/regional/schweinfurt/Waschmaschinen;art763,7659457 (06.09.2017), verändert und gekürzt.

**Johansen, Hanna** (geb. 1939 in Bremen): Ein Krokodil (S. 158). Aus: Hans-Joachim Gelberg (Hrsg.): Überall und neben dir. Weinheim (Beltz & Gelberg) 1989, S. 81.

**Könner, Alfred** (geb. 1921 in Schlakendorf/Schlesien, gest. 2008 in Berlin): Spiegel (S. 177). Aus: Hans-Joachim Gelberg (Hrsg.): Überall und neben dir. Weinheim (Beltz & Gelberg) 1989, S. 33.

**Kracht, Claudia:** Der Spiele-Erfinder Wolfgang Kramer (S. 62-63). Abrufbar unter: http://www.planet-wissen.de/gesellschaft/spiele_und_spielzeug/brettspiele_spass_seit_jahrtausenden/pwiespieleerfinderwolfgangkramer100.html (10.04.2017), verändert und gekürzt.

**Krause-Gebauer, Erika** (geb. 1924 in Singen, gest. 2017 in Rangsdorf): Ich träume mir ein Land (S. 157). Aus: Hans-Joachim Gelberg (Hrsg.): Überall und neben dir. Weinheim (Beltz & Gelberg) 1989, S. 151.

**Kropp, Holger:** Gefahr im Netz (S. 124-125). Abrufbar unter: www.kinderpolizei.at/kids/action/geschichten/gefahr.html (02.05.2011), verändert und gekürzt.

**Manz, Hans** (geb. 1931 in Wila/Schweiz, gest. 2016): Wunder des Alltags (S. 36). Aus: Hans-Joachim Gelberg (Hrsg.): Überall und neben dir. Weinheim (Beltz & Gelberg) 1989, S. 55.

**Morgenstern, Christian** (geb. 1871 in München, gest. 1914 in Untermais/Österreich): Novembertag (S. 190). Aus: Alle Galgenlieder. Frankfurt am Main (Insel Verlag) 1976.

**Mörike, Eduard** (geb. 1804 in Ludwigsburg, gest. 1875 in Stuttgart): Septembermorgen (S. 177). Aus: J. Perfahl (Hrsg.): Eduard Mörike: Sämtliche Werke Bd.1. München (Winkler Verlag) 1967.

**Rimpu:** Um Sommerbäume (Haiku) (S. 182). Aus: Haiku. Japanische Dreizeiler. Neue Folge. Leipzig (Reclam) 1998, S. 46.

**Roka:** Der Schnee vom Abend (Haiku) (S. 182). Aus: Haiku. Japanische Dreizeiler. Neue Folge. Leipzig (Reclam) 1998, S. 115.

**Schwab, Gustav** (geb. 1792 in Stuttgart, gest. 1850 ebenda): Dädalus und Ikarus (S. 174-175). Nach: Griechische Sagen. Die schönsten Sagen des klassischen Altertums. Bearbeitet und ergänzt v. R. Carstensen. München (dtv) 1993, S. 89-91.

**Steinhöfel, Andreas** (geb. 1962 in Battenberg): Rico, Oskar und die Tieferschatten (S. 130-131, 132, 135). Hamburg (Carlsen Verlag GmbH), 2008, S. 32-37, 40-41, S. 205-207, S. 210-211, gekürzt.

**Tatsuko, Hoshino** (geb. 1903 in Tokyo/Japan, gest. 1984 in Kamkura/Japan): Dem kahlen Astwerk (Haiku) (S. 183). Aus: Haiku. Japanische Dreizeiler. Neue Folge. Leipzig (Reclam) 1998, S. 21.

**Uhland, Ludwig** (geb. 1781 in Tübingen, gest. 1862 ebenda): Frühlingsglaube (S. 176). Aus: H. Fröschle und W. Scheffler (Hrsg.): Ludwig Uhland: Werke Bd. 1 Sämtliche Gedichte. München (Winkler Verlag) 1980.

**Ullmann, Günter** (geb. 1946 in Greiz, gest. 2009 in Kreischa): Der Luftballon (S. 155). Aus: Hans-Joachim Gelberg (Hrsg.): Überall und neben dir. Weinheim (Beltz & Gelberg) 1989, S. 23.

**Von der Grün, Max** (geb. 1926 in Bayreuth, gest. 2005 in Dortmund): Vorstadtkrokodile (S. 139, 140–141, 142, 143). Aus: Vorstadtkrokodile. München (cbj Verlag), 2006, S. 9–11, 13–14, 17; gekürzt.

**Wölfel, Ursula** (geb. 1922 in Duisburg, gest. 2014 in Heidelberg): Hannes fehlt (S. 14–15). Aus: Die grauen und die grünen Felder. Weinheim (Beltz & Gelberg) 2004. Der Nachtvogel (S. 96–97). Ebenda, S. 35–39. Oktober (S. 188). Aus: Wunderwelt Lesewerk für die Grundschule. Band 4. Düsseldorf (Pädagogischer Verband Schwann) 1968, S. 34.

**Unbekannte und ungenannte Verfasser, Originalbeiträge**

Diskussion (S. 16). Originalbeitrag.

Streitgespräch (S. 18). Originalbeitrag.

Gruppenarbeit ist ganz schön schwer (S. 32–33). Originalbeitrag.

Sich verständigen – mit und ohne Worte (S. 39). Originalbeitrag.

Gebärdensprache (S. 41). Originalbeitrag.

Wasser ist alles – alles ist Wasser (S. 44–46). Nach: Wasser-Wissen. Wanderausstellung. Deutsche Bundesstiftung Umwelt/Deutsche Vereinigung für Wasserwirtschaft 2009.

Grafik: Der tägliche Wasserverbrauch pro Person 2015 (S. 48). Nach: https://www.bdew.de/internet.nsf/id/3852C5217E9FD4E1C125786C004274E7/$file/Trinkwasserverwendung%20im%20HH%202015-Anteile_Mk_o_online_20160824.pdf (27.07.2017).

Gründe für den Wassermangel auf der Erde (S. 54). Abrufbar unter: http://www.kindersache.de/bereiche/schon-gewusst/umwelt-und-mensch/unsere-erde/artikel/wassermangel-auf-der-erde-%E2%80%93-die-gr%C3%Bcnde (27. 07. 2017), leicht verändert und gekürzt.

Grafik: Das Wasservorkommen auf der Erde im Jahr 2050 (S. 55). Nach: WWAP (United Nations World Water Assessment Programme). 2014. The United Nations World Water Development Report 2014: Water and Energy. Paris (UNESCO) 2014, S. 177.

Der Wasserfußabdruck (S. 56). Nach: Virtuelles Wasser versteckt im Einkaufskorb. Schriftenreihe der Vereinigung Deutscher Gewässerschutz, Bd. 73, S. 24.

Grafik: Vergleich Wasserfußabdruck Baumwolle (S. 57). Aus: VDG Vereinigung Deutscher Gewässerschutz (Hrsg.): Virtuelles Wasser. Weniger Wasser im Einkaufskorb. Schriftenreihe der Vereinigung Deutscher Gewässerschutz Bd. 75, Bonn, 2011. Nach Zahlen von Mekonnen, M.M. and Hoekstra, A.Y. (2011) The green, blue and grey water footprint of crops and derived crop products, Hydrology and Earth System Sciences, 15(5): 1577–1600.

Der Wasserfußabdruck: Virtuelles Wasser fließt in Strömen (S. 58–59). Abrufbar unter: http://www.br.de/themen/wissen/virtuelles-wasser-wasserfussabdruck100.html (27.07.2017), leicht verändert und gekürzt.

Was das Klassenzimmer verrät (S. 83). Originalbeitrag.

Wie lebte man früher? Wie lebt man heute? (S. 86). Originalbeitrag.

Reisen vor 100 Jahren (S. 87). Originalbeitrag.

Mutig sein (S. 108). Originalbeitrag.

Beherztes Eingreifen (S. 110). Originalbeitrag.

Marcos Mediennutzung (S. 114). Originalbeitrag.

Grafik: So viel Zeit verbringen 12–13 Jahre alte Kinder täglich mit den Medien. Nach: KIM-Studie 2016. Hrsg. v. Medienpädagogischen Forschungsverbund Südwest. Stuttgart 2017, S. 72. www.mpfs.de.

In sozialen Netzwerken auf Nummer sicher gehen (S. 126). Abrufbar unter: http://seitenstark.de/kinder/sicheres-internet/sicher-communitys (27.07.2017), verändert und gekürzt.

Die Steinerne Brücke zu Regensburg (S. 166). Originalbeitrag.

Der Rattenfänger von Hameln – 1. Szene (S. 169). Originalbeitrag.

Schatzgräberei am Frauenberg (S. 171). Aus: H. Rölleke (Hrsg.): Das große deutsche Sagenbuch. Düsseldorf (Patmos, Artemis & Winkler) 1996.

Die Wettenburg (S. 172–173). Abrufbar unter: https://www.baden-wuerttemberg.de/de/unser-land/traditionen/sagen-und-legenden/die-wettenburg/ (23.08.2017).

Inhaltsverzeichnis (S. 210). Aus: Stefan Rahmstorf: Wolken, Wind & Wetter. Alles, was man über Wetter und Klima wissen muss. München (Deutsche Verlags Anstalt) 2011.

Lexikonartikel „Wolken“ (S. 211). Aus: Duden Schülerlexikon: plus Referatemanager auf CD-ROM. Mannheim (Bibliographisches Institut) 2010, S. 802.

Wie entstehen Wolken? (S. 214). Abrufbar unter: http://www.medienwerkstatt-online.de/lws_wissen/vorlagen/showcard.php?id=212 (27.07.2017).

Wunderwelt der Wolken (S. 214). Abrufbar unter: http://www.planet-schule.de/warum/regen/themenseiten/t5/s1.html (27.07.2017), Auszug.

Wie entstehen Wolken? (S. 215). Originalbeitrag.

Eine unangenehme Überraschung (S. 228). Originalbeitrag.

Wörterbuchseite (S. 230). Aus: Freese, Holger / Horn, Herbert / Klausmann, Birgit / Loos, Anne: Wortprofi Bayern. Schulwörterbuch Deutsch. Berlin (Cornelsen Schulverlage GmbH) 2015.

Was uns Wolken sagen (S. 232). Originalbeitrag.

Ein Freund der Kinder (S. 235). Originalbeitrag.

Gut geschlafen? (S. 238). Originalbeitrag.

Winterschläfer fallen (S. 239). Originalbeitrag.

Allein zu Hause (S. 241). Originalbeitrag.

Flugangst (S. 244). Originaltext.

Die Libelle (S. 246). Originaltext.

Es tut mir leid (S. 248). Originaltext.

Leider nur ein Traum (S. 250). Originaltext.

Ein verfälschter Artikel (S. 252). Originaltext.

Ein echter Überlebenskünstler – der Zitronenfalter (S.255). Originalbeitrag.

# Bildquellen

S. 5, 112 (Nr. 3): Fotolia/janvier; S. 12: fotolia/© Sergey Novikov; S. 16, 18, 21 (2), 28 (3), 30 (3), 31(2), 32 (2), 33 (2), 38 (3), 41 oben, 264, 286: Peter Wirtz, Dormagen; S. 41 unten: www.visuelles-denken.de; S. 42 oben li.: Fotolia/InPixKommunikation; S. 42 u. 45 oben re.: F1online; S. 42 Mitte: mauritius images/Jim Parkin / Alamy; S. 42 (Nr. 1, 2, 3): Interfoto/JTB PHOTO / Planet Observer \ UIG; S. 42 (Nr. 4): imago/UIG; S. 44: mauritius images/Science Photo Library; S. 45 (Nr.1): Fotolia/ExQuisine; S. 45 (Nr. 2): Fotolia/ Max Diesel; S. 45 (Nr. 3): Fotolia/Coloures-pic; S. 45 (Nr. 4): Fotolia/ Bjoern Wylezich; S. 46: Fotolia/animaflora; S. 54 oben: Fotolia/ Andreas Edelmann; S. 54 unten: Fotolia/Deyan Georgiev; S. 55: Tom Menzel, Rohlsdorf; S. 56 oben: TOPICMedia Service/Otto; S. 56 Mitte: F1online; S. 56 unten: Fotolia/photoprojektrm; S. 58: Shutterstock/Jovan Nikolic; S. 62: ddp images dapd/Michael Latz; S. 64 oben: Shutterstock/Juriaan Wossink; S. 68: Fotolia/dmitryelagin; S. 71, 72: Fotolia/Karl Lugmayer; S. 73: Fotolia/nadezhda; S. 74: imago stock & people/imago/PanoramiC; S. 76 (Nr. 4): fotolia/Primastock; S. 76 (Nr. 2, 6, 8), 112 (Nr. 7, 5) : Colorbox; S. 78: Colorbox; S. 79: fotolia/DeanMartin; S. 80 (3): Deutsches Museum, München; S. 83 (oben): Fotolia/aloha2014; S. 83 (unten): Colorbox; S. 86: imago/ alimdi; S. 87: Colorbox; S. 112 (Nr. 1): Fotolia/Paulista; S. 112 (Nr. 2): Fotolia/giornali © Sergio Di Giovanni; S. 112 (Nr. 4): Shutterstock/ grzym; S. 112 (Nr. 6): Fotolia/Fatman73; S. 112 (Nr. 8): Fotolia/ frender; S. 112 (Nr. 9): Colorbox; S. 128 li., 130 oben: Buchcover: Rico, Oskar und die Tieferschatten, Carlsen Verlag GmbH, Hamburg 2008; S. 128 re.: Allstar/Fox International Productions (Germany) GmbH, 2014; S. 130 unten: Illustration: Peter Schössow; S. 134: Fox International Productions (Germany) GmbH; S. 160 Mitte: Fotolia/ Martina Berg; S. 160 unten re.: Colourbox; S. 160 oben, u. li.: Shutterstock; S. 176 oben: Fotolia/Lenslife; S. 176 unten: Fotolia/ astonmartin5; S. 177 oben: Fotolia/FreeProd; S. 177 unten: Colourbox/Colourbox; S. 178: Fotolia/spuno; S. 180 oben re., 211: Fotolia/Janina Dierks; S. 180 li.: Fotolia/Karl Lugmayer; S. 180 Mitte re., 215: Fotolia/glitzyglitzy; S. 180 unten: Fotolia/Eric Nordas; S. 181 oben li.: Fotolia/Sergii Figurnyi; S. 181 oben re.: Shutterstock/ ott.peter@gmx.de; S. 181 unten: Fotolia/Wolfilser; S. 183 re.: Fotolia/Bill Ernest; S. 183 li.: Fotolia/Ikan_Leonid; S. 184: Colourbox. com; S. 186: Fotolia/Patrizia Tilly; S. 187: Fotolia/Lulu Berlu; S. 188: Shutterstock/Barisev Roman; S. 190: Fotolia/Lilja Ilina; S. 200: Fotolia/filipefrazao; S. 208: Fotolia/Robert Schneider; S. 232: Fotolia/Werner Hilpert; S. 239: Image Source/Alex Greenwood; S. 244: Fotolia/thomaslenne; S. 246: Fotolia/yogford; S. 255: Fotolia/tuk69tuk; S. 258: Carlos Borrell Eiköter, Berlin, unter Verwendung von Daten der Bayerischen Landesbibliothek Online (BLO); S. 259: ASTERIX®- OBELIX®/© 2017 LES EDITIONS ALBERT RENE/GOSCINNY - UDERZO; S. 273: Heike Tietz, Berlin.

**Illustrationen**
**Thomas Binder**, Magdeburg: S. 60, 61, 64, 69;
**Sylvia Graupner**, Annaberg: S. 2 (Nr. 1), 29, 36, 37, 40, 41 (Nr. 2);
**Carsten Märtin**, Oldenburg: S. 226, 227, 228, 229, 230, 232, 233, 235, 236, 237, 238, 240, 241, 242, 243, 247, 248, 250, 252, 254, 272, 302, 303, 304;
**Matthias Pflügner**, Berlin: S. 209;
**Barbara Schumann**, Schöneiche: S. 6 (Nr. 2), 152, 153, 154, 155, 156, 157, 158;
**Ulrike Selders**, Köln: S. 261, 262, 263, 264, 268, 271, 274, 276, 278, 280, 281, 284, 287, 292;
**Dorina Tessmann**, Berlin: S. 14, 15, 94, 96, 97, 99, 101, 105, 106, 108, 256;
**Rüdiger Trebels**, Düsseldorf: S. 2 (Nr. 2), 3–5, 6 (Nr. 1, Nr. 3), 7–11, 76, 77, 89, 118, 119, 120, 121, 123, 124, 125, 192, 193, 198, 202, 206, 210, 212, 216, 222, 223, 260;
**Christa Unzner-Koebel**, Berlin: S. 162, 164, 166, 168, 171, 172, 173, 174, 175;
**Sabine Wiemers**, Düsseldorf: S. 138, 140, 141, 142, 144, 145, 147, 148, 149.

# Sachregister

**weitere Bestandteile des Lehrwerks**
- Arbeitsheft 6 (ISBN 978-3-06-062820-9)
- Arbeitsheft mit interaktiven Übungen 6 (ISBN 978-3-06-062062-3)
- Interaktive Übungen 6 (ISBN 978-3-06-062070-8)

Das Buch wurde erarbeitet auf der Grundlage der Ausgabe von Annegret Doll und Kathrin Lang (Herausgeberinnen) sowie von Annegret Doll, Martin Felber, Wiebke Gerstenmaier, Sonja Grimm, Eva Künzler, Kathrin Lang, Angela Lieser, Silke Müller, Martina Schulz-Hamann, Julia Steinbrecher, Anna-Lena Wiederhold, Torsten Zander.

**Redaktion:** Sandra Geiger, Astrid Graupe
**Umschlaggestaltung:** Buchgestaltung +, Berlin
**Umschlagillustration:** Natascha Römer, Römer & Osadtschij GbR, Schwäbisch Gmünd
**Layout:** Wladimir Perlin (MeGA 14), Berlin
**Gestaltung und technische Umsetzung:** Saskia Klemm, Berlin

**www.cornelsen.de**



Dieses Werk berücksichtigt die Regeln der reformierten Rechtschreibung und Zeichensetzung. Bei den mit R gekennzeichneten Texten haben die Rechteinhaber einer Anpassung widersprochen.

1. Auflage, 2. Druck 2019

Alle Drucke dieser Auflage sind inhaltlich unverändert und können im Unterricht nebeneinander verwendet werden.



Druck: Mohn Media Mohndruck, Gütersloh

ISBN 978-3-06-062814-8 (Schülerbuch)
ISBN 978-3-06-060728-0 (E-Book)

PEFC
PEFC/04-31-1033

PEFC zertifiziert
Dieses Produkt stammt aus nachhaltig bewirtschafteten Wäldern und kontrollierten Quellen.

www.pefc.de